并联式协同

数字时代司法辅助事务集约实务指引

徐乐盛　主编

浙江省台州市黄岩区人民法院　编著

法律出版社
LAW PRESS·CHINA
北京

图书在版编目(CIP)数据

并联式协同：数字时代司法辅助事务集约实务指引/徐乐盛主编；浙江省台州市黄岩区人民法院编著. -- 北京：法律出版社，2024
ISBN 978-7-5197-8571-0

Ⅰ. ①并… Ⅱ. ①徐… ②浙… Ⅲ. ①司法－工作－中国 Ⅳ. ①D926

中国国家版本馆 CIP 数据核字(2023)第 228532 号

并联式协同：数字时代司法辅助事务集约实务指引
BINGLIANSHI XIETONG：SHUZI SHIDAI SIFA FUZHU SHIWU JIYUE SHIWU ZHIYIN

徐乐盛 主编
浙江省台州市黄岩区人民法院 编著

责任编辑 李争春
装帧设计 李 瞻

出版发行 法律出版社
编辑统筹 法规出版分社
责任校对 张红蕊
责任印制 耿润瑜
经 销 新华书店

开本 710 毫米×1000 毫米 1/16
印张 20 字数 270 千
版本 2024 年 6 月第 1 版
印次 2024 年 6 月第 1 次印刷
印刷 固安华明印业有限公司

地址：北京市丰台区莲花池西里 7 号(100073)
网址：www.lawpress.com.cn
投稿邮箱：info@lawpress.com.cn
举报盗版邮箱：jbwq@lawpress.com.cn

销售电话：010-83938349
客服电话：010-83938350
咨询电话：010-63939796

书号：ISBN 978-7-5197-8571-0
定价：68.00 元

凡购买本社图书，如有印装错误，我社负责退换。电话：010-83938349

编者序

党的十八大以来，习近平总书记在领导推进全面依法治国进程中，围绕公正司法发表了一系列重要论述，以全局视野和战略高度形成了习近平法治思想的“司法篇”，为做好新时代司法工作提供了根本遵循。习近平总书记还就网络强国、数字经济、数字化改革等提出了一系列战略性、创造性的重要论述，系统擘画了数字中国的宏伟蓝图，也为新时代“数字法院”建设指明了前进方向。

最高人民法院院长张军强调，要牢牢把握“公正”这个根本要求，积极回应“效率”这一人民期盼，围绕抓实“公正与效率”持续深化改革创新。人民法院要全面贯彻习近平法治思想，科学配权、规范行权，不断提高公正司法水平，不断提升司法运行效率，努力让人民群众在每一个司法案件中感受到公平正义，以公正与效率的统一答好司法工作人民满意的时代问卷。

新时代数字化转型浪潮风起云涌，浙江省委积极把握潮流“脉动”，在2021年开启了以数字化改革引领浙江全面深化改革的新征程，运用数字技术对省域治理的思维理念、体制机制、组织构架、方式流程、手段工具等进行全方位、系统性、重塑性变革，推动形成即时感知、高效运行、智能监管的新型治理形态，推进党政机关治理体系和治理能力现代化。浙江法院深入学习贯彻习近平总书记关于网络强国的重要思想，认真落实最高人民法院“智慧法院”建设和浙江省委数字化改革部署要求，坚持“世界眼光”站位和“整体智治”理念，深入推进“全域数字法院”建设，推进业务流程再造、诉讼制度创新与法院组织架构、管理模式重塑，引领打造数字时代现代化法院新图景。

台州市黄岩区人民法院坚持司法为民、守正创新，在“全域数字法院”架构下，以系统思维全面推行网上跨域立案、庭审记录方式改革、电子卷宗同步生成和深度应用、全流程无纸化办案办公、“巡回智慧法庭”和“共享法庭”、诉服中心整体入驻矛调中心、执行指挥集智中心实质化运行、审判辅助事务集约化服务等一系列改革创新举措，取得了显著成效。特别是在审判执行辅助事务办理方面，黄岩法院对组织构架、流程机制、人员配置等进行全面重塑变革，创新打造审判服务中心和执行指挥集智中心，整合涵盖诉讼全流程的辅助事务，将“串联式”逐步办理转变为“并联式”协同处理，构建“线下纸质交接向在线无纸化协同转变”“分头督促检查向集约管理指导转变”“个人包干操作向专人专岗专事转变”“员额法官概括担责向瑕疵差错精准问责转变”的事务集约新模式，大幅提高司法效率、质量和群众满意度，获得上级领导、兄弟法院以及法官、律师、当事人等诉讼参与群体的广泛好评，被省法院确定为“司法事务集成集约改革”全省样板，获评司法改革“微创新”示范案例，“浙江全域数字法院”改革“好制度”、“好理论”。

为系统总结司法辅助事务集约的改革经验，黄岩法院组织力量编写了《并联式协同：数字时代司法辅助事务集约实务指引》。本书有两个特点：一是系统性。不仅涵盖了司法辅助事务集约的理论基础、既往探索以及配套制度，还以图文并茂的方式分别对审判和执行的辅助事务集约操作流程进行详细介绍。二是实用性。本书立足于黄岩法院的探索实践，汇总解答近两年前来考察交流的100余家兄弟法院提出的比较有代表性的实务问题，同时把配套的制度文件、理论成果以及大量文书模板收录其中。

当前，越来越多的法院正在探索司法辅助事务集约改革，以期充分整合利用有限的司法资源，科学配置分类管理人力资源，提升审判执行的质量和效率。希望本书的出版，能为全国各地兄弟法院的探索提供参考，在更高起点上不断迭代完善司法辅助事务集约管理，科学构建高效协同的新型审判执行办案模式，让法官更加心无旁骛地聚焦审判执行的核心环节，从而实现更高水平的“公正与效率”。

2024年4月

目录

第一章　导　论

数字化作为一种方法、工具正在深刻地改变世界。传统的治理方式正在经受技术化、数字化的改造升级，便捷高效、场景互动且全要素整合的智慧治理模式日渐形成。[①] 当前，如何运用数字手段助力法官聚焦审判核心业务、优化执行权配置、最大限度地解放司法核心生产力，是进一步推进司法体制综合配套改革中亟待解决的突出问题。司法辅助事务由审判辅助事务和执行辅助事务组成，审判、执行辅助事务是与审判、执行核心事务相对的一个概念。审判、执行辅助事务的集约改革虽然在组织架构、人员配置、流转方式、实现路径等方面存在不同，但其导向和目标均是法院在应对“事多人少”的司法现状和满足人民群众追求公正高效的司法需求的背景下，对法律精通程度要求较低、重复性需求较高、程序化趋势明显的辅助事务予以剥离，以数字化技术为依托，以精细化分工合作为方针，进行集约化、统一化、标准化协同管理。因此，需要充分发挥智慧法院

① 参见马长山：《迈向数字社会的法律》，法律出版社 2021 年版，第 253～254 页。

建设的数字化基础，通过配置专属性岗位、构建专业化队伍、形成数字化并联式协同作业流程，促使稀缺的司法资源投入到审判、执行核心事务，进一步对内提升审执质效，对外提供高标准、均等性的普惠司法服务，从而高水平地实现“公正与效率”。

第一节 司法辅助事务集约的理论基础

近年来，司法辅助事务集约改革已经在全国多家法院进行了不同程度的实践，形成了多重样态；其所改变的不仅仅是有形的法院，更多是对传统诉讼程序机制的改变和挑战。在数字时代，富有生命力的法律制度需要满足社会进步所提出的正当要求；如果跟不上新时代日益开放的司法需求，固守稳定性和确定性的保守观念，显然是不可取的。当下进行的司法辅助事务集约改革重塑，所应对的恰是日益变迁的社会生活产生的矛盾纠纷；放到历史进程中考量，这种改变是必然的、正当的。数字技术的进步，使辅助事务集约协同作业成为可能，进一步推动了诉讼程序规则的变革发展；为与之相适应，法院人力资源配置管理也要顺应集约改革进行自我革新，以形成全新的司法辅助事务集约协同样态。

一、理论根源

（一）社会分工理论

科学合理分工是生产力发展到一定阶段的必然选择，是现代文明的重要标志和进化方式，“社会越进步，社会容量就越大，劳动分工也越来越发达”①。亚当·斯密在《国富论》中系统全面地阐述了劳动分工对提高劳动生产率和增进国民财富的巨大作用，其认为“劳动生产力最

① ［法］埃米尔·涂尔干：《社会分工论》，渠东译，生活·读书·新知三联书店 2013 年版，第 217 页。

为重大的进步，以及人们不管往何处引导或在何处应用劳动生产力，所展现的大部分技巧、熟练程度与判断力都是分工的结果。在任何一种行业，若能引进分工，都会因分工而使劳动生产力得到相当比例的提高。一般来说，产业最发达进步的国家，通常也是分工程度最高的国家。”马克思提出的科学社会主义劳动分工理论，不仅肯定了分工在推动生产力发展方面的作用，更指出生产力发展也会推动分工进一步发展以更好适应新的生产力阶段。“一个民族的生产力发展水平明显表现于该民族分工的发展程度。任何新的生产力，只要它还不是迄今已知的生产力单纯的量的扩大（如开垦土地），都会引起分工的进一步发展。”[①] 精密的分工会促使人力资源配置和组织模式发生根本性变革，带来效率和精度的提升。

司法辅助事务是指协助审判权、执行权行使的辅助性事务，服务于案件实体的司法工作；其与审判、执行核心事务的重要区别是无须依赖高度的法律专业水平，可以通过遵循流程化、重复性的程序规则进行反复操作，具有专业度低、重复度高、程序性强等特点。司法核心事务和辅助事务的区分，产生了司法核心事务团队和司法辅助事务团队的分工。以往实践表明，没有进行分工而存在于审判团队内部的辅助性事务，即便是没有通过国家统一法律职业资格考试甚至未经过法学专业教育的人员也可以完成，这也使剥离、集约司法辅助事务，以分工提升工作质效具备了可能性。司法辅助事务集约操作是在我国社会经济高速发展之下对劳动分工要求细化的体现，是实现审判体系和审判能力现代化的具体要求。

（二）分配正义理论

分配正义是关于国家和社会如何在具有竞争性需求的个体之间分配

---

① 《马克思恩格斯选集》（第1卷），人民出版社1995年版，第68页。

稀缺资源及产品的理论，其关注的是在社会成员或群体之间进行权利、义务和责任配置的问题。最早提出这一概念的古希腊哲学家亚里士多德认为涉及财富、荣誉、权利等有价值的东西的分配，对不同的人给予不同对待，对相同的人给予相同对待，即为正义。马克思指出，分配只要与生产方式相适应、相一致，就是正义的；只要与生产方式相矛盾，就是非正义的。从实现方式上看，分配正义理论包含四个原则，即机会平等原则、利益与责任同等分配原则、分配标准和程序合理原则以及纠正不公原则。机会平等原则是指每一个社会成员通过分配途径获取社会资源的机会是平等或均等的。利益与责任同等分配原则是指社会制度在把利益分配给社会成员的同时应该把相应或相关的责任同等地分配给他们，绝不允许任何一个社会成员拥有只享受权利却不承担义务的特权。分配标准和程序合理原则是指借助于社会制度来支配社会资源分配的标准和程序必须通过社会集体行为来确定，并且必须是公开透明的。纠正不公原则是指社会制度应该通过自身的合理设计和安排对因为社会制度本身不健全、个人道德修养不到位等造成的社会资源分配不公现象进行及时有效的纠正。[①]

分配正义涉及资源在社会不同成员之间的公平分配，每个人都应该拥有或能够获得大致相同水平的物质商品和服务。与程序正当原则相比，分配正义更关注结果的平等。诉讼活动的高效开展取决于各法院对司法资源的整合配置以及司法人员对个案程序能力、精力的有效投入。在传统模式下，各业务庭之间人力资源配置和诉讼活动产生的工作量会存在错配，又因为各审判团队内辅助人员能力参差不齐造成个案诉讼程序推进效率和规范度存在显著差异，导致了群众难以普遍获得高水平的司法获得感。司法辅助事务集约可以将现有司法人力资源全部整合集约，合理分配至诉讼程序各节点环节，以集中规范办理输出统一的辅助

---

① 参见向玉乔：《社会制度实现分配正义的基本原则及价值维度》，载《中国社会科学》2013 年第 3 期。

事务完成品，提升辅助事务办理的速度和精度，促进司法资源普惠更多民众，让有限的司法资源创造出更大的社会价值。

（三）科学管理和高绩效工作系统（HPWS）理论

“科学管理之父”泰勒首次将科学的方法引入管理学，建构了科学管理的范式。他认为：“最佳的管理是一门实在的科学，基础建立在明确规定的纪律、条例和原则上。”① 泰勒科学管理理论的核心是工作任务的标准化、规范化和制度化，具有实践性、科学性、协调性、规范性和效率性的特征，具体的操作是：工作方法科学化、人员挑选科学化、劳资协作科学化、劳资分工科学化。也就是说，对工人操作的每个动作进行科学研究，用以替代老的单凭经验的办法；挑选能够在适当的岗位上发挥出最佳水平、最大限度地满足工作要求的一流员工，通过内部培训不断强化员工素质；提升资方和工人以及个人之间的协作，真正提高效率；劳资之间的明确分工，用科学研究来制定标准和规章制度并据此规定下达任务，用奖惩等激励机制来保证任务的完成。

古典的科学管理理论论证了管理者和劳动者之间进行分工和协作有利于提高工作效率。在企业管理发展过程中，一些学者发现将同类人员集约组织后，能大大提高组织的工作效率和成效，并发展出了一套组织实践方式，即高绩效工作系统（HPWS）。② 虽然 HPWS 多在企业中使用，但司法辅助人员的配置作为法院人力资源管理的重要组成部分，两者具有共通的底层逻辑。一是人力资源管理转型压力相似。企业需要借助 HPWS 构建高度协同、自我革新驱动的组织架构以提高企业绩效。在司法领域，需要对办案团队的组织架构、方式流程、手段工具方面进

---

① ［美］弗雷德里克·泰勒：《科学管理原理》，马风才译，机械工业出版社 2021 年版。

② See Birdi K., Clegg C. & Patterson M., *The impact of human resource and operational management practices on company productivity: A longitudinal study*, Personnel Psychology, 2008, 61(3).

行全方位、系统性重塑，提高塑造变革能力，以满足人民群众更多的司法需求。二是人力资源配置架构相似。HPWS 以团队为基本工作单元进行实践活动，强调团队内部协调和外部协作。自 2015 年以来，各地法院审判层级扁平化改革均围绕探索建立审判团队最小审判单元展开，突出团队间相对独立、团队内分工协作的特点。因此，HPWS 实践活动对以审判团队形式开展审判业务的法院工作单元具有借鉴意义。三是提升团队质效需求相似。HPWS 通过调节员工间协作关系为欲提高员工绩效、提升竞争力的组织提供了实践方向的参考。当前审判团队仍然存在人员配置是否合理、工作分工是否科学、日常管理能否维持协作氛围的问题，三者聚焦的核心均是提升成员能力和团队凝聚力。

根据管理学理论，法院司法辅助事务集约改革不仅要对辅助人员根据工作种类进行分类，更应有意识地对其进行科学配置，激励员工主动发挥更多创造性，增强集体的竞争优势。将辅助人员从各团队中剥离并集中于集约中心（指挥中心），在中心内部构建高绩效工作管理和能力提升体系，如在进行招录和技能培训时，建立中心负责人——团队长扁平层级管理，同组人员的薪酬由同质工作的工作量确定，提供团建活动和适当轮岗晋升路径等，才能有效激发辅助人员的工作积极性。建立符合司法运行规律的司法辅助事务集约体系，全部剥离、集合团队内程序性辅助事务的人员和功能，建立能产出审判团队所需的辅助事务“中间件”的集约中心，既符合提高工作效率的管理学基本原理，也是全面深化司法体制改革的内在要求，更为辅助事务供给实现公平统一奠定了制度基础。

二、现实审视

（一）审判业务全生命周期的拆解与分类

根据人民法院内部司法权配置与运行规律，对审判业务全生命周期进行划分，可按时间轴顺序分为诉前、诉中和诉后三个阶段。诉前具体事项包括咨询、提交材料、立案登记、诉前保全、诉前调解、诉讼缴费等；诉中具体事项包括排期、传票等程序性文书制作、文书送达、类案检索、庭前调解、证据交换、庭前会议、评估鉴定、调查取证、扫描编目、开庭审理、草拟文书、撰写文书、报结归档等；诉后具体事项包括判后答疑、誊录庭审录音录像、提交归档、上诉事务、生效录入、诉讼费结退、档案查询等（见图 1－1）。

根据审判权运作的内在逻辑，可对上述审判事项作出相应区分：有的事务离案件事实认定和法律适用较近，对案件处理结果具有直接、重要、主导、终极性影响，即为审判核心事务，如开庭、撰写文书、核发文书等；有的事务离事实认定和法律适用较远，对案件处理结果具有间接、次要、从属、阶段性影响，即为审判辅助事务，具体又可以二次区分为专业性审判辅助事务与纯事务性审判辅助事务，如庭前调解、类案检索、证据交换等应归类为专业性审判辅助事务，而扫描编目、誊录庭审录音录像、档案查询、生效录入等应归类为纯事务性审判辅助事务。从事专业性审判辅助事务的人员应当具备专业法律知识并经过法律方法训练，具备一定的资质，通常由法官助理担任较为合适。纯事务性审判辅助事务劳动重复性高、易于掌握，即使非法学专业人员亦能胜任，且其仅为审判权的行使服务，不涉及对具体权利义务的调整、确定和处理。① 这些特点使纯事务性的审判辅助事务，具备了剥离后由非法律专业人员集约操作办理的可能性。

---

① 参见贺荣主编：《司法体制改革与民商事法律适用问题研究》，人民法院出版社 2015 年版，第 941 页。

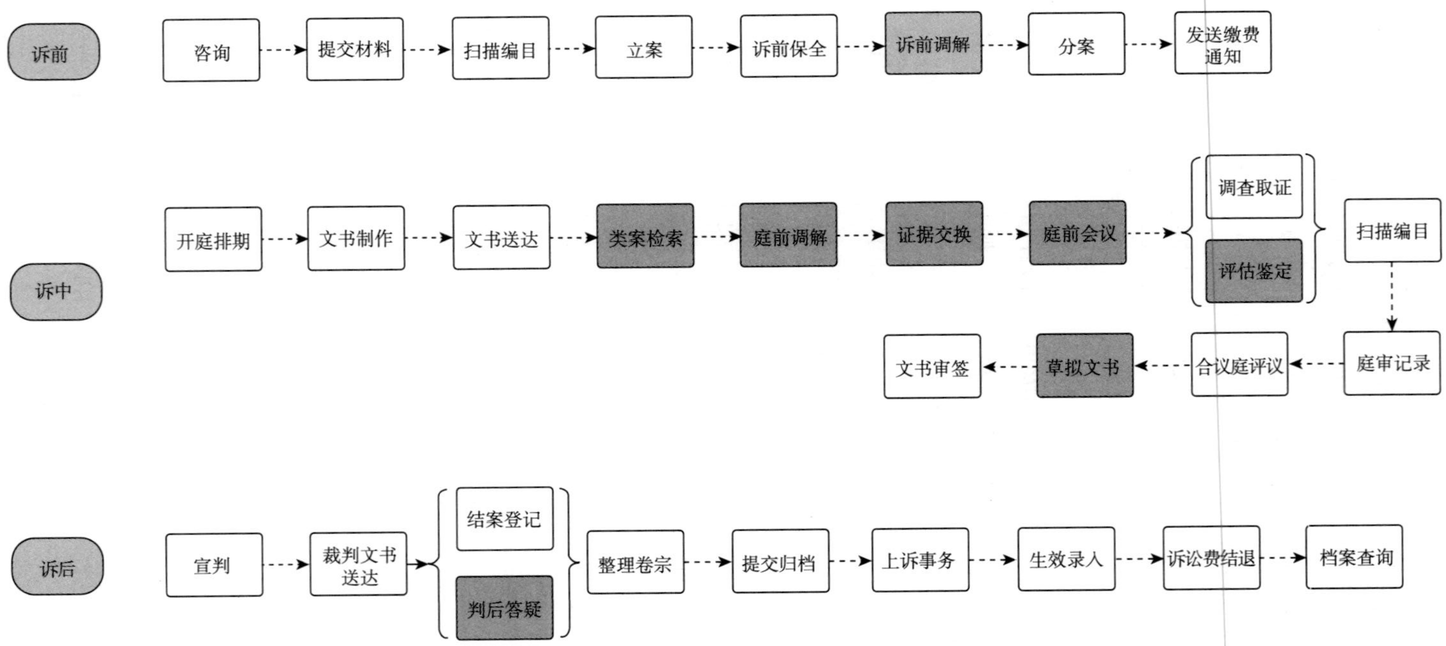

图1-1　审判辅助事务全生命周期

（二）执行实施权的分权和实施事务权的集约

通说认为，民事执行权分为执行实施权、执行决定权、执行裁决权。其中执行实施权中如执行调查、网络查控，以及为查封、扣押、冻结、拍卖变卖、分配等命令采取的实施行为，属于执行实施权二次分权后的实施事务权，显然也应归类为纯事务性执行辅助事务。在深化分离执行命令权与实施事务权的基础上，为达到分权制衡、提高效率的目的，有必要进一步对执行实施权进行分解，并对事务权进行集约统一实施。

执行实施权可进一步分解为执行命令权与实施事务权；其法理基础在于因金钱债权执行案件具有同质性和可分割性，从而区别于具有个性化和不可分性的诉讼案件。不同金钱债权执行案件，其执行标的的不同只不过是指向责任财产的数额有所不同，所处理的都是法院与被执行人的关系，故金钱债权执行案件具有同质性。另外，民事执行旨在实现私权，无须执行人员针对个案、基于各个程序阶段作出判断，且执行事项主要是事务性事项；所以，金钱债权执行案件具有可分割性。虽然非金钱债权执行案件的执行标的指向特定物或行为，因具有排他性且不涉及查控处置问题，不具有上述特性，但非金钱债权执行转化为金钱债权执行时则完全一致。

实施事务权的同质性，表现在实施事务权再次分解之后各项子权力的同质性，即各项子权力的性质、内容、行使方式、法律效果等具有一致性，故将不同执行案件中的同类权力集约交由同一机构或人员行使具有可行性。现实中，为避免执行机构或执行人员因权力过度集中而消极执行、选择性执行、乱执行以及司法腐败等现象，需将执行命令权与实施事务权分割交由不同团队行使；但后果必然是减损执行效率，与执行程序追求效率的价值取向相悖。将实施事务权分解后的执行辅助事务进行分类，并予以统一集约，可以在辅助事务操作端有效提升处理效率和质量，契合执行程序的价值取向，弥补执行实施权分权导致减损执行效率的不足。

总而言之，执行辅助事务由专人集约处理是执行实施权优化配置的前提和基础。基于此，可以进一步推进实施事务权二次分权，通过节点管理进行集约执行，实现执行实施权优化配置、执行人员规范执行。

第二节　司法辅助事务集约的价值导向

一、坚持以习近平法治思想为指引

伟大时代孕育伟大思想，伟大思想领航伟大征程。习近平法治思想深刻回答了我国社会主义法治建设的一系列重大问题，是当代中国马克思主义、21 世纪马克思主义在法治领域的最新理论成果。习近平法治思想中“以改革创新为核心”的时代精神、“公平正义”的时代价值、“坚持推进国家治理体系和治理能力现代化”的时代要求，为包括司法辅助事务集约协同体系建设在内的人民法院的各项工作提供了根本遵循和行动指南。

习近平总书记指出，要遵循司法规律，把深化司法体制改革和现代科技应用结合起来，不断完善和发展中国特色社会主义司法制度。在数字时代背景下，当事人对法院工作有了更公平、更高效的新期待，但我国的司法体制机制和审判能力水平仍然存在薄弱环节。司法体制改革是全面深化改革的重要组成部分，建设司法辅助事务集约协同体系是推进智慧法院建设、在线跨域诉讼等司法体制改革工作中重要的底层基础工程。只有将由各审判团队自行处理的司法辅助事务剥离后集约统一作业，才能制定完备的制度规范、优化高效的实施操作流程、完善严密的监督管理机制、提升与时俱进的智慧迭代能力。在这些方面，目前还有不少空白，流程方面还有很多堵点，技术方面还有不少难点，认识方面也有很多分歧，习惯方面仍需加快改进。因此，根据“治理体系和治理能力现代化”和“高质量发展”要求，司法辅助事务集约建设必须始终坚持沿着习近平法治思想指引的方向不断推进。

二、坚持以人民为中心根本立场

党的十八届五中全会和党的十九大均提出新发展理念必须始终坚持以人民为中心的基本原则，反映了坚持人民主体地位的内在要求，彰显了人民至上的价值取向。党的二十大报告进一步将“坚持以人民为中心的发展思想”作为全面建设社会主义现代化国家必须牢牢把握的重大原则，明确要求让现代化建设成果更多更公平地惠及全体人民。“‘治国有常，而利民为本。’以人民为中心的发展思想，不是一个抽象的、玄奥的概念，不能只停留在口头上、止步于思想环节，而要体现在经济社会发展各个环节。”① 从全面依法治国的视角强调“以人民为中心”，是中国特色社会主义法治的根本价值所在，也是新时代中国特色社会主义法治得以蓬勃发展的动力之源。② 以人民为中心的发展思想，对于新时代中国诉讼制度的建设与完善，同样具有巨大的理论指导价值与方法论意义。③

习近平总书记强调，要坚持司法为民，改进司法工作作风，通过热情服务，切实解决好老百姓打官司难问题。④ 为人民司法是人民法院不变的宗旨和初心，司法为民是人民法院开展司法活动一以贯之的根本宗旨与工作主线。服务人民群众和司法工作人员适应数字时代司法新需求是进行司法集约化领域各类机制改革和技术探索的出发点，必须始终坚持“人民至上”原则进行制度设计与规则修正。对于人民法院而言，

---

① 《习近平谈治国理政》（第二卷），外文出版社2017年版，第213、214页。

② 参见付子堂、张燕：《习近平法治思想的人民立场与实践要义》，载《法学》2021年第6期。

③ 参见王福华：《民事诉讼的社会化》，载《中国法学》2018年第1期。

④ 习近平：《论坚持全面依法治国》，中央文献出版社2020年版，第23页。

推进司法辅助事务集约旨在实现服务群众诉讼更便捷，推动审判执行更规范更高效的目标，努力破解当前审判团队人力配置错位难题，要将人民群众比较关切的“问累、跑累、找人累和冷横硬推”等诉讼服务问题，司法辅助事务标准统一问题，提升审判执行质量和效率问题等都纳入改革视野。

司法辅助事务集约改革工作的推进，要以“管用、好用、用好”为导向，以人民群众的感受和评价作为努力的方向。如何让集约机制真正发挥作用，避免因流程烦琐不便反而折损效率，使司法人员逐步形成“离不开”的工作习惯，归根结底要看是否便于法官办案，是否便于群众诉讼，以审判人员及诉讼参与人对其“好不好用、管不管用、能不能用好”的感受、人民群众的获得感与满意度为最终评价标准。

三、坚持公正与效率永恒主题

习近平总书记在2020年2月中央全面依法治国委员会第三次会议上的讲话中指出，“司法责任制综合配套改革是司法体制改革的重要内容，事关司法公正高效权威。要抓好改革任务落地见效，真正‘让审理者裁判、由裁判者负责’，提高司法公信力，努力让人民群众在每一个司法案件中感受到公平正义”。最高人民法院院长张军强调，要牢牢把握“公正”这个根本要求，积极回应“效率”这一人民期盼，围绕抓实“公正与效率”持续深化改革创新，以公正与效率的统一答好司法工作人民满意的时代问卷。

深化司法责任制综合配套改革，就是要细化办案责任，健全完善审判权责清单制度，准确界定不同部门、不同岗位、不同人员职责权限，确保权力运行有章可循。[①] 通过成立辅助事务集约中心，优化人员和职能配置，让辅助事务操作运行更加顺畅有效；把一体化办案办公平台、

---

① 参见高司平：《加快推进司法责任体系改革和建设　推动新时代人民法院工作高质量发展》，载《人民司法》2021年第28期。

无纸化在线协同、在线事务交办流等现代科技应用与传统司法规律结合起来，让司法工作更加规范化、透明化和智能化；完善审判团队与辅助事务集约中心之间事务交接流转程序、责任追究界别制度，实现司法辅助事务全流程的可视化、可追溯，推动整个司法机制运行更加公正高效，不断完善和发展中国特色社会主义司法制度。

第三节 司法辅助事务集约的时代新要求

一、加强内部管理和优化外部服务有机结合

司法辅助事务集约的目标定位应是在法院诉讼、执行活动全程无纸化在线办案的基础上，推动内部辅助事务工作流转集约化，让数字智能技术高度融入法院各项工作，实现提质增效。司法辅助事务集约的制度目的并非单一地加强管理或者优化服务，而是二者的有机综合，只是视角不同。从内部工作视角看，“管理论”比重较高，涵盖自我管理、部门管理、职业绩效管理；从内外交互视角看，“服务论”要求法院借助集约手段，统一各流程办理标准，提升诉讼服务效能，实现各个诉讼环节均能产出相同的高质量服务。

“管理论”指向的是辅助事务操作管理和监督，强调工作方式、模式的改变。此项工作将团队各自为战的操作模式，转为专人专岗高效率流转模式，即集约中心集中统一管理辅助人员，并赋予个人相对明确的某项辅助事务职责，操作成果由集约中心在线流转发送，是信息技术助力传统司法工作的有益成果。当前，司法改革进程要求建立全面覆盖、权责明晰、科学规范、符合规律、监管有力、全程留痕的审判监督管理制度体系；司法辅助事务集约可以实现辅助人员工作绩效的全面交叉对比，其工作成效可以由集约中心进行更原子化更精细化的考评，也能通过统一培训更快达到“熟能生巧”提高绩效的效果。

随着信息技术的发展，立案、分案、庭审、合议、执行、送达、归档等全流程在线办理，以及对案件审理进行事前、事中、事后全流程、全链条、全要素监督管理具有了可行性。法院实现全流程无纸化办案办公后，传统意义上的诉讼行为将逐步转向电子化。最高人民法院提出的法院信息化“服务人民群众，服务审判执行，服务司法管理”建设目标，意在表明“中国法院不仅是司法裁判者，更成为多元化纠纷解决服务提供者”①。从与审判团队以及当事人交互的工作内容看，司法辅助事务集约更多体现为“对内服务”和“公共服务”；基于此，建立相关规则、证成实践手段正当性，均要考虑“服务”这一核心。

可以说，“管理论”视野下的司法辅助事务集约是“服务论”视野下司法辅助事务集约的基础，包括技术基础、制度基础、人力资源配置基础；“管理论”强调的是法院自身、内部的组织重构、流程重塑，“服务论”强调的是为审判团队及当事人提供诉讼服务。因此，司法辅助事务集约的理论和制度，需要综合“管理论”与“服务论”来架构：既要强调在集约手段加持下实现监督管理目标，促进司法效率；又要强调集约后实现司法服务统一高质量供给，促进程序公正与司法效率同步提升。

二、融入“数字时代”实现“数字正义”

司法辅助事务集约与传统审判活动的重要区别体现在前者可以及时吸收最新发展的数字技术，借助人工智能提高工作质效。在信息革命的背景下，信息化技术已不再是简单对司法装备进行硬件上的改善，而是实现了对司法运行机制、司法效能的变革与重塑。② 在数字时代，立案

---

① 中共最高人民法院党组：《习近平法治思想领航法治中国阔步向前》，载《人民日报》2021年5月28日，第13版。

② 参见孙连刚、马长山：《技术赋能司法的目标指向与功效输出——基于对HZ市“微法庭”角色与功能的法理考察》，载《河北法学》2021年第10期。

排期、程序性文书自动生成、电子送达、电子卷宗归档等都可以运用人工智能技术实现，并减轻办案人员的事务性工作压力，节约当事人诉讼成本，方便群众诉讼。其前提则是将辅助事务彻底集约化，以契合和跟随数字时代快速迭代的技术发展，独立于审判团队运作的标准化程序性事务才有望在集约中心实现统一的智能化送达、智能化排期、机器人辅助庭前会议等；既规避了推动各支审判团队实现数字化、智能化办案的主客观阻力，又能极大促进审判程序标准化、审判辅助事务办理智能化、瑕疵追责精准化，形成新时代的智慧司法形态。

数字技术之所以能够嵌入司法程序，是因为源于其自身具备的功利价值，其“工具理性”与“效率理性”在诉讼领域的成功运用能够满足司法实用主义的需要。但有用不等于其必然具有正当性，其在司法活动中的运用应受必要的限制，必须坚持司法的主体性与科技的工具性二维评价标准。集约中心运用数字技术重塑流程时，必须坚守技术公平和技术安全的底线伦理，坚持“数字理性”，确保其对所有人都给予相同待遇，禁止对少数人的数字歧视，杜绝将数字系统所固有的风险传导至下一阶段，避免影响司法裁判程序的正当性。在推进司法辅助事务集约改革中，理性运用数字技术，合理融入司法人工智能，为提升司法改革质效、提高司法能力、推进司法公开、坚持司法为民和公正司法提供智能化解决方案，在司法程序中实现“数字正义”。

三、推进“全链条”系统性流程重塑

（一）系统性思维前瞻思考

马克思主义哲学认为，纷繁芜杂的世界是一个由无数要素及其联系构成的有机整体，普遍联系和发展的观点是唯物辩证法的总特征。“系统观念是具有基础性的思想和工作方法”，坚持系统观念的要求包括

“前瞻性思考、全局性谋划、战略性布局、整体性推进”①。司法辅助事务集约改革旨在对审判和执行的全部辅助事务实现集约统一操作，必须以系统思维和数字思维整体推动集约模式全局重塑，并建立细化的监督考评制度，通过不断完善制度规则、优化操作标准、细化人力保障、完善考评机制等举措，为司法辅助事务集约提供制度规范、实施操作、监督管理和全面保障的体系化支持，确保辅助事务操作规范统一、合法有序。从整体论视角看，审判和执行的各项辅助事务节点环节既是辅助事务集约的构建之源，也是其重要组成部分；从协同论视角看，所有节点环节流程紧密衔接、互相促进优化，才能激发出司法辅助事务集约应有的效能；从开放论视角看，司法辅助事务集约尚处于摸索阶段，将伴随着智能化送达、智能化排期、机器人流程自动化（RPA）等技术的融入不断进行完善，使用数字化劳动力代替人工进行重复、批量化司法辅助事务操作，减少人工操作强度。

（二）顶层制度设计全局谋划

司法辅助事务集约视野下的流转交接以全流程无纸化为基础，以辅助人员全部集中为前提，按需设岗，按人置岗，进行辅助事务流程标准化建设，推动各节点高效运转。该体系的建设推进，不仅涉及法院内部工作流程调整，还与审判团队的切身利益密切相关。必须加强顶层设计，配套多项制度搭建“四梁八柱”的体系框架。首先，需从全局层面提出行动方案，从系统观念的角度构建全新工作体系，推进法院整体在办案和办公两方面实现全程无纸化、在线化操作，为探索将审判执行过程中同质共性的辅助性、事务性工作剥离后交由集约中心统一管理做好人员理念和技术支撑的准备。其次，出台辅助事务操作岗位管理、辅助事务集约中心和执行指挥中心运行指引等方案，构建审判辅助事务集

① 习近平：《把握新发展阶段，贯彻新发展理念，构建新发展格局》，载《求是》2021年第9期。

约中心和执行指挥中心组织架构，探索各节点操作流程，突出并联协同方式，以信息化技术推广智能化应用，以强化数字赋能推动流程根本性变革。再次，配套出台辅助人员管理及考核办法，对辅助人员进行分级管理和有效考评，实现辅助人员全链条规范化、精细化管理，促进团队依规履职、建优建强，提高辅助人员稳定性和归属感。最后，出台科学的案件质量评查办法，进一步明确各方主要工作职责和责任归属，确保司法责任制得到全面落实。

（三）数字技术整体融入

在数字时代，任何改革工作的推进都必须自觉吸收数字技术自我赋能。在规划司法辅助事务集约模式的过程中，要确保各个子系统的简易性、稳定性、开放性；同时应高度重视运行整体安全原则，采取切实举措，防范规则体系在道德准则、分配逻辑、组织形态等方面的数字安全风险。实务中，需将涉密的案件信息与单纯的事务交办指令区分流转，涉密的案件信息在办案办公平台流转，避免信息外泄；单纯的事务交办指令通过移动端实时流转，提高沟通效率。探索架构“审判服务”移动端模块，对于纸质材料提取、纸质材料送扫、誊录登记、律师调查令登记等事务交办指令在线提交，实现节点流转扁平化、办理进展可视化、交接信息留痕化，并在环节交接成功时自动提醒审判团队。建立多重维度考核体系，自动提取底层数据，智能把控辅助人员工作量，在“数据驾驶舱”进行全景式展示晾晒，实现全程实时监督。

第四节 司法辅助事务集约改革的变迁解读

在较长一段时期，人民法院对辅助事务管理和集约化改革主要集中于审判领域。作为审判管理的一个分支，我国审判辅助管理工作主要以最高人民法院的改革纲要为依据，集中于审判辅助人员管理和审判辅助事务管理两大方面，后期逐步关注到执行辅助事务管理的改革完善。1999 年至今，最高人民法院发布了五个五年改革纲要，作为组织和动员全国各级人民法院推进司法改革的行动指南；它确定了人民法院改革的目标和任务，也明确了人民法院探寻司法辅助事务管理模式改革的构建方向。

一、司法辅助事务改革的开端和摸索

《人民法院五年改革纲要》倡导“程序控制的分权理念”，“建立科学的案件审理流程管理制度，由专门机构根据各类案件在审理流程中的不同环节，对立案、送达、开庭、结案等不同审理阶段进行跟踪管理，保证案件审理工作的公正、高效”，将法院内设机构科学设置和法院人员分类管理制度改革作为突破口。《人民法院第二个五年改革纲要（2004—2008）》则进一步要求“健全和完善科学的审判流程管理制度，逐步做到同一级别的法院实行统一的审判流程管理模式。在考虑案件类型、难易程度等因素的前提下建立和完善随机分案制度”，改革重心从案件流程管理制度构建向强化案件质量管理方向转移，要求对审判流程管理改革，探索审判事务管理模式。信息技术的高速发展，带动了审判管理实践领域中数字技术的广泛运用；各地法院开始研发各类审判管理系统，建立健全科学量化的质效指标评估模式，推进覆盖三级法院的一体化管理网络建设，使审判管理呈现出日益信息化和技术化的特征，也为辅助事务集约奠定了便捷的信息交互基础。

二、司法辅助事务改革走向结构化和分类化

党的十八届三中全会提出了“建立符合职业特点的司法人员管理制度，完善司法人员分类管理制度”，党的十八届四中全会作出的《中共中央关于全面推进依法治国若干重大问题的决定》进一步指出要“加快建立符合职业特点的法治工作人员管理制度”。说明中央层面已经开

始重视法院司法审判管理的改革，要求审判管理应进行科学分类，完善辅助事务管理结构。之后，《人民法院第四个五年改革纲要（2014—2018）》提出要坚持以法官为中心、以服务审判工作为重心，探索建立分类科学、结构合理、分工明确、保障有力的法院人员管理制度。通过“推进扁平化管理，逐步建立以服务审判工作为重心的法院内设机构设置模式”。一是对法官实行员额管理，确保法官主要集中在审判；二是将法院人员分为法官、审判辅助人员和司法行政人员并对其实行分类管理，并进一步划分各自职责，减少法官事务性工作负担。

三、司法辅助事务改革走向标准化和集约化

《人民法院第五个五年改革纲要（2019—2023）》的主题即为深化人民法院司法体制综合配套改革。要求加快推进诉讼服务中心现代化建设，努力提供普惠均等、便捷高效、智能精准的诉讼服务；明确提出“加强审判流程标准化建设”和“推动部分事务集约化、社会化管理”；强调“配合内设机构改革，在人民法院内部推行文书送达、财产保全、执行查控、网络公告等事务集约化管理”。纲要为司法辅助事务管理改革指明了最新方向：要求在集约化的同时，更要努力达到标准化、均等化和便捷化，即要求司法辅助事务管理集中于一个场所统一操作，与审判执行团队主业务的管理进行分离，运用信息化手段进行辅助事务成果交互运用。

近年来，最高人民法院也开始关注到执行领域的集约改革。最高人民法院在2019年发布了《关于深化执行改革健全解决执行难长效机制的意见——人民法院执行工作纲要（2019—2023）》，要求加快推进审执分离体制改革，深化以现代信息技术为支撑的执行模式变革。通过执行指挥中心实体化运行，发挥指挥调度作用，以执行指挥中心综合管理平台为核心，强化“三统一”执行管理，完善“1+2+N”执行信息化系统，探索推进执行管理体制改革。2021年，最高人民法院发布的

《关于进一步完善执行权制约机制加强执行监督的意见》中，明确提出要建立执行裁决权与执行实施权分离机制；健全事务集约、繁简分流的执行权运行机制，避免繁简案件混杂引发的选择性执行问题；建立流程节点自动预警和专人监管的双重管理，专人履行专项监管职责落实，根据法律规定和司法责任制要求，制定符合新的执行权运行模式的权力和责任清单等措施深化审执分离改革。在组织层级、协调指挥管理方面，要以信息化为依托，健全“统一管理、统一指挥、统一协调”的执行工作机制。

四、数字时代司法辅助事务集约的构建图景

新时代下，司法辅助事务集约改革及管理体系的变革重构，应牢牢把握数字时代的发展脉络，立足于“案多人少”“事多人少”的矛盾背景，着眼于主要依靠内部流程再造重塑和人力资源科学配置以提升效率，发轫于将重复化、程序化的纯事务性辅助工作从核心事务团队中予以剥离，重点在于实现集约化运作、信息化管控、可视化流转、无纸化处理的工作模式，突出分类集约、分权制衡、精准考评等特点，促使审判辅助事务工作标准更加规范统一、更利于精细化分工和考评，破除传统意义上所有审判辅助事务都依法官意见推进并由其承担最终风险、责任的惯例。

在执行方面同步推行以执行指挥中心为枢纽，中心内部设置多个辅助事务操作团队进行辅助事务集约操作，并统一管理、统一指挥、统一协调数个执行团队进行信息化、协同办案的新模式，最终为“谁审理、谁负责”“谁操作、谁负责”的司法责任制建立健全提供更充足的实践基础。司法辅助事务集约管理体系将提升审判流程的规范化和标准化水平，实现执行实施权配置的再优化、再发展，使稀缺的审判权、执行权更专注于核心事务，更大程度提升审判执行质效、促进队伍专业化，从而更加高效地维护公平正义，实现分权制衡与分工增益的“双赢”。

第二章　司法辅助事务集约的既往实践

第一节　部分省市地区法院集约改革的实践探索

全国各地法院不断探寻审判、执行辅助事务管理模式，不少法院成效显著，司法辅助事务处理效率提升明显。通过搜索最高人民法院公布的相关司法改革案例及司法改革动态，对部分涉审判、执行辅助事务改革成果梳理如表 2－1 和表 2－2 所示。

表 2－1　外地部分法院审判辅助事务集约改革简介

序号	法院	改革主要内容
1	江西高院	①建设诉讼材料“收转发 e 中心”集约送达；②剥离卷宗扫描制作、材料流转和文书送达三类辅助事务
2	广东深圳中院	①设立辅助事务集约办理中心；②区分辅助事务核心与非核心事项；③七大类四十一项辅助事务社会化外包
3	广东中山第一法院	①操作性辅助事务集约化、社会化；②审执服务、速录、诉讼服务、档案整理等五十八项辅助性工作社会化；③人员分类管理精细化，推进专业化审判

续表

序号	法院	改革主要内容
4	福建厦门中院	①与公证处开展审判辅助事务合作；②涉及送达、调解、调查、执行辅助事务、保全辅助、公证存证等辅助事务
5	重庆江北法院	①成立卷宗扫描归档中心，卷宗扫描、装订、归档等事务外包；②成立民事财产保全中心、文书校核中心；③明确八项审前、审中、审后集约化审判辅助事项
6	上海徐汇法院	①材料收转和窗口送达集中至诉服中心；②委托公证处调查静态证据、委托快递公司送达；③专人专柜办理文书上网、司法委托、公告等辅助事务
7	北京西城法院	①成立书记员管理办公室，集中管理；②成立送达、电子卷宗同步生成等集约辅助中心；③部分服务外包；④打造多层次审判团队
8	广东深圳盐田法院	①二元划分审判辅助事务；②团队配置模式升级；③社会化服务再分流
9	江苏常州天宁法院	①扫描、送达等社会化外包；②鉴定评估集中由诉讼服务中心委托
10	江苏苏州昆山法院	①成立司法辅助集约服务中心；②材料收发、排期、送达、保全、报结、装订归档等程序性辅助事务集约化处理；③引进社会化服务
11	湖南长沙县法院	①送达事务由邮政集约送达中心处理；②案件信息录入，庭审事务，材料扫描、整理、归档一揽子外包；③制定健全机制规划
12	江苏南京鼓楼法院	①辅助事务与程序事务集约办理；②诉讼保障中心统筹处理鉴定、评估、保全及管辖异议审理；③银行、邮政、高校、社区等人员进驻法院从事审判辅助工作
13	山东临沂兰山法院	①辅助事务一站统揽，送达、保全、评估鉴定、扫描、材料收转等辅助事务由集中诉讼服务中心集约办理；②法官对审判辅助事务跟踪确认

续表

序号	法院	改革主要内容
14	内蒙古高院	送达、调卷、保全、鉴定、扫描等辅助性事务集中至诉讼服务中心集约办理
15	重庆高院	①设立民事财产保全中心，集中办理保全；②全市三级法院集中统筹
16	山东威海环翠法院	①将 42 名原聘用人员交由专业法务服务公司管理；②设置跟案岗；③对辅助事务节点进行拆分、流水线作业
17	上海虹口法院	①建立审判执行辅助事务中心；②庭审、公告、调查、保全等辅助事务集约
18	河南三门峡中院	①购买社会化服务；②辅助人员集约；③完善考核，绩效考核和激励保障相结合
19	甘肃张掖甘州法院	送达、扫描装订、司法鉴定、保全、网拍等辅助事务由送达组、扫描组、审管办、执行裁决组集约化管理
20	福建厦门翔安法院	①设立司法辅助研究中心；②进行审前、审中辅助事务集约送达
21	浙江台州中院	①送达、执行查控两级法院一体化、集约化管理；②升级四十二项功能、一百余项服务内容由诉讼服务中心集约化办理
22	天津河西法院	①送达由法警大队送达组送达、财产保全由保全团队集约化管理；②卷宗扫描社会化外包、司法公开由专业化公司外包

表 2－2 外地部分法院执行辅助事务集约改革简介

序号	法院	改革主要内容
1	广东中山第一法院	①推行执行“分事、分案、分权、分人、分区”的五分法改革；②剥离审判执行辅助事务，组建审执服务团队，把录入、查询、邮寄送达、司法委托等以社会化外包方式完成；③实行繁简分流，区分综合单元、简易单元、普通单元案件，组建执行单元并细化分工，实现执行团队扁平化管理、执行事务标准化办理

续表

序号	法院	改革主要内容
2	上海长宁法院	①实行分段式执行流程管理改革，将执行程序划分为执行接待、财产查控、执行研判、强制执行；②设置执行接待组以形成固定人员接待当事人制度，设置财产查控组以强化和扩充财产查控工作，建立以执行组为执行单位并辅以法警的强制执行制度；③建立动态研判管理和案件执行督导制度
3	北京门头沟法院	①推行“1+N+X”信息化执行团队工作模式，即“1名法官+2名法官助理+1名司法警察+1名书记员”配置执行团队；②执行团队成员分岗分责，确立一般流程自动推送，重点流程执行法官指令推进的分工负责、协作运行的工作方式
4	浙江宁波中院	①建立执行办事大厅并配备专职接待人员；②强化执行指挥中心“三统一”职能，对执行流程重点环节、重点事项进行靶向式跟踪管理；③完善团队办案模式，以专业化执行团队+分段集约协作的做法替代过去单兵作战、一竿子到底的做法
5	河北唐山中院	①执行机构“行政化管理”改革，执行裁决庭脱离执行局纳入审判序列管理；②中院执行局下设5个执行分局，由执行分局管辖基层法院执行工作，在中院执行局的领导下，机构、职能、人员与基层法院彻底外分；③推行统一立案、分段集约、繁简分流业务运行机制
6	江苏高院	①全省基层法院推行执行指挥中心实体化运行“854模式”；②执行指挥中心集约八项执行辅助性事务：核对立案信息和初次接待、制发格式文书、网络查控、收发委托事务、录入失信信息、网拍辅助、接待来访、接处举报电话；③统管决策分析、视频会商、执行公开、舆情监测、执行记录仪使用等五类技术服务；④负责繁简分流、流程节点、执行案件、终本管理四项管理职责

续表

序号	法院	改革主要内容
7	新疆伊州法院	①推行执行指挥中心“191”实体化运行模式，以1个执行指挥中心为中枢，内设9个执行实施团队和1个内勤团队；②执行指挥中心负责研判案情、发挥执行指挥棒作用，对案件实施繁简分流，各实施团队负责简案快执、难案攻坚，内勤团队提供必要的辅助事务保障、通报宣传等
8	山东德州宁津法院	①构建以执行指挥中心为枢纽，负责执行启动、案件分流、财产集中查控、执行保全、重大执行活动的组织指挥协调、执行信息发布及综合事务管理；②以法官为核心，按照“1+X+1+2”模式配备法官、执行员、书记员和司法警察组成执行实施团队；③执行工作分流管理，将分段集约执行与案件承办人负责制相结合，将同一案件的执行实施权分解、配置给不同机构或人员行使，不同案件的同类权力集约交由同一机构或人员行使

第二节　司法辅助事务集约改革实践的经验启示

一、司法资源的充分利用及更优配置

传统的司法事务管理采用“混合模式”，案件办理由法官负总责，辅助事务则由法官、法官助理、书记员共同分担；该模式在法院发展初期起到了重要作用。但随着经济社会的不断发展，“案多人少”“事多人少”的矛盾逐渐加剧；并随着司法改革的不断深入及社会各界对司法公正、效率的要求日益提高，“混合模式”向“分离模式”的发展成为必然趋势。新形势下，通过司法辅助事务集约、信息化建设、购买社会化服务等，法官从繁杂的辅助性事务中解脱出来，专注于庭审、合议、裁决等核心事务，“让专业的人办专业的事”，有利于提升审判、执行的质量和效率，实现存量司法资源的充分利用及更优配置，缓解人案矛盾，达到多办案、快办案、办好案的目的。上述20余家改革先行法院，

其对司法辅助事务集约改革的探索，均取得了一定的实践成果，积累了大量的改革前期有益经验。

二、司法辅助事务社会化的良好实践

传统的司法保障服务模式已明显不能适应现代社会精细化分工及信息时代技术发展的变化，如大量的文书打印、档案扫描、送达等，效率和质量无法和专业化服务企业相媲美。因此也直接倒逼人民法院将各类司法保障服务外包，实现司法服务质效的提升。同时，各地法院为进一步缓解“事多人少”的矛盾现状，使有限的司法资源更好地为审判执行核心事务服务，纷纷采取内部挖掘、外部借力的方式推行司法辅助事务集约改革，如厦门中院与厦门市鹭江公证处开展的诉讼与公证协同创新全面合作，将诉前调解、调查取证、执行辅助事务、保全辅助、公证存证等司法辅助事务交由公证处完成；广东省中山市第一人民法院采取了将操作性事务外包的方式促进审判辅助事务的社会化，并以此为契机推进了审判执行辅助事务的集约化改革。

三、机构改革及人员分类管理的实践探索

通过改革先行法院的实践探索，可看到司法辅助事务集约改革进一步优化整合全院人财物，有效减少层级化管理，通过搭建扁平化管理架构，辅以信息化技术，使法院各庭室之间更加高效协同。并且通过制定规范、细化的司法辅助事务权责清单，准确界定审判执行核心事务与辅助事务，推行司法辅助事务因事定岗、一人多岗，打造专业化、精细化、协作化的工作流程，确立绩效考评标准、明晰评价标准，实现人员职能定位及统一管理，为分工明确、分类管理的司法改革纵深推进奠定了实践基础。

四、问题管理长效机制的建立

发现问题、解决问题是提升质效的关键所在，也是核心竞争力。传

统的“混合模式”不可避免地存在因管理水平、能力参差不齐而导致监督管理不到位的情形。有的管理者可能难以发现问题；有的管理者可能发现了问题，但选择安于现状，或习惯性熟视无睹，或掩盖问题。不管何种情形都会直接影响办案质效和法院公信力，成为法院工作短板。权责明晰的司法辅助事务集约体系更容易让共性问题浮出水面，从而有的放矢去探究问题表象背后的原因，统筹谋划最终解决问题。并有助于建立发现问题、解决问题的长效机制，形成相关责任人、管理人持续发现问题、持续解决问题、持续优化运行的模式。

五、实现分权制衡提升审判执行规范程度

随着司法责任制改革的推进，实现审判权的回归，“让审理者裁判，由裁判者负责”不再停留在纸面。但有的审判团队的员额法官客观上存在管理能力不足、工作方法简单等问题，往往容易导致出现审判程序性的瑕疵。司法辅助事务集约改革，将审判辅助事务予以剥离，以模块化、精细化、流程化推进，通过审判辅助事务权的制衡，实现了审判程序的有序推进，提升了审判程序的规范化水平。为实行科学的执行案件流程管理，破除“一人包案到底”、执行权配置过大的传统执行办案模式的弊端，各地改革先行法院进行了长达十余年的分段集约执行模式探索，对执行流程进行了创造性的变革，将执行程序中同质、共性的执行辅助事务合理分流剥离，由多人或多个执行辅助事务组在案件执行流程环节中实施完成，执行承办人不再对个案执行全流程负责。后期随着执行信息化建设的推进及最高人民法院对执行指挥中心实体化运行的要求，进一步形成了以执行指挥中心为枢纽，发挥统一管理、统一指挥、统一协调职能，各执行实施团队、辅助事务团队协作办案的执行新模式。这种执行新模式彻底颠覆了“一人一案”模式，形成了规范化、集约化、标准化的执行流程，大幅提高了执行效率，也有效地实现了分权制衡、规范执行的目的。

第三节　司法辅助事务集约改革实践的不足

各地改革先行法院的司法辅助事务集约改革虽然取得了一定的实效，但在改革过程中也不可避免地存在不足，主要体现在以下几个方面：

一、集约改革规划的系统性、整体性不足

各地改革先行法院对司法辅助事务集约改革进行了卓有成效的实践探索和创新。但因各种原因，还未形成对司法辅助事务集约的体系化、系统性的认识及总体规划；绝大多数法院只进行了部分集约，点状式推进集约改革。在此类模式下，审判执行团队需留存部分书记员承担相应辅助事务，集约事务中心也需要增加人力；这不仅增加了流转、沟通成本，也无法明显提升审判执行的整体质效。并且，司法辅助事务集约改革不可避免地会与法院信息化建设、人员分类管理、司法责任制改革等司法改革领域产生交集；但当前各地法院的司法辅助事务集约改革尚缺乏与其他司法改革任务统筹、联动推进的总体规划，导致不能更好地实现司法改革的整体性、系统性和协同性的目标要求。

二、辅助事务瑕疵认定归责等制度保障不足

各地法院在司法辅助事务集约改革实践中，均陆续制定了相应的工作指引、规范性文件，大多明确了辅助事务集约事项如不符合标准规范而造成的案件质量问题、程序瑕疵将由相应辅助事务岗人员承担责任。但实际上，大多数法院对应的省高级人民法院层面的司法案件质量评查标准及外部的法律监督要求，尚未建立或明确司法辅助事务的归责机制，往往笼统地规定出现案件瑕疵时责任由承办人承担，一旦审判执行辅助事务上出现瑕疵差错也只能继续由承办法官担责；在缺失司法辅助

事务瑕疵归责制度及容错纠错机制的保障下，法官往往心存顾虑，也难以从辅助事务中实现真正的全身心脱离。

三、信息化融入司法辅助事务集约改革深度不足

司法改革和信息化是推动人民法院工作发展的“车之双轮、鸟之双翼”，两者之间相互融合、相辅相成、相互促进，要求以信息化为司法改革提供科技支撑，以司法改革需求引领信息化发展。当前实践中如庭审同步录音录像、电子卷宗随案生成、智能e键送达、网络查控、一键归档等信息化技术，能更好地实现庭审记录、财产查控、案卷归档等审判执行辅助性事务工作的集约化、高效化作业，提升审判执行质效。但信息化建设任重道远，各地法院推进力度不一，发展程度不均，审判执行业务与技术融合不够，智能化程度不足，同时法官对推行单轨制全流程无纸化、电子卷宗随案生成等也普遍存在心理障碍，理念认识更新不及时，进一步影响了司法辅助事务集约改革的全面开展。

四、集约改革实践中存在串联式线性协同的弊端及不足

在司法辅助事务集约改革实践中，有的法院按照流程化、社会化目标要求积极实行改革，但受理念认识、信息化建设等主客观因素制约，其辅助事务集约模式依然按照一环扣一环的串联式线性推进协作。如执行模式改革中，推行分段式集约执行，各团队根据分工职责负责处理一个环节的相关流程，以“流水线”模式完成相应的执行程序。但上述单一的线性集约改革在实践运作中存在明显弊端，如增加交接流转成本，某一环节流程停滞则整体受阻，影响整体效率，当事人体验感差等。这些痛点及不足，也是制约司法辅助事务集约改革的“瓶颈”，为此有必要探索推进多线性并联式的协同集约。

第三章　并联式协同：数字时代司法辅助事务集约的黄岩探索

司法辅助事务作为协助审判权、执行权行使的辅助性事务，服务于案件办理的实体性司法工作，具有专业度低、重复度高、程序性强等特点，可以参考程序规范流程化办理。

传统的司法辅助事务办理通常采取“混合模式”，即以员额法官、法官助理、书记员构建“作坊式”小团队，由员额法官全程负总责，团队内部共同分担辅助事务。“混合模式”在法院发展期起到了相当重要的作用。但随着司法改革的不断深入，智慧法院建设不断取得新突破，此类“混合模式”的有限性也逐渐凸显：一是员额法官疲于辅助事务管理，难以专注于核心“判断”事务，责任压力越来越重；二是辅助人员业务水平缺乏专业化，队伍整体素质不均衡、业务不专精；三是职权交叉难以明确分工，审判核心事务和审判辅助事务界限不明导致员额法官和辅助人员之间权责不明，法官助理和书记员在事务的承担上常存在交叉错位。[①]

为应对不断加剧的人案矛盾，实现提升司法服务质量的目标要求，一些法院已对司法辅助事务进行了一定程度的集约改革探索。如前章所述，广东省中山市第一人民法院、上海市长宁区人民法院等均取得了初步成效，如将送达、录入等事务以社会化外包完成。又如实行执行流程分段式改革，有效缓解了案件增量与人力短缺的严峻矛盾，亦一定程度上解决了传统“混合模式”办理过程中存在的低效、低质问题。但此类“串联推进模式”因欠缺司法辅助事务集约改革的整体规划、无纸化卷宗的技术支撑薄弱、流程交接安排烦琐粗糙，仅能以“流水线”模式串联作业，能够集约的事务相对较少，主要集中在送达、排期、庭审记录、扫描归档等，司法辅助事务集约效率有待进一步提高。因此，为了“公正与效率”的价值追求，为应对人力资源紧张的现实压力，为提升司法案件的办理质量，人民法院深化司法辅助事务集约模式改革已势在必行。

第一节　并联式协同办案模式的迭代革新

基于“混合模式”“串联推进模式”的运作经验，为解决既往实践中存在的整体效率低下、集约程度不高等问题，黄岩法院充分调研借鉴其他行业领域的管理经验，深入分析司法辅助事务集约进一步改革的可行性，在实践中逐步形成并联式协同办案模式，在制度化运行中不断更新发展。

一、并联式协同的革新意义

公正司法是维护社会公平正义的最后一道防线，“公正与效率”是

① 参见徐乐盛、李波、张晨田：《打造审判辅助事务协同集约管理新模式》，载《中国审判》2022 年第 13 期。

人民司法的本质要求和核心的价值追求。党的二十大报告明确要求“加快建设公正高效权威的社会主义司法制度”；最高人民法院院长张军在全国法院学习贯彻全国“两会”精神电视电话会议上强调，人民法院要围绕抓实“公正与效率”持续深化改革创新。实现公正与效率的统一，不仅要实现人民群众关于公正司法的诉求，还要回应人民群众对于高效司法的期待，通过更加便利、快捷、普惠、均等的司法服务让“正义可视”。在公正与效率的价值引领下，黄岩法院开展并联式协同办案模式改革具有实践上的必要性。

一是缓解“案多人少”的现实困境。随着人们的法治观念、依法维权意识不断增强，立案登记制不断深入，人民群众对法治提出了更高的期待，“人案矛盾”成为法院亟待解决的难题。传统办案团队将精力分散于核心事务和各类辅助事务，客观上延长了办案时限，法官无法专注于核心司法事务，影响了审判执行效率的提升。如何将法官与助理从繁杂的辅助事务中脱离出来成为改革的方向。并联式协同打破“一团队包案到底”的形态，将司法辅助事务和司法辅助人员从审判执行团队中剥离出来，高度整合至集约中心，通过“控制中台”的协同运转，实现专人专岗专责，做到“多线程、并联式”完成司法辅助事务，为审判执行团队打好“辅助”。并联式协同既规避了原团队内辅助人员一人“单线程”疲于应对多案不同事务节点导致的拖延痼疾，又释放了法官原先需要辐射审前程序和审后管理的压力；“控制中台”统一调度各种能力资源，服务当事人诉讼需求和团队办案需求，减轻团队非核心事务办理压力。

二是明确职责提升操作环节质量。并联式协同通过人员、岗位、操作标准的“三固定”提高单个环节的活力，确保辅助事务“流水线”式高效流转，提升各个环节精准度。例如审判案件，过去案件是否送达到位由承办团队自行界定，这造成相同当事人在较近一段时间内的多个案件出现送达不统一的情况，极易引发当事人不满。现在改由专门岗位来完成全院所有案件的送达工作，话务界定岗投入更多精力查询其案卷中当事人的联系方式，并连续多日打电话争取联系上本人完成界定，为后续电子送达打下基础；送达回填岗负责及时回填送达情况并上传系统。在标准化送达完成后，法官仅需在办案办公平台查收"成果"，无须过问送达瑕疵，提高了办案效率。又如开庭排期，开庭排期岗按法庭占用情况轮候安排开庭排期，最大限度轮转审判法庭，对法官的审理节奏有着潜移默化的推进，形成了提升效率的倒逼机制。在执行案件中，这一优势更加明显。执行工作流程节点众多，包括执行立案到财产查控、执行通知送达、财产处置、制作分配方案再到最后案款发放等流程。从事务集约在审判领域的应用来看，执行文书制作、送达、财产调查等事项均可以从每一件执行案件中剥离，归集到专门的团队，由专门的工作人员进行处理，提升规范化办理水平。从事务集约的底层逻辑来看，正因为执行工作中存在诸多流程节点，需要分工合作才能完成，所以我们可以在执行工作中寻找每个案件流程的最小单元①，整合可以进行集约的相同节点，根据法院实际办案人员结构、案件数量等因素因地制宜，提升各辅助事务的办理质量。

三是优化人员配置激发内生动力。审判、执行核心事务处理得是否及时、准确和公正直接影响到司法职权的有效行使。若辅助事务处置高效，就会对审判权、执行权运行产生相辅相成、双促双升的良性循环；反之，就会造成相互掣肘、资源内耗的不利局面。并联式协同破解了各办案团队辅助人员配置比例不合理的难题，向着最有利于全院审执职能发挥的方向整合辅助人员，构建人岗相适、分工明确、权责清晰的集约格局。同时，对辅助人员进行职业规划管理，使人力资源能够匹配并支持法院实现既定战略目标。将所有辅助人员集中统一管理，才能顺利开

① 浙江省宁波高新法院执行局将这种最小单元称为"颗粒"，将执行事务划分为60个核心颗粒事务和20个辅助颗粒事务。与之相对应的是，该法院执行工作方式也被命名为"颗粒化执行"。

展团建培训和轮岗培训，提高全员业务水平，优化人岗匹配度，提升全员协作度和办事效率，实现对辅助人员更加精细化和专业化的管理。法官助理也可以聚焦核心业务进而提升专业化素养，不断提升团队审判质量和效率，为法官梯队建设打下坚实基础，从而不断为司法职权的充分发挥提供内生原动力。

四是人力资源重新配置以提升效率。宏观层面上，在人民群众需要更多优质司法供给的背景下，人民法院一时不易化解法官员额制改革后一段时期内办案法官数量难以提升的问题，亟须法院内部重构人力资源管理模式。并联式协同办案模式借鉴了劳动分工、科学管理和 HPWS 等理论，对办案团队和司法辅助人员团体的组织架构、方式流程、手段工具方面进行了全方位、系统性重塑，以实现分配正义所指向的普惠的司法供给。在微观层面上，由于集约中心集中统一管理辅助人员，且辅助人员群体地位、薪酬差距不大，负责的是相对固定和共性的事务，所以集约中心可以统一管理培训提升员工绩效，实现集约中心辅助事务处理效率的提升；辅助事务效率的提升在一定程度上会促进团队的质效提升，同时避免法官团队内推诿扯皮，减轻团队非核心事务办理压力，有利于提升团队内部和谐关系，提升成员能力和团队凝聚力。

二、并联式协同的可行性探究

在理念设计的可行性上，人民法院的司法辅助事务集约仍处于较为初始的阶段，大量辅助事务可剥离且应当剥离的理念仍未得到广泛应用，但其他行业已有较为成熟的模块化事务流运作可供借鉴。如在医生诊疗过程中，医生作出医疗决断及操刀手术是其核心事务，前期必要的检查是为了核心事务能够正确做出而完成的前置辅助事务，相关验血、B 超、拍片等各单项检查均设置独立科室，通过统一的内部信息管理平台进行反馈与交互，以单独模块的形式为核心事务提供服务与支撑，检查科室亦独立承担该项检查事务的岗位责任。医生仅需要结合辅助检查的反馈结果对病人作出诊断，而无须参与检查的过程，亦无须为检查中存在的错误承担责任。各个独立模块均可并联运行，最大限度地提升病人看病问诊效率；医生可专注于核心事务判断，间接助推提升诊断的质量与效率。又如，IBM 公司首先实践的集成产品开发模式（IPD），产品设计开发的结构化流程，包括概念、计划、开发、验证、发布、生命周期管理 6 个阶段，通过异步开发模式缩短产品上市时间，借助跨部门、跨系统的协同将串联工作流程转化为并联工作流程，最终打破部门间的利益壁垒和技术局限，实现业务与流程的高效统一。

在现实运作的可行性上，深度剥离司法辅助事务并不影响审判权、执行权的实质运行。在审判方面，司法辅助事务集约能帮助法官更好地行使核心裁决权。首先，审判核心事务要求审判人员亲历司法活动，以书记员为代表的司法辅助人员对核心裁判权的影响极为有限，且传统模式中员额法官无须对辅助事务事事过问、完全掌控也不影响核心审判业务的推进，故团队内剥离辅助事务不会对审判核心业务造成影响。其次，审判核心事务必须由进入序列管理的员额法官通过行使审判权而作出决定，而从事司法辅助事务的既有行政编制的法官助理，亦有聘用制的工作人员，如团队内部管理水平不高，就容易产生职责分工模糊、工作量不均衡、人岗不相适应、干警心态失衡等问题。最后，审判核心事务一般是一次性的、不可重复的判断，每个案件的不同因素都会干扰对法官和助理的精准考核和横向排位，一般以一定期间内案件平均指标进行考核；审判辅助事务一般是程式化、重复性、可分割的工作，集约后辅助人员的工作可以进行更精细化的考评，通过统一培训更容易达到“熟能生巧”提高绩效的效果。在执行方面，可集约、应当集约的事项更多，且更为“核心”。在执行工作中，实施事务权中典型的如财产查控、分配方案制作、财产处置等事项，具有高度的同质性，具备集约整合的可行性。上述事项从执行员办案流程中抽离，交由专人统一处置，并将成果内嵌回原执行流程，即可做到前后程序“无缝衔接”，实现流程节点间的相互监督。例如，可以将财产处置工作整段集约，或者将财产处置中的车辆处置、不动产处置、股权处置等事项分段集约。执行事务集约已由各地法院经过多年的实践验证，进而探索制定合理有效，具有标准化、规范化特征的工作指引，以提升监督管理效能，实现案件质效的稳定和提升。

在技术保障的可行性上，浙江全域数字法院建设已初具成效，审判执行工作的平台化、无纸化已经基本实现，开发数据流转应用亦不存在技术障碍。在“整体智治”理念的指导下，平台化整合帮助实现了“多跨协同”的“一网通办”，一体化办案办公平台打通了法院所有服务事项、所有办事流程、所有办案要素的数据通道，从技术层面搭建模块化运作基础。同时，无纸化应用帮助实现全流程的“在线办案”，依托一体化平台，在立案、审理、执行、归档等环节全面推行无纸化，使多业务场景同时空办理成为可能。目前，浙江省各法院已经搭建完成一体化平台，无纸化办案率达 99%，办案效率提升 14.1%。[①]

在用户感知的可行性上，民众对在线司法协同更具包容性，进一步深化司法辅助事务集约改革所面临的社会阻力较小。我国互联网司法在实践中运行已有很多年，越来越多的案件通过全流程、全周期在线形式解决，通过这些年的推广应用，逐步让民众和法律人士接受认可了这种“打开网络打官司”的模式。在民众观念中，法院已经越来越由一个场所转变为一项服务，传统的诉讼活动越来越具备“虚拟社交”的特性。对群众而言，法院是解决纠纷的途径、服务和节点，法庭庭审是在线的对话仪式，至于审判团队的内部结构、司法辅助事务分散在各团队还是统一集约，群众无须过分关心。辅助事务处理的统一性和公正性，可以使诉讼参与人以更加良好、平和的心态参与诉讼、信服裁判。随着在线诉讼的不断推广，基于在线无纸化流转方式的司法辅助事务集约模式也

---

① 参见李占国：《浙江打造“全域数字法院”的实践与思考》，载《法治日报》2022 年 9 月 20 日，第 3 版。

越来越受到群众包容，同时也提高了民众对我国司法沿着“在线”道路发展的心理上的适应性和包容性。

三、并联式协同的改革历程

为进一步完善新型审判权力运行机制，围绕“实现司法公正、提高诉讼效率”的目标，黄岩法院自2019年7月起有序推进司法辅助事务集约改革：一方面，全面梳理司法辅助事务集约改革的难点堵点，综合考虑诉讼程序、案件性质、操作难易等多方面的因素，对非审判核心事务进行分解剥离，梳理了立案、编扫、送达、庭前准备、案件办理、后审、卷宗七个环节三十余项可剥离的辅助事务；另一方面，秉持“成熟一个剥离一个”的原则，以无纸化办案等智慧法院建设成果为技术基础，在司法实践中先试先行，从易入难逐项开展司法辅助事务集约改革，渐进式推动组织架构和业务流程的机制重塑。

在审判辅助事务集约方面，2019年年初，民商庭首先开展分段式集约改革，成立排期组2人、扫描组1人、归档组3人、誊录组3人，其中排期组、扫描组和归档组设置在民一庭，誊录组设置在民二庭。2019年7月，智能送达中心成立，统一负责全院话务界定、电子送达跟踪、邮寄打印封装和送达跟踪、送达失败审核和公告审核，包括正式干警1人、书记员1人与邮政人员4人。2020年2月17日，卷宗数智化中心成立，分设档案组、扫描组、归档组，分组承担立案材料统一保管、补充材料统一扫描、结案材料统一归档等专项职能，同时还负责刑事立案、上诉移送、档案查询。卷宗数智化中心5名书记员有3人来自民一庭、1人来自立案庭、1人来自办公室。2020年5月，24小时自助诉讼服务区开放。2020年11月2日，审判辅助集约中心成立，分设预备组5人和后审组5人。预备组承担随机分案、统一排期、首次送达、送达跟踪、开庭公告等职能，后审组负责誊录、生效录入、文书上网、诉讼费结退等工作。2021年3月，上述三中心合并为审判服务中心

（以下简称审服中心），共有 20 名审判辅助人员（含 4 名邮政外包人员），下设预备组 5 人、送达组 5 人、卷宗组 5 人、后审组 5 人，承担本部民商事案件的分案、排期、调查取证、管辖异议、送达、编扫、归档、档案查询、誊录、生效录入、文书上网等辅助事务工作，以及行政、刑事案件的编扫、归档工作。2021 年 6 月开始试点从司法雇员中选任聘任制法官助理。卷宗组工作内容增加陪审员事务、窗口接待、诉讼委托调解。预备组工作内容增加二次排期及送达和跟踪。后审组工作内容增加裁判文书校对和发起送达。同时将行政案件、刑事案件辅助事务剥离集约办理；其中因刑事案件较其他类别案件有较大区别，成立刑事组直接归入后审组统一管理。2021 年 10 月，扫描编目、装订归档、笔录誊录转为职能外包，书记员中有 4 人转化为外包人员。2022 年 7 月，督促团队成立，负责审后督促、执前督促等，由 1 名正式干警和 4 名书记员组成。2023 年 6 月，报结登记、电子卷宗整理、提交归档等事项进一步剥离集约，由后审组集中办理。

在执行辅助事务集约方面，黄岩法院于 2021 年 2 月开始探索执行指挥构架改革，构建“456”模式，开始了初步的执行辅助事务集约探索。指挥中心下设 4 个监管团队负责案件繁简分流、节点把控、案款发放、终本质量，5 个辅助事务集约团队负责财产查控、节点管理、执行外勤、司法网拍、案款分配，6 个专业办案团队负责初执实施、财产处置、终本恢复、拒执打击。指挥中心所有工作以专业办案团队为核心，以服务、引导专业办案团队为宗旨，完善“人员分类、事务集约、权责清晰、配合顺畅”的执行权运行模式，致力于减轻专业办案团队事务负担，并为其提供资源、技术和智力支持。2023 年 3 月，结合前期改革基础，黄岩法院进一步深化执行辅助事务集约改革，探索执行权并联协同运行，构建迭代升级版“456”模式，现已正式运行。

同时，黄岩法院亦在实践探索中不断出台相应制度文件，全面规范人力资源配置、集约事项岗位管理、事务流转交接流程、工作绩效考评、案件瑕疵评定规则等方面内容，助推司法辅助事务集约改革规范化、制度化。2020 年 10 月 30 日，出台《探索新型审判团队组建、深化审判辅助事务集约化改革的工作方案（试行）》，明确将分散于各部门从事审判辅助事务性工作的书记员进行重新整合，为司法辅助事务集约改革打下制度基础。2021 年 3 月 31 日，出台《建设“数字法院”行动方案（2021—2022）》，明确了数字化改革的思路和转型方针。2021 年 6 月 7 日，出台《全面推进审判辅助事务集约化的实施方案》，全面吸收前期实践经验，在审判流程重塑、司法责任、队伍管理、数字化建设等方面推进重点改革。2021 年 7 月 9 日，发布《立案庭（诉讼服务中心）辅助事务岗工作流程管理办法（试行）》，细分岗位职责、明晰权责划分，统一科学管理从事辅助事务的书记员。2021 年 5 月 14 日，制定《执行权运行模式改革暨执行指挥中心运行工作指引》，推进执行权运行模式改革，构建完善执行指挥中心实体化运作，促进执行工作体系和执行工作能力现代化。2023 年以来，进一步推进执行辅助事务规范化、集约化、协同化、数字化，着力提升执行指挥中心运行效能，初步构建 2.0 版执行辅助事务集约改革，积极推动制定《执行权并联协同运行工作指引（试行）》。黄岩法院还出台了《选任聘用制法官助理的工作方案》《司法雇员等级管理办法》《辅助事务岗考核办法》《辅助人员定岗定责定员管理机制》《案件质量评查工作实施办法》等文件，用以完善相应配套机制、明确岗位权责，构建权责明晰、监管有力、运转有序的审判权运行监督管理体系，准确划分法官、助理和辅助事务书记员的责任界限。

在推进“无纸化转型”向“智能化赋能”跃升中，黄岩法院注重发现问题和总结经验，理论和实践并重，不断思考法院数字化改革的方向、导向和建设目标，总结司法辅助事务集约规范办理的标准和改革方向，形成了大量具有代表性的调研成果。曾在 2021 年 12 月 24 日《人民法院报》发表《人民法院数字化改革的三个维度》；在《浙江审判》

2021 年第 3 期发表《审判辅助事务“三化改革”中的问题挑战和方法创新》；在《浙江审判》2021 年第 6 期发表《数字化改革背景下智慧法院建设的发展进路》；在 2022 年 8 月 18 日《人民法院报》“理论研究”版发表《审判辅助事务“中台”式集约管理的模式探索》；在《中国审判》2022 年第 13 期发表《打造审判辅助事务协同集约管理新模式》等；《对于基层法院执行指挥中心数字化架构的调研》被浙江高院评为全省法院 2022 年度十佳执行调研成果。

历经 4 年多的实践探索，黄岩法院在不增员的情况下最终形成了“并联式协同办案模式”的特色集约路径。该模式运行后，辅助事务操作质效稳步提升，平均审理天数、电子送达率、公告送达率、扫描编目、文书上网、诉讼费结退等辅助事务工作时效等各项指标排名均有所上升，办案团队事务负担显著减轻，审判权、执行权运作更加顺畅，群众满意度和法官办案幸福感亦显著提升。“并联式协同”的黄岩集约模式获评 2022 年“浙江全域数字法院”改革“好制度”“好理论”成果，被浙江高院确定为“司法事务集成集约”的改革样板，吸引了全国一百多家各级法院，包括 19 家中级及以上法院前来参观学习考察，甚至有多家法院数次前来考察，派人驻点学习等，黄岩法院已累计接待超 700 人次。

下一阶段，黄岩法院将在司法辅助事务办理的自动化、智能化方向上继续探索，充分利用机器人流程自动化（RPA）、自然语言处理（NLP）、人工智能、机器学习等技术，提升工作效率、减少人力成本，进一步加强司法审判的标准化建设，推进审判体系和审判能力现代化建设。同时，黄岩法院还将进一步依托数字化改革浪潮，努力实现司法辅助事务集约改革的再深化、再拓展，如探索财产处置、罚款拘留等执行核心业务集约办理的可行性，探索出更加深层次、多节点、全方位的执行事项集约，实现执行案件办理规范化、标准化。

第二节　并联式协同办案模式的顶层设计

黄岩法院围绕“实现司法公正、提高诉讼效率”的目标，坚持系统思维、整体智治，以促进审判体系和审判能力现代化为目标，全面释放无纸化办案办公红利，形成了并联式协同的办案新模式。总体的改革思路是将纯事务司法辅助事务和书记员从各团队剥离，人和事都整合至审服中心和执行指挥中心集中运作，由“专人专岗”负责“专事专项”，实现对外服务当事人和对内服务业务团队的系统集成。

一、基本理念

所谓并联式协同办案模式，是在无纸化办案的基础上，从审判、执行团队中剥离司法辅助事务，并在审服中心和执行指挥中心两大控制中台下设置专人专岗集中办理，实现多岗位、多环节同时空协同工作的司法辅助事务集约模式。原来分散在各业务团队的书记员全部被归集至两大控制中台进行集中管理，由审服中心和执行指挥中心统一对外提供服务，推动开庭排期、送达、誊录、调查取证、归档报结等审判辅助事务和财产处置、财产查控、强制措施、警务外勤等执行辅助事务高度集约办理，实现了司法辅助事务从线下纸质交接向在线无纸化协同转变、个人包干操作向专人专岗专事转变、分头督促检查向集约管理指导转变、承办法官承担全责向瑕疵差错精准问责转变的新模式。

这一新型集约模式主要具有以下特征：

一是全程无纸化。全程无纸化是并联式协同办案模式的技术基础。办案全流程的无纸化，突破了传统纸质卷宗流转的时空局限性，克服了纸质卷宗办案只能前后传递的串联式办公办案阻碍，使不同团队、节点的人员可实时共享“同一本”电子卷宗，并利用内网办案办公平台和移动端工作台完成事务衔接事项，实现多项辅助事务同时办理，多个案卷操作同时在线，为司法辅助事务并联式协同提供了可能。

二是高度集约化。高度集约化是并联式协同办案模式的必然要求，目的在于对辅助事务和人员配置两方面都进行全部集约。通过分析办案全流程，综合考虑程序要求、业务流转顺序、操作难易、剥离可行性等多方面因素，将能够集约办理的司法辅助事务均从办案团队中予以剥离，并细化每一项辅助事务的衔接方法，降低辅助事务的协调成本、运作成本；突破原有“1 +1 +1”的审判团队配置，将全部书记员集中纳入集约中心管理，构建“1 +1 + C”型审判团队，在 C 端（集约中心）按照“因事设岗、因岗择人”原则，将工作任务精细化、标准化分解，实现专人专岗专责；强化执行指挥中心，建强配齐执行力量，理顺执行职责清单，集中开展诉求管理、质效管理、财产管理、综合管理、警务外勤、财产处置等多项工作，提升集约水平。

三是高效并联化。高效并联化是并联式协同办案模式的本质特征。第一，事项并联。基于辅助事务高度集约，实现辅助事务各环节并行办理，提升案件审理效率，避免因辅助事务串联式办理而造成的时间浪费、流程停滞、成本增加。第二，交互高效。建立数字化协同平台，针对审判案件设置纸质材料提取、送扫，誊录登记，调查取证等十余项审批流、事务流；针对执行案件构建执行辅助事务系统，实现各环节线上办理，真正做到全流程、全留痕规范交接。第三，流转无感。厘清辅助事务工作范围，规范各环节流程标准，实现辅助事务全流程无感启动，做到各岗位职责清晰，各环节无缝衔接，各事项自主流转，充分服务于审判团队和执行团队。

四是一体协同化。一体协同化是并联式协同办案模式的目标导向。首先是全局性控制。全环节实时监控，通过数据实时抓取，审服中心和执行指挥中心可通过“驾驶舱”监控全局运行情况，实现全局可视化管理。其次是体系性管理。结合司法辅助事务集约改革态势和集约中心运行实际，收集体系化提升需求，不断扩充可集约辅助事项，充实司法辅助事务集约体系。同时，充分利用线上线下各种途径，定期收集分析各岗位工作情况，对其工作量进行量化和把握，并及时对人员安排予以优化调配。最后是流程性纠偏。区别于传统模式下全流程辅助事务单人负责，并联式协同模式下专人专岗专责，各环节交接时及时确认、实时纠错，实现流程偏离度预警。

二、核心架构

黄岩法院并联式协同办案模式以“大中台＋小前台”为核心架构，将审判、执行辅助事务和辅助人员全部剥离，并建立两个“大中台”——审判集约中心和执行指挥中心，产出多个办理辅助事务的“中间件”，与审判、执行团队等各个“小前台”紧密配合、实时交互，以优化司法资源配置、规范辅助事务办理标准，让每一个当事人在各个诉讼环节均能获得统一的高质量体验，从程序上更好地保障公正司法。

“大中台＋小前台”的工作模式起源于美军在“二战”以后确立的海上作战的战略方式，以航母舰群组成“大中台”对实时战况进行分析并作出对策，特种部队作为“小前台”接受“大中台”指挥直接应战。这种模式后来通过阿里巴巴被引入到公司管理中，有效化解了后台数据庞大、前台机构冗杂，不能及时响应市场需求的问题[①]。黄岩法院在司法辅助事务集约改革中创新性引入“大中台＋小前台”工作理念，以集约管理体系为载体，健全法院现代化内部协同机制，重塑审判流程和办案团队，破除跨团队办案信息壁垒，以“让专业人做专业事”为导向，高效协同提升团队审判质量和效率，回应人民群众对司法效率的新期待。

---

① 参见曹仰锋：《生态型组织：物联网时代的管理新范式》，载《清华管理评论》2019年第3期。

（一）审判中的并联式协同办案模式

在基本架构上，建立1个“大中台”N个“小前台”的并联交互模式，以“大中台”进行集约处理，为审判团队“小前台”提供辅助事务成果供给。一方面，审服中心（大中台）将所有卷宗电子化处理后导入办案系统，自发推进后续办理流程，完成审前和审后程序流转，统一调度各种能力资源，服务当事人诉讼需求和审判团队办案需求。另一方面，各审判团队（小前台）不设处理程序性事务的书记员，可随时指令审服中心提供高质高效的能力支撑，直接接收从审服中心输出的由N个辅助人员“多线程、并联式”完成的辅助事务办理成果。既规避了原团队内书记员一人“单线程”疲于应对多案不同事务节点导致的拖延痼疾，又节约了法官精力无须辐射审前程序和审后管理。形成“当事人—集约中心—法官”的运行体系，双向解决当事人找法官难和法官沟通当事人累的难题。[①]

从交互运行模式来看，更加注重“专人专岗专事”。由审服中心承担非核心辅助事务，法官则专注于审判核心事务；审判团队和审服中心团队共享电子卷宗，互不干扰，异步操作，实现高效互动、协同推进案件进程（见图3－1）。实践表明，在双线运行时，法官无须过问原属于书记员的其他操作事项。在审前，审判团队仅需在特殊排期和开具律师调查令时向审服中心发送指令；在审中，除了将新收证据交由审服中心扫描和保存，审判团队专心于案件审理；在审后，审服中心自行发起裁判文书送达、诉讼费结退等一系列结案流程，审判团队仅负责完成判后答疑即可投入下一个案件审理。

---

① 参见徐乐盛、张晨田：《审判辅助事务“中台”式集约管理的模式探索》，载《人民法院报》2022年8月18日，第8版。

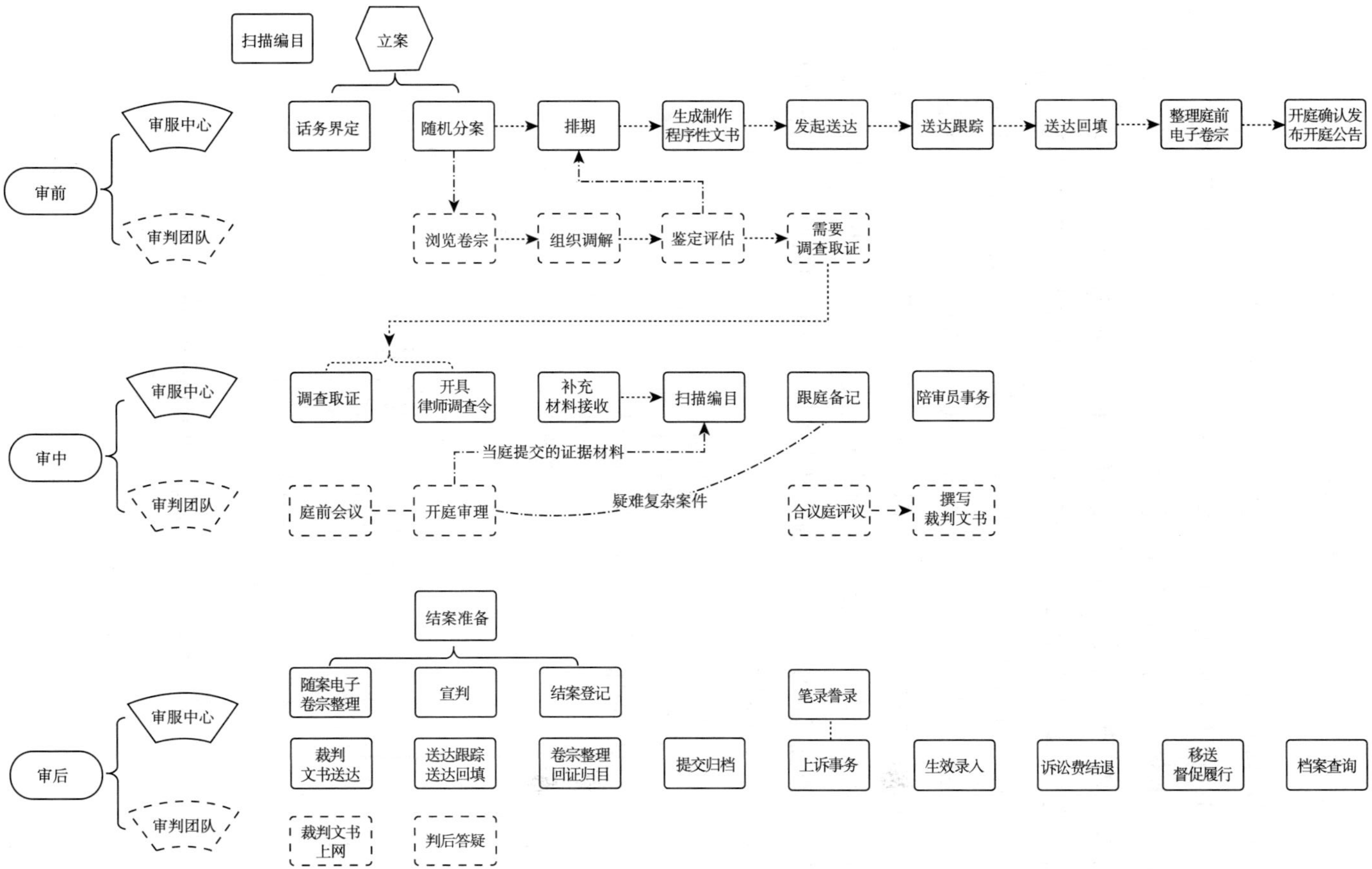

图3–1 审判中并联式协同办案模式

（二）执行中的并联式协同办案模式

黄岩法院执行指挥中心是提供执行辅助事务支持的“大中台”，数个分设的执行团队是执行权实质运行的“小前台”，两者相互协作、并联协同，有效提升了执行案件整体办理效率与质量。在此架构下，实行执行指挥中心与执行实施团队并行的执行工作架构，即执行权并联协同运行模式。该模式主要指执行指挥中心与执行实施团队并联协同，执行指挥中心管“事”，执行实施团队管“案”，执行指挥中心对执行实施团队进行监管、跟踪、服务，二者构成执行局的整体框架。执行指挥中心下设5个管理团队，分别为诉求管理组、质效管理组、财产管理组、综合管理组以及警务管理组，警务管理组又由“执行110”警务外勤组以及财产处置组构成；执行实施团队分为4个平行团队，负责执行案件的具体办理（见图3－2）。

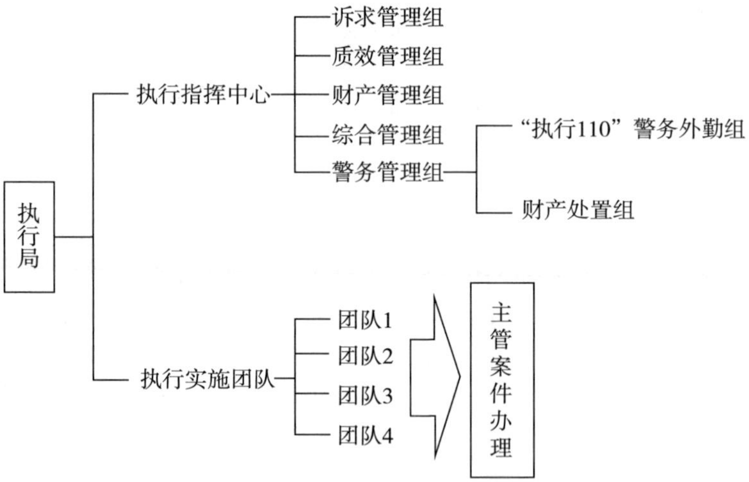

图3－2　执行权并联式协同办案模式

三、构建路径

一是定位、剥离、整合辅助事务。第一，精准定位。全面梳理案件全流程各方面，综合考虑诉讼程序要求、业务流转顺序、操作难易程度等多方面因素，精准定位每一项工作属性。第二，全面剥离。确定各项工作间的相互紧密程度，落实“能剥尽剥”“成熟一个剥离一个”的原则，将编扫、送达、后审、卷宗4个环节内无须复杂交接的非审判核心事务剥离。第三，系统整合。将剥离后的辅助性事务进一步细化分解，厘清审判辅助事务清单，明晰审判核心事务与审判辅助事务边界，将运作成熟且无须复杂交接的辅助事务纳入集约办理，并规范各项辅助事务的衔接方法与运转流程。

二是确定两大“中台”统一办理辅助事务。第一，专人专岗专责，辅助事务集约办理。制定辅助事务办理的内部操作指引和考核办法，将各项辅助事务细化分解至专人专岗，做到工作任务精细化、标准化。第二，“全周期”职业成长，辅助人员统一管理。绘制“职业画像”，对辅助人员进行考试选录和培训，以信息共享和权变薪酬激励工作，不定时测量关键活动调整改进方向，以智能化、数字化手段实现司法辅助人员职业“全周期”成长管理。第三，卷宗无纸化，事项数字化办理。全面推行电子卷宗流转，使不同团队、节点的人员可实时共享“同一本”电子卷宗，并利用内网办案办公平台和移动端工作台完成事务衔接事项。

三是强化考核评价构建新型团队。第一，制定职责清单。按照员额法官、法官助理、辅助事务团队3个层级，明确各层级、各岗位职责权限范围，制作各类人员的岗位职责清单。第二，突出业绩考评。抓实辅助人员“选育管用”4个关键环节，围绕择岗定级、培养晋升、考核奖惩、履职保护等方面出台制度文件，保障辅助人员全链条规范化、精细化管理，促进团队依规履职、建优建强。第三，规范追责机制。结合实体问题、程序瑕疵、主观过错、情节轻重、造成后果等不同情形，依照“谁操作、谁负责”的追责机制进行追责，各类人员仅对自己职责清单范围内的工作承担责任。

第三节　并联式协同办案模式的配套制度

一、办案团队架构

并联式协同办案模式创新性地构建了审判团队与审判辅助集约中心“中台协作”交互模型，突破传统审判团队“1 +1 +1”书记员跟案模式，重构“1 +1 +X”中台协作式模式，即组建“1 个员额法官 +1 个法官助理 +X 个集约中心辅助人员”的新型审判团队。黄岩法院制定《探索新型审判团队组建、深化审判辅助事务集约化改革的工作方案》《全面推进审判辅助事务集约化的实施方案》《选任聘用制法官助理的工作方案》，构建符合司法辅助事务集约改革的审判团队和工作运行模式，明确核心事务和辅助事务的划分，以集约处理事务性工作、科学运行信息化为抓手加强新型审判团队建设，积极、稳妥、有序推进书记员集约改革，提升服务保障审判执行工作核心战斗力，真正建立起一支职责明晰、管理规范、优质高效、正规稳定的司法辅助人员职业化队伍，推动“组岗”集成作战。根据“三中心”辅助事务集约基础，将审判、执行辅助人员统一选派至各集约组别和辅助岗位，实施“岗位履职—组长审核—中心主任监管”的运行模式，强化组长、中心负责人审核把关，确保各组各岗高效运转。制发《工作流程管理办法》，绘制岗位工作流程图并公示上墙，打通辅助事务衔接节点梗阻，促进各岗位职责清晰、业务规范、高效履职。

二、分层分类管理

并联式协同办案模式加强人员分层分类管理，搭建“选育管用”

全周期、全链条管理体系，注重辅助人员“全周期”职业成长管理，有助于推动司法辅助人员“招得进、用得好、留得住、管得牢”。黄岩法院按照先试先行、动态调整理念，抓实辅助人员“选育管用”4个关键环节，围绕择岗定级、培养晋升、考核奖惩、履职保护等方面，保障辅助人员全链条规范化、精细化管理，促进团队依规履职、建优建强。黄岩法院出台了《审判辅助人员定岗定责定员管理机制》《选任聘用制法官助理的工作方案》《对内招录司法雇员业绩考核实施办法》，先试先行“临聘人员—司法雇员—集约辅助事务组长—聘任制法官助理”的成长晋升机制，通过人员层级管理、培训激励、薪酬保障等措施，明确细化各职务晋升期限、任职标准等条件，组织开展公开选拔、统一面试，做好辅助人员未来“职业规划”，切实促进团队健康、稳定发展。黄岩法院出台了《司法雇员等级管理办法》，实行三级九等层级管理模式，完善劳动报酬、福利待遇、休息休假等配套保障措施，增设组长、聘任制法官助理岗位津贴，按照级别、等次动态调整薪酬，明确工资构成，营造辅助人员干事创业良好氛围。绘制“职业画像”，按照“德、能、勤、绩、廉”5个维度，结合辅助人员业务能力摸底测评、工作履历、个人特长等要素掌握辅助人员情况，一键生成能力排名与各岗位推荐人选，结合历史数据，按周期绘制辅助人员成长曲线，直观反映人岗适配度、优缺点，作为择岗、考核、晋升的依据。黄岩法院出台了《关于加强干警依法履职保护工作的实施意见》，明确依法履职保护适用情形，明确侵害情形、处理流程、处理时限，构建工作报告、风险防控、信息保护、急救保障等保护机制，对工作人员依法履职的情形予以保护，使其无后顾之忧。

三、事务流转交接流程

并联式协同办案模式落地运行的重要前提是各个司法辅助事务的“小模块”有机结合，即各岗位衔接流畅、各事项有序交接。为理顺司法辅助事务流转交接流程，黄岩法院出台了《立案庭（诉讼服务中心）辅助事务岗工作流程管理办法（试行）》《执行权并联协同运行工作指引（试行）》等文件，并不断结合司法辅助事务集约改革发展情况及时修订更新，帮助从事辅助事务的书记员明确岗位职责、有序开展事项交接，确保高效完成“小前台”发出的各项指令，以整体提升并联式协同效率。

黄岩法院运用信息化技术强化案件全生命周期、各个环节的智能化应用，依托内外平台，实现流转高效可视。充分挖掘既有办公平台的交互可行性，全面架设钉钉审批流、开发执行事务系统、设置微信群留痕提醒等，法官可通过移动端获得智能化、人性化的辅助事务服务，就司法辅助事务快速派单、了解进度、及时反馈；在两大指挥中心内部开发以智能表格为基础的新型数字化平台（SeaTable），随时标记案件进程，提升移动端办案辅助能力，使事项进展和负责人员透明可视，也便于各环节无感流转、多事项快速交接，后端岗位及时督促前端岗位，减少沟通成本、提升整体效率。

具体而言，一方面，要充分利用内网平台。深度释放全面应用无纸化办案的红利，及时实现纸质材料电子化，使不同团队、节点的人员可实时共享“同一本”电子卷宗，以并联式、集约化处理各项辅助事务。同时对办案办公平台辅助功能模块进行全面分析，对能通过该模块顺利完成衔接、协调的辅助事务，通过该模块完成。另一方面，要完善外部工具。开发钉钉工作台，对书面交办制度进行数字化处理，让信息化赋予流程强制执行力，实现事务交接可视化管理。通过钉钉工作台，完善审服中心模块，设置事务流转交接工作流，事务交接在线留痕，事务督办、办理反馈等一“DING”到人。打造审服中心辅助事务数据驾驶舱，进一步提升中心管理、运作的可视化。

以卷宗流转模式为例，黄岩法院完善“前端截留、中间存放、后端精简”卷宗转档方式。立案阶段，纸质材料由卷宗组统一扫描截留，形成可利用的电子材料归入电子卷宗，推送审判团队，纸质原件建档存放至“卷宗中转库”；案件审理中，当事人自行提交或审判团队转交的补充材料由卷宗组统一扫描并自动编目，同时利用钉钉平台完成可视化交接；结案后，卷宗组直接对接档案室进行精简归档，归档材料原则上只保留有重复主张债权风险的证据原件。

以文书报结为例，审判团队利用办案平台内设功能发起裁判文书签批时，勾选后审组文书送达岗人员为校对人，该岗位人员收到指令后应及时在 SeaTable 中登记录入并在文书签批完成后即发起文书送达，后续送达组进一步跟踪该案件的送达情况，标记各当事人的送达状态。在所有当事人均送达成功后，案件将自动流转至后审组以进行录入生效、诉讼费结算等工作。全过程均设置有关键节点流转提醒，确保以最快速度完成事项流转。

四、案件瑕疵评定规则

科学构建审判团队并确保司法责任制得到全面落实、司法审判权得到公正高效运行，是改革的终极任务。① 因辅助人员职责被整体剥离，故需进一步明确法官和法官助理的职责边界、厘清瑕疵归责的主体责任，才可构建事责统一、职能和谐的审判团队。推进审判辅助事务集约必然要求精准认定瑕疵、精确追责操作人，完善“谁经手、谁负责”的追责机制，制定精确追责指导规范，实现问责精准化，压实工作责任。

黄岩法院按照员额法官、法官助理、辅助事务团队三个层级，制作了各类人员的岗位职责清单，明确员额法官的主要工作职责为依法决定案件裁判结果、制作裁判文书或者指导法官助理起草裁判文书、签发裁判文书等；法官助理的主要工作职责为办理审查诉讼材料、庭前证据交

① 骆锦勇：《如何科学构建审判团队》，载《人民法院报》2017 年 3 月 23 日，第 2 版。

换、组织调解、草拟裁判文书等审判核心事务；审判辅助团队主要工作职责为向审判团队提供辅助事务服务。在此基础上，清晰划定责任层级：对哪些行为应当由法官负责、哪些行为法官不应当负责进行二元划分，院评查办对发改案件进行评定，根据职责清单内容，结合实体问题、程序瑕疵、主观过错、情节轻重、造成后果等不同情形进行追责，原则上各类人员仅对自己职责清单范围内的工作承担责任；对接受指示、指派的工作，除指示、指派明显错误外，接受指示、指派的人员不承担责任。同时，出台配套《案件质量评查工作实施办法》，根据职责清单内容，结合实体问题、程序瑕疵、主观过错、情节轻重、造成后果等不同情形对案件进行评查定责，依照“谁审理、谁负责”或“谁操作、谁负责”的追责机制进行追责：既要把法官审判工作中的审判责任纳入责任追究范围之内，又要把不归责于法官的辅助事务排除在责任追究范围之外。

第四章　审判辅助事务集约流程指引

目前，黄岩法院基于司法辅助事务集约的并联化协同办案模式已基本成型。审服中心根据审判辅助事务类型，设卷宗组、预备组、送达组、后审组、督促组5个组，负责扫描编目、材料收转、档案查询、预收催缴、开庭排期、开庭确认、公告发布、送达跟踪、送达回填、陪审员事务、笔录誊录、跟庭备记、装订归档、生效录入、诉讼费结退、调查取证、审后督促、执前督促等五十余项工作的集约办理。审服中心内部工作交接流程见图4－1，审服中心与审判团队辅助事务处理成果交接流程见图4－2。为了更有效地完成审判服务中心与审判团队之间的事务交接，黄岩法院特别在钉钉手机端制作相应模块，仅用来传递事务信息，不涉及案件具体内容；既保证数据安全，又实时完成事务交接。（相应模块示意图请扫描二维码）

审服中心共配备1名主管和28名辅助人员（含4名外包人员），根据工作紧密程度内设5个组18个专岗（每组设小组长负责审核）进行管理。具体承担职责见表4－1所示。

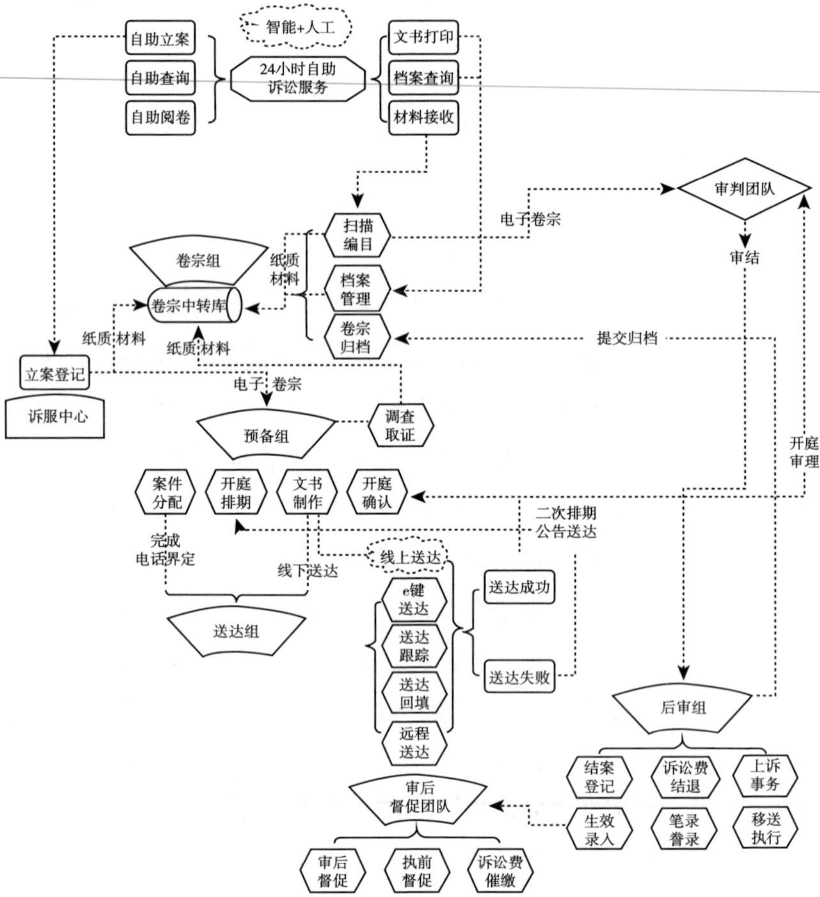

图4－1　审服中心内部工作交接流程

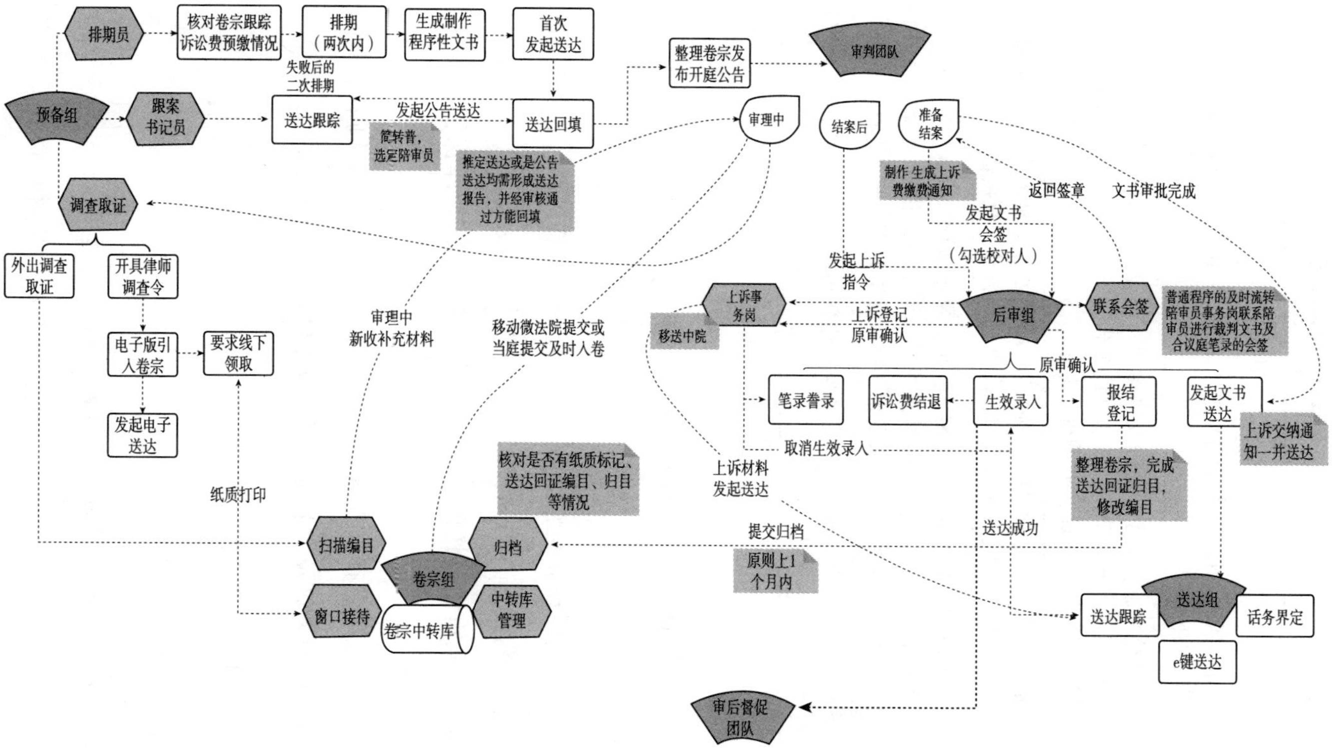

图4-2　辅助事务处理成果交接流程

表 4－1　审服中心岗位职责

组别	岗位职责
卷宗组	材料接收，档案查询（出具生效证明），审理阶段扫描编目，装订归档，诉中委托调解
预备组	随机分案，民商事、行政案件排期，审理中文书材料发起送达和线上送达跟踪，开庭确认，发布开庭公告，陪审员事务，庭前电子卷宗归目整理，调查取证（开调查令）
送达组	话务界定（送达地址线上确认），裁判文书发起送达及送达跟踪，线下预约领取，线下送达跟踪，文书打印封装，直接送达
后审组	刑事组辅助事务（登记立案、排期、文书送达、取保候审办理、移送执行书开具、生效、刑财移送执行、刑事一体化），生效录入，诉讼费结退，笔录誊录，结案登记，审后卷宗整理，提交归档，上诉事务
督促组	执行登记立案，执恢、执费立案，生效后案款和诉讼费督促（催收），执行立案前督促

第一节　卷宗组

卷宗组，主要设立材料接收、档案查询、扫描编目、档案管理等专岗。确立“前端截留、中间存放、后端精简”模式，材料接收岗接收立案或审判团队审中移送的纸质材料后，统一交中转库保管。扫描编目岗制作电子档案导入办案系统，后续全部实现无纸化流转。档案查询岗专窗面向当事人提供查询服务。档案管理岗接收审判团队归档指令后进行纸质卷宗整理装订及案卷提归档，大幅缩短归档天数。

一、材料扫描和编目

（一）立案材料

扫描员在立案当天完成案件材料的扫描和编目，并完成材料归目。现场立案的，实行“先扫后立”；网上立案的，从材料收发系统导入材料进行编目，或者从电子卷宗下载材料后通过材料收发系统重新引入。

民诉前调转民初立案的，电子卷宗自动转移至待入卷，应一键归目。因系统原因无法自动转移或者转移错误的，应当手动调整。

（二）审理中材料

对当事人提交的材料，应建立纸质登记台账，填写案号、材料名称、页数，备记原件、复印件等，由提交人签名确认，同时对纸质材料加盖收文章，多页的还应加盖骑缝章。当事人通过24小时自助窗口提交的证据原件，先核查案件是否已开庭，原则上不收取未开庭案件的证据原件。如已结案的，先和案件经办法官或法官助理联系，尽可能让法官或法官助理去核对原件；案件尚在审理过程中，特别是未开庭的，可及时扫描原件后归还当事人，由当事人出具收回原件的收条，同时告知当事人携带原件参加庭审，并将收文章盖在收条上。

材料接收岗在接收到法官助理提交的“纸质材料送扫审批表”，核对纸质材料并审批通过后，将材料交由扫描员扫描（见图4－3）。执行局将保全、解保的材料以及管辖办理人员将管辖裁定书统一发送给扫描员扫描入卷。

图4－3　补充纸质材料扫描登记页面截图

需要注意的是，编目应细致，方便阅卷、送达、归目；部分材料有黑边的，应当进行裁剪。对审理中材料，原则上由扫描员当日扫描入卷；当日确有困难的，次日上午完成扫描入卷。当事人提交的材料入卷后，扫描员通过“扫描材料日志”通知审判团队。

二、档案管理

（一）档案入库

档案入库，档案员在接收立案窗口移送纸质卷宗的次日，将卷宗按移送日期和案号入库存放。对提交材料的当事人，档案员应协助其完成人民法院在线服务小程序的注册和使用，当事人提交材料时应填写登记表。对当事人提交的保全申请书、调查取证申请书等申请类文书，档案员应事先联系审判团队征询是否收取；同意收取的，协助当事人通过小程序提交，并将纸质材料归还当事人。对扫描员扫描好的材料，档案员应当及时整理入库存放。

（二）档案查询

当事人或者机关单位持有效证件调取案件材料，且符合调档查询规定的，档案员登记后打印案件材料或者刻录成光盘由调取人签字领取，同时收取调取人的证件复印件并备注以备统计核查。

（三）庭审录音和公安卷刻录

当事人或者代理人要求刻录庭审录音或者公安卷的，将申请书（申请公安卷阅卷的委托材料）经钉钉审批流发起审批，待审批流审批通过后刻录光盘（设置案号为文件名）交给当事人或代理人。

（四）档案借阅

审判团队可通过钉钉提起纸质材料借阅申请，经部门负责人审批同意后，档案管理员提取纸质材料交给法官助理。审判团队整卷提取纸质材料后，须在结案提档时按精简归档要求整理好纸质卷宗，在“纸质材料送扫”模块提起归还，档案管理员核对送扫页码无误后同意通过。

（五）装订归档

关于装订归档，归档员收到归档代办事项 15 日内（上诉案件 2 日内），完成校对和装订工作，实现精简归档并及时移送档案室。存放于卷宗中心的案件，由归档组统一制作归档本。

管辖异议成立需移送的案件（含移送他院案件、移送公安案件），由归档员统一打印装订后，交由法官助理自行移送。

第二节　预备组

预备组，作为审判集约中心的核心团队，主要设立随机分案、开庭排期、线上跟踪、发布开庭公告、陪审员事务等专岗。案件立案当天即随机分案，开庭排期岗按法庭占用情况轮候安排开庭排期，最大程度轮转审判法庭，并生成程序性文件流转至送达组进行送达。此外，发布开庭公告岗于每周五发布下一周的开庭公告，公示后的案件即为已有效送达的案件，审判团队可直接开庭无须再确认送达情况。预备组统一排期可以有效缩短首次排期开庭的平均天数，在庭前程序性事务处理上大幅缩减审理天数。

一、首次排期

预备组排期员在收到新的案件时，首先确认诉讼费缴款通知书是否正常且有效送达，电子送达原告未及时点击查看的及时再次通知原告点击下载链接并提醒及时缴纳诉讼费。

在移送电子卷宗的次日下午，预备组应在浏览电子卷宗仔细核对原被告身份信息、结合送达组的电话界定及初步判断案件的难易程度后，再完成排期。普通简易程序一审诉讼案件一般安排在7～15日内开庭，普通程序案件一般安排在20～40日内开庭。为配合优化营商环境的工作要求，买卖合同案件经过话务界定后能适用电子送达的，排期在5日内；不能适用电子送达的，根据送达地址、送达方式尽快排期。诉前调解案件排期及补充材料的送达按照审判团队的指示，期限参照民初案件。

二、首次送达

排期员进行首次排期后发起首次送达，原告送达材料包括传票、举证通知书、告知诉讼权利和义务通知书、庭审网络直播告知书（不适合公开审理的除外）、适用令状式裁判文书告知书；被告送达材料包括传票、民事起诉状、证据、告知诉讼权利和义务通知书、庭审网络直播告知书（不适合公开审理的除外）、适用令状式裁判文书告知书、应诉通知书、举证通知书、出庭通知书（律师）、程序性文书（诚信诉讼承诺书、人民法院民事诉讼风险提示书、自动履行告知书、廉政监督卡、提供确认送达地址告知书、送达地址确认书）。财产保全案件，在首次送达时须同时送达财产保全裁定书。送达前，须完成排期后生成文书的归目，并检查立案时材料归目的准确性。

固定书记员（每人联系4～5名民商事员额法官），负责审理中材料的发起送达、送达跟踪、送达回证回填归目、电子卷宗整理，其中1名含行政案件的排期、送达。

对送达失败的，及时取消开庭或变更开庭排期，并告知审判团队。穷尽送达方式确需公告送达的，告知承办法官和法官助理（疑难复杂案件需二次开庭排期的，根据承办法官指示），需要组成合议庭的，在1个工作日内（需缴纳公告费的，自公告费缴纳之日起算）选定人民陪审员组成合议庭、草拟简转普裁定，进行二次开庭排期，根据当事人属地发起不同方式的公告送达。案件审理过程中，根据承办法官或法官助理的指示发起补充证据材料的送达。

三、二次排期

根据案件审理需要，审判团队通过钉钉“审判服务中心”模块提起工单，填写排期改期抄告单，抄送排期岗书记员。排期员收到通知后，通过钉钉事务流告知跟踪案件的书记员，由跟案书记员告知当事人二次开庭事宜并重新发起送达。

四、陪审员管理

陪审员管理岗接到排期员安排陪审员的申请后，应及时在陪审员系统（见图4－4）中自动选取陪审员，并按所需陪审员3倍的数量进行抽选，多出的陪审员作为候补备选；对于系统选定的陪审员予以电话联系确认并及时将确认好的陪审员名单及联系方式在钉钉中反馈给排期员；同时在陪审员系统中将卷宗公开给确认参审的陪审员（勾选起诉状及证据副本），在庭审前三天和前一天再次联系陪审员告知其参加陪审的时间和地点。

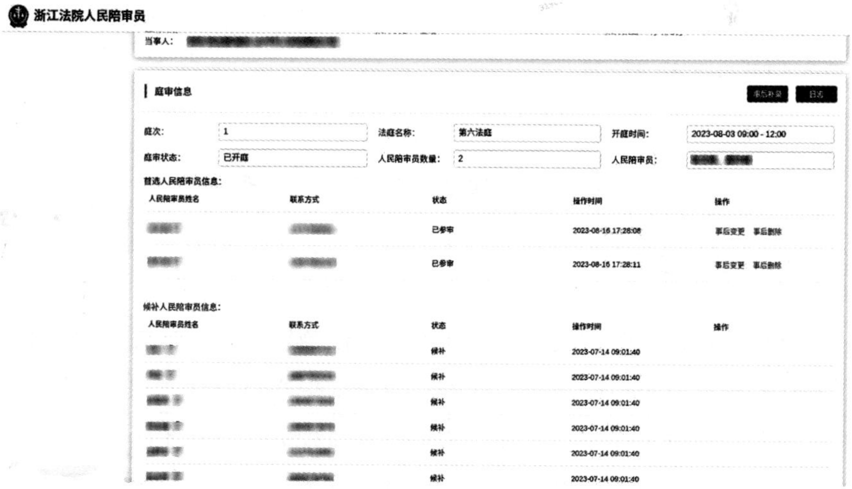

图4－4　陪审员业务管理系统截图

排期员接到陪审员管理岗的陪审员安排名单后，应及时向当事人送达合议庭组成人员通知书，并将正式、候补人民陪审员的姓名一并列出，并以明显的方式提示当事人；如遇前序人民陪审员因事不能出庭，由后序人民陪审员参加庭审。如遇开庭时间、法庭等变更，应及时在钉钉审批流评论告知陪审员管理岗。

五、开庭公告

每周五上午制作开庭公告登记表，载明案号、开庭时间、开庭法庭、案由、当事人、承办人等信息，再次核对是否完成有效送达（同时检查电子卷宗是否整理完成），发送审管办并上传“案件搬运工”群，同时导入钉钉日程，无法确定尚需跟踪送达的案件最晚在开庭前一天跟踪完毕并导入钉钉日程。完成排期及送达跟踪后，及时在“庭前事务流”协作文档（见图 4 –5）中登记记录并标注可开庭。

案号	移...	案由	有无纸	原...	备注	承	第一次排期	首排未送达...	送达情况1	是否可开庭	电子卷宗...	第二次排期	送...	是否可开庭2
（2023）浙1003民初2892号	2023-07-04	房屋租赁合同纠纷		诉前调3822			2023-08-01 15:00		3/3	✓	✓			
（2023）浙1003民初2893号	2023-07-04	劳动争议		诉前调3621			2023-07-18 15:00		6/6	✓	✓	2023-11-10 09:00	6/6	✓
（2023）浙1003民初2894号	2023-07-04	加工合同纠纷					2023-07-18 09:00		3/3	✓	✓			
（2023）浙1003民初2895号	2023-07-04	合同纠纷	[illegible]				2023-07-17 15:00	公告张贴排期时间为8.31	0/2					
（2023）浙1003民初2896号	2023-07-04	民间借贷纠纷	[illegible]				2023-07-14 09:40		2/2	✓	✓			
（2023）浙1003民初2897号	2023-07-04	赠与合同纠纷	[illegible]				2023-07-26 09:00		2/2	✓	✓			
（2023）浙1003民初2900号	2023-07-04	民间借贷纠纷	[illegible]				2023-07-17 15:00		2/2	✓	✓			

图 4 –5 “庭前事务流”协作文档

六、调查取证

调查取证岗在收到调查取证任务后，按照轻重缓急、调查地点类别做好科学安排，及时外出进行调查；调查结果交由扫描员扫描，同时在钉钉流程评论调查结果；扫描后通过钉钉流程通知审判团队。

负责开具调查令的书记员在接到钉钉事务流通知后，查看申请是否完整（调查令申请书、律师证复印件、律师联系电话），及时开具调查令并生成 PDF 格式引入电子卷宗，向律师发起电子送达，同时在钉钉流程评论“完成并发送”。

第三节 送达组

送达组主要设立话务界定与送达跟踪专岗，负责话务界定、裁判文书送达和跟踪、送达报告审核、线下预约领取送达、文书打印封装、送达回填等工作。

一、话务界定

送达组话务界定岗通过智能送达系统、查号系统、信用画像并运用统一话术，于立案当天完成民商事案件（保全案件除外）被告方的号码界定（见图4－6）。

首次接通被告电话时，在核实确认当事人身份的前提下，告知“将以短信方式送达相关诉讼文书（含判决书）”，手动输入确认地址，并即时生成界定日志回填电子卷宗（见图4－7）。暂时无人接听、无法接通或者拒接的，次日继续拨打，做到“两天三拨打”。

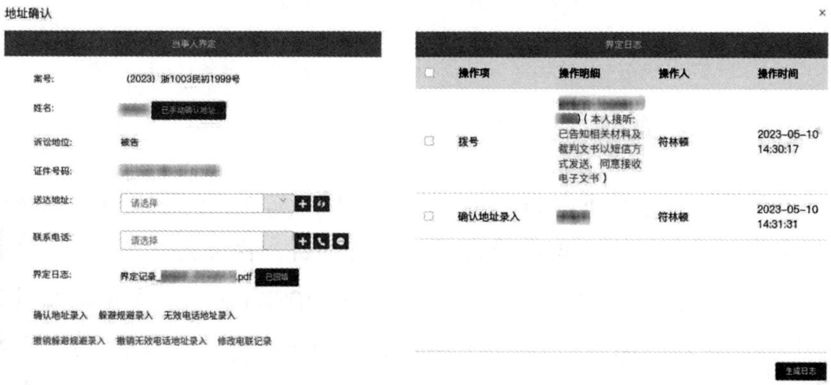

图4－6 话务界定

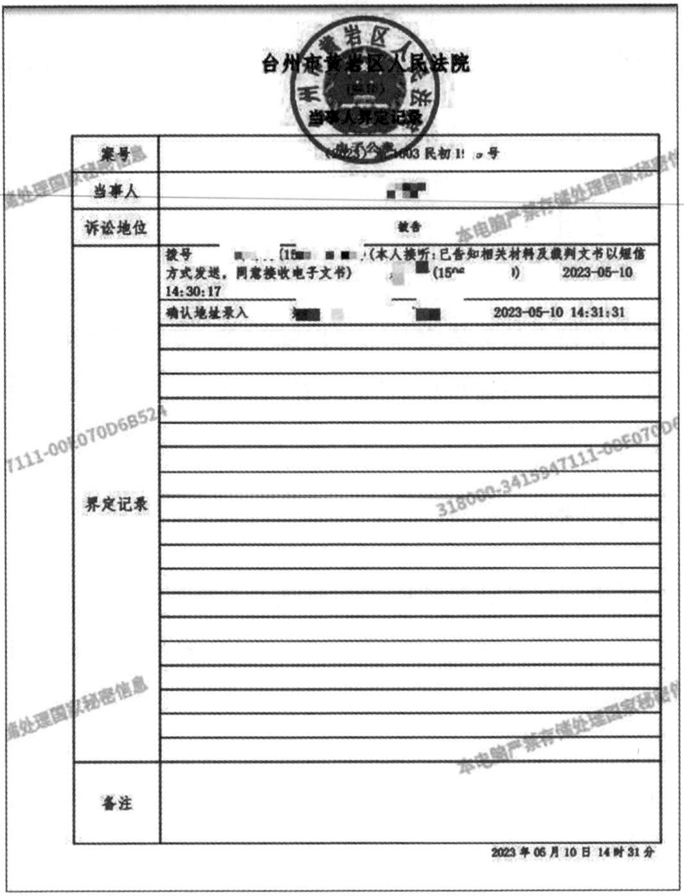

台州市黄岩区人民法院

当事人界定记录

案号	（2023）浙1003民初1[redacted]号
当事人	[redacted]
诉讼地位	被告
界定记录	拨号 [redacted]（15[redacted]）（本人接听：已告知相关材料及裁判文书以短信方式发送，同意接收电子文书） [redacted]（15[redacted]） 2023-05-10 14:30:17
	确认地址录入 [redacted] [redacted] 2023-05-10 14:31:31
备注	

2023年05月10日14时31分

图4－7　界定日志回填电子卷宗

二、材料送达

（一）e键送达

办案邮寄件一律通过智能送达系统发起（见图4－8）。线下送达的于发起当日进行处理。辖区外发送e键普通件，由e键中心统一打印；辖区内发送e键特投件和直接送达，由送达组邮寄送达岗根据源头有无“纸”确定直接打印或至卷宗中心提取。e键特投件的面单，通过e键系统回传至智能送达系统。e键普通件退回件面单，通过智能送达系统回转至电子卷宗。

图 4－8　智能送达系统截图

（二）公告送达

辖区内的当事人，穷尽所有能找到的送达方式未能送达后，联系户籍所在地或常住地 2～3 名社区（村居）干部或共享法庭庭务主任证明该当事人确实长期不在当地生活且去向不明的，适用公告送达；本辖区外的当事人经委托送达失败后适用公告送达。

辖区内当事人，由户籍地张贴公告。区外省内当事人，由《浙江法治报》公告。省外当事人，由《人民法院报》公告。不同辖区当事人，由其共同的上一级行政区划对应级别的媒体公告。

三、送达跟踪

送达跟踪岗根据“后审辅助事务流转登记表”（见图 4－9）中登记的案件，做好送达跟踪、送达回填工作，并及时在线编辑“后审辅助事务流转登记表”中的送达情况。

后审辅助事务流转登记

裁判文书—... 1 个过滤条件 排序 分组 13 列被隐藏

案号	案.	送达...		送达方式	最晚送达	送达...	文书...	计	结案登记	E		提交归档	生效日期	上诉移送...	重	诉讼费结退	转督促
(2023) 浙1003民初32...	合同纠纷	完成	11-30	电子送达 电子送达	2023-11-30	已送达 已送达	判决书_...	计	2023-11-30	5		2023-12-21	2023-12-18		5	12.19退2140	转督促...
(2023) 浙1003民初46...	机动车交通事故...	完成	11-30	[illegible]	2023-12-01	已送达 已送达	判决书_...	计	2023-11-30	6		2023-12-25	2023-12-18		6	12.22账户0	转督促...
(2023) 浙1003民初51...	承揽合同纠纷	完成	11-30	电子送达 邮寄	2023-12-06	已送达 已送达	判决书_...	计	2023-11-30	2		2023-12-21	2023-12-22		2	12.25退50	转督促...
(2023) 浙1003民初48...	民间借贷纠纷	完成	11-30	电子送达 电子送达	2023-12-06	已送达 已送达	判决书_...	计	2023-11-30	3		2023-12-21	2023-12-22		3	12.26退3400	转督促...
(2023) 浙1003民初31...	借款合同纠纷	完成	11-30	电子送达 电子送达	2023-12-06	已送达 已送达	判决书_...	计	[illegible]	[illegible]		[illegible]	2023-12-22		12	12.25结4，退23820	转督促...
(2023) 浙1003民初51...	民间借贷纠纷	完成	11-30	电子送达 电子送达	2023-11-30	已送达 已送达	调解书	计	2023-11-30	2		2023-12-21	2023-11-30		2	12.1退原告5800	转督促...
(2023) 浙1003民初33...	合同纠纷	完成	11-30	电子送达 电子送达	2023-12-02	已送达 已送达	判决书_...	计	2023-11-30	7	12-19	2023-12-21	2024-01-26	2023-12-19	7	上诉案件，1.26退43870	转督促...
(2023) 浙1003民初50...	民间借贷纠纷	完成	11-30	电子送达 邮寄	2023-12-10	已送达 已送达	裁定_撤诉	计	2023-11-30	2		2023-12-23	2023-12-11		2	12.11结152.5，退152.5	转督促...
(2023) 浙1003民初37...	加工合同纠纷	完成	11-30	电子送达 邮寄	2023-12-05	已送达 已送达	判决书_...	计	2023-11-30	3	12-21	2023-12-21	2024-02-01	2023-12-21	3	上诉案件，2.1退770	转督促...

图 4-9 后审辅助事务流转登记表（截图）

（一）线上送达跟踪

关注首次排期相关材料的送达情况和诉讼费缴纳情况，对未查看缴费通知书的当事人，电话提醒并手动回填送达回证；对已查看缴费通知书但未及时缴费的当事人，电话提醒其及时缴纳案件受理费；对发送成功但未及时查看的当事人，再次拨打电话确认，并同时发送包括案号、案由、开庭日期、庭审法庭内容的告知短信；未能及时电联成功的，做到"两天三拨打"，确保有效送达。

（二）线下送达跟踪

送达组线下送达岗在线下送达任务发起当日及时进行预约领取和线下邮寄的筛查；同时对于退回的邮件回填包含电联记录、短信记录、送达结果的电子送达回证。

（三）文书送达跟踪

待裁判文书盖章后及时发起送达并做好送达跟踪、送达回填等，送达完成后将登记册流转至后审组以进行录入生效、诉讼费结算等工作。

四、送达回填

（一）一般送达回填

审查线下送达结果后回填送达回证和现场照片，送达回证应包含所有送达信息，如电联记录、告知短信内容、送达结果，送达成功或失败时间为送达人员实地送达时间。对显示送达成功的，审查是否符合成功条件；对显示送达失败的，审查还有无其他送达方式、是否构成躲避规避送达，确实不符合成功条件的，按送达失败回填。

（二）e键特投回填

e键特投需按照查人找物和留置公告的不同要求分别处理，拍照时需注意将门牌地址、文书名称案号及受送达人三方尽可能连贯清晰入镜，同时如实记录现场情况。e键普通件未妥投退回件须严格审核，核对物流信息与退回面单记载是否一致，查明退回原因，未妥投退回件面单必须在扫描后通过智能送达系统入卷。

（三）推定、公告送达回填

推定送达、适用公告送达必须制作逻辑清晰、有理有据的送达报告（见图4－10），送达照片回单及关键录音等回传电子卷宗并归档，须做到全程直观展现（需公告送达的送达报告需包含退回件面单、物流信息和送达跟踪员电话联系及线下送达的详细情况说明）。户籍地张贴公告的，回填送达回证（载明张贴日期、张贴地点）、张贴照片。《浙江法治报》公告的，回填送达回证、《浙江法治报》电子公告页面。《人民法院报》公告的，回填送达回证、《人民法院报》电子公告页面。

台州市黄岩区人民法院

送达回执

案号	（2023）浙 1003 民初 *** 号
案由	追偿权纠纷
受送达人	* * *
联系电话	
送达地址	
送达文书名称	1. 司法公正码告知书.pdf2. 起诉书及相关材料 3. 庭审网络直播告知书（hyfy） 4. 举证通知书-被告（hyfy）5. 适用令状式裁判文书告知书（hyfy）6. 应诉通知书新 7. 告知诉讼权利和义务通知书 hyfy8. 诉讼参与人举证材料 9. 传票（当事人）-（hyfy）（ * * * ） 10. 人民法院在线服务浙江注册流程.pdf 11. 程序性文书（诚信诉讼承诺书、人民法院民事诉讼风险提示书、自动履行告知书、廉政监督卡、提供确认送达地址告知书、送达地址确认书）.pdf
受送达人（或代收人）签名或盖章	年　月　日
送达日志	07-10 10:37　陈秋阳　拨号　***(137******)（关机）
	07-10 15:45　陈秋阳　拨号　***(139******)（非本人接听：称是朋友的朋友，没有当事人联络方式）
	07-13 09:58　罗张瑶　短信送达　（已发送）152******
	07-13 09:59　罗张瑶　E 键送达-特投　（发起邮寄）　台州市黄岩区澄江街道***号　152******
	07-14　邮寄结果录入　（父亲拒收无法转交）　07-14　符林顿　确认送达结果　邮寄送达　（未能送达）
	07-18 15:10　罗张瑶　拨号　***(152******)（无法接通）
	07-18 15:17　罗张瑶　移动微法院　移动微法院　（发送成功，当事人还未签收）　152******
	07-18 15:30　罗张瑶　发送告知短信　***(152******)
	07-19 10:17　罗张瑶　拨号　***(152******)（无法接通）
	07-13　罗张瑶　确认送达结果　短信送达　（推定送达）
备注	受送达人***，户籍地址台州市黄岩区澄江街道***号。关联案件（2023）浙 1003 民诉前调 2922 号于 2023 年 5 月 9 日电联 152******，系***本人接听，且同意短信送达；后回拨称收不到短信，但不愿提供邮寄地址。本案于 2023 年 7 月 10 日、13 日、18 日、19 日电联 152******显示关机或无法接通，将相关文书电子送达 1526******及微法院，同时发送告知短信。本案于2023年7月13日发起线下邮寄至户籍地址，以父亲拒收，无法转交为由于2023年7月14日退回。故根据送达规定，视为躲避规避，作推定送达，于2023年7月13日短信发送之日视为送达之日。

填发单位：立案庭（诉讼服务中心）　填发人：周丹怡　送达人：罗张瑶

图 4－10（a）　送达回执（推定送达）

台州市黄岩区人民法院

案号	(2023) 浙 1003 民初＊＊＊号
案由	信用卡纠纷
受送达人	***
联系电话	
送达地址	台州市黄岩区新前街道***号
送达文书名称	1. 司法公正码告知书.pdf2. 起诉书及相关材料 3. 小额诉讼须知(hyfy) 4. 应诉通知书新 5. 举证通知书-被告（hyfy）6. 庭审网络直播告知书(hyfy) 7. 适用令状式裁判文书告知书(hyfy)8. 告知诉讼权利和义务通知书 hyfy9. 诉讼参与人举证材料 10. 传票（当事人）-（hyfy）(＊＊＊)11. 人民法院在线服务浙江注册流程.pdf 12. 程序性文书（诚信诉讼承诺书、人民法院民事诉讼风险提示书、自动履行告知书、廉政监督卡、提供确认送达地址告知书、送达地址确认书）.pdf
受送达人(或代收人)签名或盖章	年　月　日
送达日志	07-24 15:51　汪罗赛　短信送达　(已发送) 136＊＊＊＊＊＊
	07-24 15:51　汪罗赛　拨号　＊＊＊(136＊＊＊＊＊＊) (无人接听或挂断)
	07-25 08:41　汪罗赛　拨号　＊＊＊(136＊＊＊＊＊＊) (无人接听或挂断)
	07-26 09:07　汪罗赛　发送告知短信　＊＊＊(136＊＊＊＊＊＊)
	07-26 09:13　汪罗赛　拨号　＊＊＊(136＊＊＊＊＊＊) (无人接听或挂断)
	07-26 16:37　汪罗赛　拨号　＊＊＊(150＊＊＊＊＊＊) (其它:村委接听，称人不住在村里 20 几年。房子也没有，无联系方式)
	07-26 16:40　汪罗赛　拨号　＊＊＊(136＊＊＊＊＊＊) (无人接听或挂断)
	07-31 11:51　汪罗赛　拨号　＊＊＊(0576＊＊＊＊＊＊) (空号)
	07-31 11:52　汪罗赛　拨号　＊＊＊(136＊＊＊＊＊＊) (无人接听或挂断)
	07-31　汪罗赛　确认送达结果　短信送达　(未能送达)
备注	受送达人＊＊＊，户籍地址台州市黄岩区新前街道＊＊＊号。经智能送达系统查询号码 136＊＊＊，7 月 24 日、7 月 25 日拨打 1365＊＊＊均显示无人接听。7 月 24 日将相关诉讼材料电子送达至 136＊＊＊，7 月 26 日发送告知短信至 136＊＊＊。(2023) 浙 1003 民督 241 号，2023 年 6 月 12 日发起线下邮寄至户籍地址，以快递员询问村民，村民告知当事人长期不住在村里，家里无人为由于 6 月 15 日退回。 7 月 26 日询问村干部称当事人都不住在村里，村里房子也没有，无其他联系方式。通过智能送达系统、信用画像及关联案件搜索均未能找到有效送达方式，已穷尽各种送达方式，无法联系，适用公告送达。

填发单位：立案庭（诉讼服务中心）　填发人：周丹怡　送达人：汪罗赛

图 4-10（b）　送达回执（适用公告）

第四节　后审组

后审组主要设刑事处理岗，生效录入、诉讼费结退岗，文书发起送达岗，直接送达岗，负责刑事登记立案、排期，文书送达，取保候审办理，移送执行书开具和生效，刑财移送执行，刑事一体化，裁判文书校对、发起送达、生效、诉讼费结退，调查取证，上诉等相关事务。以下对重点环节进行介绍。

一、送达预登记

文书发起送达岗在接收到法官助理发起的文书核对申请后，及时通过浙政钉或办公办案平台完成校对（非实际意义上的校对），登记案号、案由、承办法官及助理、书记员、裁判文书审签日期等明细（普通程序案件的裁判文书需联系陪审员及时进行合议庭笔录及裁判文书的会签），裁判文书盖章后及时向送达组指令文书送达。同时在登记好的“后审辅助事务流转登记”上正确选择送达方式，非结案文书登记在“文书后续流转”协作云文档。

二、结案登记

1. 准备阶段。首先检查并整理电子卷宗，补充标注“纸”，再根据结案文书名称，分辨当庭宣判或定期宣判。

2. 宣判笔录。非当庭宣判案件通过文书制作生成完整宣判笔录，同时对宣判笔录发起短信签名，勾选被送达人后点击“确认”。

3. 报结登记。确认宣判笔录签名后进入结案归档环节，完整填写结案信息后点击“结案”；同时对系统弹出的“案件未登记诉讼费承担信息，请处理”字样，点击“编辑”进入诉讼费结算承担页面，按照裁判文书确认的诉讼费用承担进行编辑并保存。

4. 宣判公告。结案后，系统会自动生成“宣判公告”，当庭宣判的，须删除该“宣判公告”；定期宣判的，编辑制作正确的宣判公告。

5. 结案信息表。结案后，系统会在“待入卷”中生成“结案信息表”，结案书记员对该表进行正确归目。

三、生效录入

根据“后审辅助事务流转登记”中的信息并通过查阅电子卷宗，及时录入生效案件的生效日期，同时在“后审辅助事务流转登记”中做好登记。

预备组排期员收到二审结案信息后及时向组长汇报登记，预备组组长登记汇总后每周定时流转至后审组生效录入岗；生效录入岗书记员收到预备组组长、审管办统计后流转及审判团队发送的二审结案信息后及时进行后审生效录入登记。

四、诉讼费结退

1. 当事人账号确认。在立案时录入当事人准确的退费账号，以当事人本人账号为主，案外人账号为辅。

2. 退费和结算。后审组对“后审辅助事务流转登记”中登记的生效案件及时进行退费和结算处理。不属于当事人本人账号的，发起钉钉审批流程，由审判团队审批通过。

对于财务退回出账失败的案件，及时联系当事人核对退费账号，或发起社保账号核查登记，3 日内完成出账失败案件的清退。

五、上诉相关事务

1. 上诉登记。在接收到审判团队发起的上诉案件登记事务流后，及时提醒誊录员安排笔录誊录；提醒生效录入岗取消生效录入，同时发起上诉状副本送达、制作上诉移送函事务流，并及时关注送达情况；提醒结案岗书记员及时整理电子卷宗。结案岗书记员完成卷宗内各类送达回证的归目后应及时填报上诉登记、上诉移送/原审确认，并在“后审辅助事务流转登记”中登记，同时在钉钉事务流中回复上诉事务岗。

2. 线上移送。对于符合条件的上诉案件及时移送；对于不符合条件的上诉案件，立即退转结案事务岗。上诉中院退回的，预备组书记员在收到中院结案信息后，应及时将二审裁判文书整理归目至电子卷宗，同时将信息整理登记并报备组长，统一由组长定期发送至后审组生效录入岗。

3. 线下移送。有纸质材料需要线下移送中院的，上诉移送员于每周固定时间移送该纸质材料。对中院退回的材料，建立台账，并分类移交给不同团队。

六、誊录和庭审备记

誊录分配员在收到钉钉誊录申请后应及时分配誊录任务，在钉钉中直接通知誊录员，誊录员应在 2 个工作日内完成誊录任务，并将誊录笔录线上提交给审判团队，同时在钉钉流程中予以回复。上诉誊录优先。

誊录笔录应按照“誊本可以对没有争议的程序性告知部分省略处理，仅对诉辩意见、举证质证、询问回答、辩论要旨等必要部分制作。可以参照书记员制作传统书面笔录的方式，对发言内容做适当归纳提炼”的规定制作，誊录笔录完成后需加上誊录人姓名（可参照规范的誊本模板）。

誊录员接受跟庭备记的指令后，应提前 10 分钟到应到法庭，开启设备，准确记录庭审情况，后整理好庭审备记发给案件法官助理。

第五节　督促组

督促组主要设执前督促岗、审后督促岗、执行立案岗，负责执行立案前的督促履行、生效案件案款的督促履行、诉讼费督促履行以及案件的初执立案等。以下对重点环节进行介绍。

一、审后督促

区分以判决方式和调解方式结案的案件。对于判决结案的案件，应及时在履行期内向诉讼费承担方发出诉讼费结算通知书，并通过智能送达系统联系当事人，督促其履行判决主文内容和承担诉讼费，同时发送督促告知短信，备记督促相关情况；对于调解结案的案件，则在首期履行期截止前，主动提醒当事人及时履行，同时在表格中备记督促情况。

二、执前督促

对于当事人申请执行的案件，应登记执前督促表格，每案登记相关督促情况，若督促失败，则流转执行立案（见图 4－11）。对于涉民生、营商环境案件，必要时开展线下督促，如督促未果，则在生效后 1 个月内整案流转执行立案；对于其他督促未果的案件，应在生效后 2 年内流转为立“执费”案件（若当事人未申请执行）。

受移送部门		执行局		移送部门		审后督促团队
执行依据	案由	买卖合同纠纷				
	案号	（2 号				
	生效日期					
	履行义务期限					
申请人	姓名		性别	男	出生年月	19 06日
	民族	汉	身份证号码	33		
	联系方式	139				
	工作单位或住址	浙江省台州 0号				
被执行人	姓名	单	性别	男	出生年月	1 05日
	民族	汉	身份证号码	3		
	联系方式	180				
	工作单位或住址					
执行内容		货款 16730 元及利息				
诉讼费收取情况		诉讼费 109 元，由被告单 负担（未履行）				
督促情况		被告 2022-06-21 15:31 已上诉；2022-9-7 无人接听 2023-6-2 15:09 被告单 （ 6）挂断，15:09 回电说早付了； 2023-6-5 14:57 原告称被告一分钱都没付，自己近期打算申请执行；				
财产线索和保全情况						
原告是否同意申请执行		经 2023 年 6 月 5 日 15:12 电话联系，原告确认全额未履行，同意法院移送执行立案，送达回证已回填。				
督促团队意见		按照闭环管理实施办法第 2.3 条规定，提请移送执行				
立案庭意见		同意移送执行 同意移送执行				
备注事项						

图 4－11　闭环移送执行表

第五章 执行事务集约流程指引

第一节 执行局并联协同工作架构

黄岩法院积极运用数字化改革理论、变革型组织方法论，于2023年3月进一步变革执行组织架构，突出执行指挥中心实体化运行，构建“大中台+小前台”机制，明确实施团队、警务团队、事务团队等各自需承担的工作职责，推行执行权运行模式并联协同改革，形成执行局“456”执行集约模式（见图5-1）。其执行局内设团队职能分工见表5-1，执行流程见图5-2。

图5-1 “456”执行集约模式

表 5－1　团队职能分工

架构	团队（组）		事务内容
执行指挥中心	诉求管理组		主要从事案件分案、首次电话接待、了解财产线索、接待来访当事人等工作。该团队的工作重心在于分流。对于来访当事人的诉求，如果能当场办理，那么当场办理完毕；如果不能当场办理，应引导当事人将诉求转至执行实施团队核实或者引导当事人在固定接待日来访
	质效管理组		进行质效分析和终本审核
	财产管理组		主要从事线上查控、文书制作、终本老案续冻银行账户、台账制作以及司法网拍工作。
	综合管理组		主要从事案款分配、案款发放的监督与跟踪、执行事项指挥与调动工作，并且负责拒执打击
	警务管理组	执行 110	主要从事拘传送拘、车辆扣押、现场调查、协助保全、机关安保、文书线下送达、张贴曝光等外勤工作
		财产处置	主要从事不动产、车辆、设备的财产变现处置工作
执行实施团队	实施团队 1		团队长作为新案的系统承办人，执行员作为老案的日常管理人，实行由团队长主导、与指挥中心协同、按地域分片管辖、新老案统筹兼顾的团队化、并联式办案模式。根据案情需要，未明确归属于执行指挥中心之职责，由实施团队承担 如果将执行中心职能下的执行事务根据个案情况进行再分类，则类似于标准化文书制作、财产首次线上查控等事项属于“必做事项”，无须实施团队发起待办申请；而拘传送拘、不动产变现处置等事项则属于“选做事项”，执行实施团队承办人需要在执行事务系统上发起待办申请，将该节点事项“分包出去”
	实施团队 2		
	实施团队 3		
	实施团队 4		

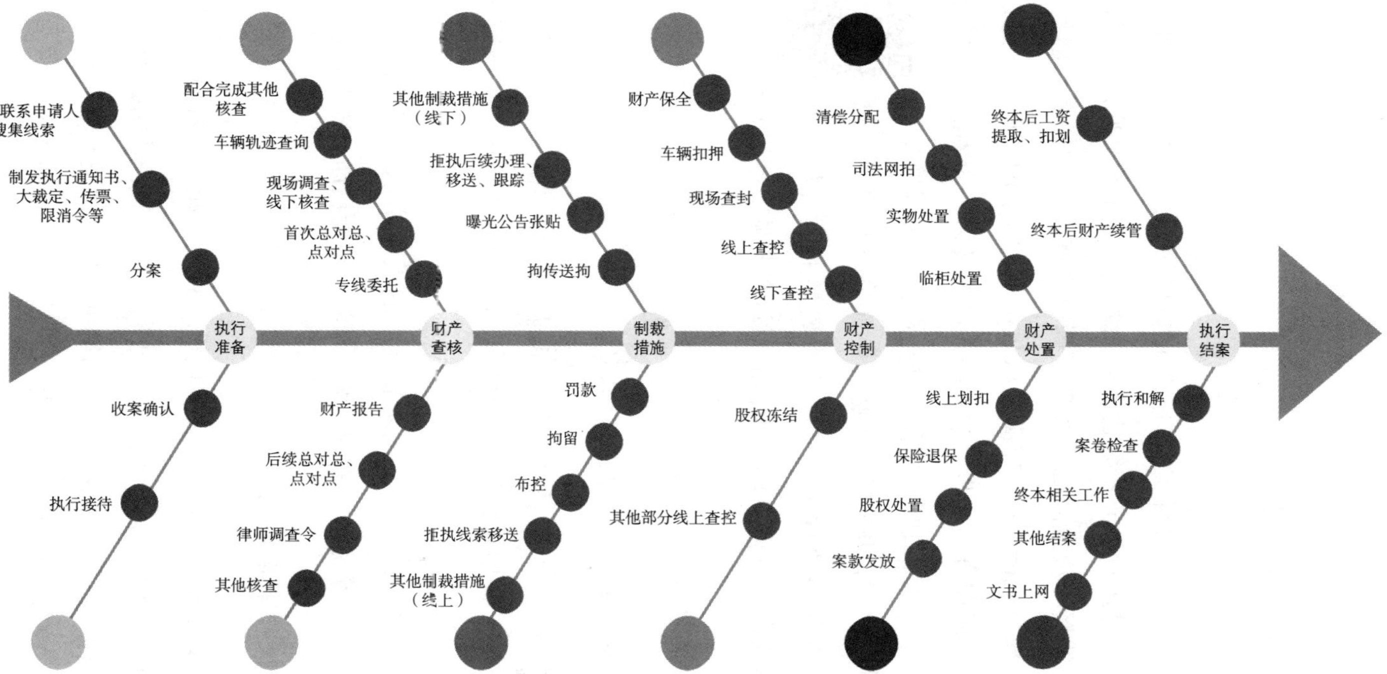
执行准备
首次联系申请人搜集线索
制发执行通知书、大裁定、传票、限消令等
分案
收案确认
执行接待
财产查核
配合完成其他核查
车辆轨迹查询
现场调查、线下核查
首次总对总、点对点
专线委托
财产报告
后续总对总、点对点
律师调查令
其他核查
制裁措施
其他制裁措施（线下）
拒执后续办理、移送、跟踪
曝光公告张贴
拘传送拘
罚款
拘留
布控
拒执线索移送
其他制裁措施（线上）
财产控制
财产保全
车辆扣押
现场查封
线上查控
线下查控
股权冻结
其他部分线上查控
财产处置
清偿分配
司法网拍
实物处置
临柜处置
线上划扣
保险退保
股权处置
案款发放
执行结案
终本后工资提取、扣划
终本后财产续管
执行和解
案卷检查
终本相关工作
其他结案
文书上网

图5-2　执行流程概览

第二节　执行集约流程

执行指挥中心与执行实施团队间的并联协同，并非依托于纸质材料流转，而是通过执行事务系统达成。无纸化、数字化彻底解决了传统办案流程衔接的费时费力问题，实现了瞬时发起、即刻回复、前后监督。浙江法院“智慧执行2.0”在满足承办人办案需求的基础上，通过与执行事务系统协同配合进一步完成承办人更为具体、通用的办案需求。本节将介绍两个重要的执行办案系统，并从“执行准备”、“财产查控”、“制裁措施”、“财产处置”以及“执行结案”五个重要执行流程节点中，选取典型的执行集约事项，演示集约操作流程（详细操作流程示意图见二维码）。

一、办案系统

（一）浙江法院“智慧执行2.0”

浙江法院“智慧执行2.0”系统重构了案件办理模块，将案件办理全流程、各环节事务集成到“个案空间”，案件承办人通过“个案空间”实现办案需求的满足。“个案空间”变更了执行模式，改变了传统的承办人一人包案到底的工作模式，办理节点中嵌入“集约办理功能”实现了“十大类三十项”事务线上集约、线上流转、线上反馈、线上管理。

（二）执行事务系统

执行事务系统是黄岩法院自行构思、自行搭建、自行探索出的“大中台”，通过系统编程，将办案需求进行内网传输、外网提醒、局内发起、局内反馈。执行事务系统左侧功能菜单栏提供发起与查控待办服务功能，承办人登录系统后可以查看“我的待办”“我发起的任务”“监控案件”“意见栏”“我的办案笔记”，也可以通过系统对内发起协作任务，与执行指挥中心协调推进案件办理。

二、办案指引

（一）执行准备阶段

诉求管理。根据执行指挥中心的要求，诉求管理组在接待当事人时，将实现接待的一次分流。如果当事人提出申请布控、提供财产线索等诉求，可以在执行事务系统进行登记，发起待办任务后将诉求发送到承办人的内网系统上，并且用手机短信对承办人进行提醒。这不仅有利于新收案件快速进入查控、执行阶段，快速、有效地实现债权人实体权利，而且有利于终本案件当事人及时向法院提供线索、反映线索、恢复案件执行。

操作上，第一步，进入执行事务系统，点击左侧“发起待办”，输入诉求所涉及的具体案件案号；第二步，选择任务为“诉求登记”，选择诉求类型；第三步，选择案件承办人，并输入诉求内容，设置短信通知，点击“发起”。成功发起待办后，承办人会收到短信提醒。

（二）财产查控阶段

1. 线上查控。

根据执行规范化办案要求，承办人要穷尽对被执行人的财产调查措施，必须在执行系统发起网络财产查询。“智慧执行 2.0”系统集成并对接全国执行网络查控系统，即“总对总”，支持发起协查、查看协查反馈结果、申请控制、查看控制反馈清单、发起人行协查。在立案信息确认后，执行指挥中心线上查控岗会在执行立案后 48 小时内发起第一次“总对总”“点对点”网络查询。

“执行一件事”栏目下的浙政钉，集合了执行查控、资产处置、联合惩戒、车辆查控处置以及拒执打击功能。承办人可以在执行查控中进行线上财产查控、解封，查询反馈信息等。以查询房产信息为例，第一步，进入“智慧执行 2.0”，点击左侧“执行一件事”，点击“浙政钉”，选择横标签栏的“协作反馈”，输入需要查询的案件案号；第二步，点击“查询”，进入“协作反馈”列表；第三步，点击查看相应的反馈结果。

2. 线上查封。

网络查控系统反馈被执行人有银行存款、不动产、车辆、股权、证券、网络资金、保险产品等财产的，执行指挥中心查控组应在查询结果反馈后 24 小时内做相应处理。若要查封不动产，可以通过“智慧执行 2.0—执行一件事—省级不动产总对总”程序，直接进行线上查封。在进入“执行一件事”后，选择“省级不动产总对总”，在横标签栏选择“发起查封申请”，输入案号，就相应不动产点击“发起查封”。

（三）制裁措施阶段

执行指挥中心下设的执行 110 组可以说是外勤事项组。执行案件办理中，常见的外勤有文书送达、拘传送拘、实地调查、扣押车辆等，将这些事项剥离到外勤组统一办理，能够节约办案时间成本、外勤成本。举例说明，若执行实施团队就某案件需要拘留被执行人，则分为两个步骤：一是制作相关拘留文书①，二是发起外勤待办需求。发起外勤待办需求的具体操作为：首先，进入执行事务系统，点击左侧“发起待办”，输入相应案号，选择任务“警务外勤”；其次，根据需要，选择“拘传送拘”类型；再次，描述任务内容，并设置短信通知（通知警务外勤负责人，由外勤组负责人协调安排相应外勤事项）；最后，点击“发起”。

---

① 在后续的迭代中，执行事务系统将实现文书的自动抓取、生成，打造更加数字化、便捷化的办公流程。

(四) 财产处置阶段

1. 向处置组发起待办。

黄岩法院执行局将执行案件的财产处置环节打包集约到执行指挥中心，由专门团队从事不动产处置、车辆处置以及设备处置工作。移交处置组在系统上的操作是：第一步，进入执行事务系统，点击左侧“发起待办”，输入相应案号，选择任务“财产处置”，并选择“房产处置”类型；第二步，描述财产状况，告知需要处置的具体财产，设置短信提醒，最后点击“发起”。

处置组需要对实施团队移交的不动产、动产等财产在合理期间内进行处置、变现，移交处置的财产应符合的基本条件包括权属明确、本院首封或首封法院已移交处置权等。财产处置岗主要职责为办理现场查封或扣押、调查财产现状、确定处置参考价、拍卖、交付、处置案款等。定期上报指挥中心财产处置进度（财产被查封、扣押、冻结后，一般应在 7 日内启动财产处置程序），遇有疑难、复杂事项的，及时报告指挥中心或实施团队。

2. 交网拍组拍卖财产。

处置组需要按照不动产要件调查表载明的要素进行不动产现场调查，包括土地用途、土地使用权种类、权属、权利负担、占有使用、已知瑕疵、欠缴的税费和本次变价应缴税费的计算方法以及其他实际状况，调查方法为现场调查及发起相关部门征询等，制作分类财产要件调查表（详见本书附件三中拍卖变卖处置中的分类财产要件调查表）。

实施团队根据调查情况进一步决定是否需要处置，如果要继续推进，则由网拍组在无法议价的情况下按照定向询价、网络询价、委托评估的顺序确定财产处置参考价，之后制作起拍价建议书，在起拍价建议书制作完成后，制作拍卖公告。

定向询价可以通过“执行一件事”完成：第一步，进入“智慧执

表 5－2　财产处置节点登记表

序号	案号	被执行人	案件承办人	查控或移交处置财产内容	收案日期	现场查封、限期履行送达、现场调查时间	特殊情况处置（抵押、共有）	分割共有物或拍卖裁定送达、张贴时间	定向询价、网络询价或移送评估时间	腾房公告送达、张贴时间	现场停水停电时间	换锁、搜查或强制腾房时间	询价公告或评估报告送达或张贴时间	移送网拍工作室上拍处置时间	网拍立案日期（一拍挂拍日期）	第二次拍卖公告挂拍日期	变卖公告挂拍日期	拍（变）卖结果	拍卖完成日期（交接完成）	移送分配时间	执行款发放时间	结案日期及方式
1	（2023）浙 1003 执 1166 号	金某某		台州市黄岩区西城街道县前社区县前小区＊＊室	2023.4.12	2023.4.20		2023.5.5		2023.5.5			2023.5.22	2023.5.22	2023.5.26	2023.7.5		成交	2023.8.17			
2	（2023）浙 1003 执 1165 号	谢某某		台州市黄岩区东城街道管驿小区＊＊室	2023.4.13	2023.4.20		2023.5.29		2023.5.29				6.21 起拍价＊＊＊万	2023.6.30			成交	2023.8.21			

行2.0”，点击左侧“执行一件事”，选择“浙政钉”，选择横标签栏“发起协作”，输入案号；第二步，在案件“操作栏”发起协作，进入协作板块，寻找黄岩区税务局；第三步，勾选税务局之后，选择“定向询价”；第四步，引入相关系统文书（执行裁定书、协助执行通知书、工作证件扫描件），勾选后点击右下角“引入”。

3. 向承办人反馈进度。

在处置组与执行实施团队的协同方面，处置组在推进处置过程中需要在财产处置流程节点清单上填入各节点时间，文档通过办案办公平台和WPS应用同步（见表5－2），以便承办人掌握案件办理进度。

（五）执行结案阶段

1. 财产续管。

结案方式为终结本次执行程序的案件，查控监管组需要对案件中存在的银行存款、工资冻结、财产冻结等情况，不断完善台账，重点监控，定期制作相应文书，采取扣划、续冻等持续处置措施（见图5－3）。采取处置措施之前应与相应实施团队核实情况。如需在扣划后进行分配，则应在扣划完成后填写分配移交表交案款分配岗制作分配方案。

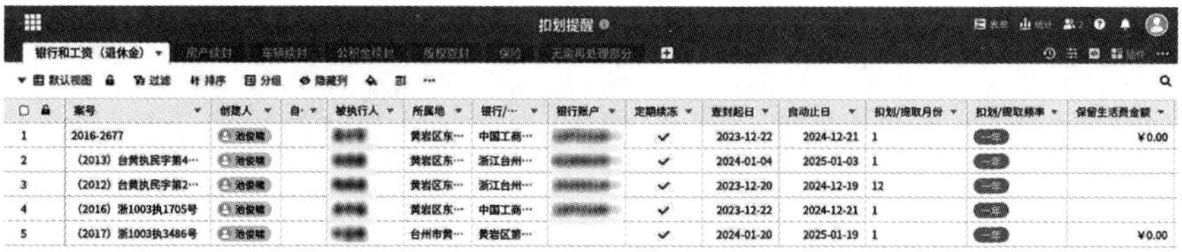

	案号	创建人	自·	被执行人	所属地	银行/…	银行账户	定期续冻	查封起日	自动止日	扣划/提取月份	扣划/提取频率	保留生活费金额
1	2016-2677				黄岩区东…	中国工商…		✓	2023-12-22	2024-12-21	1	一年	¥0.00
2	（2013）台黄执民字第4…				黄岩区东…	浙江台州…		✓	2024-01-04	2025-01-03	1	一年	
3	（2012）台黄执民字第2…				黄岩区东…	浙江台州…		✓	2023-12-20	2024-12-19	12	一年	
4	（2016）浙1003执1705号				黄岩区东…	中国工商…		✓	2023-12-22	2024-12-21	1	一年	
5	（2017）浙1003执3486号				台州市黄…	黄岩区第…		✓	2024-01-20	2025-01-19	1	一年	¥0.00

图5－3　扣划事项表（截图）

2. 制作分配方案。

承办人在执行到位款项到达法院账户后，应及时填写分配移交表交案款分配岗。案款分配岗统一制作分配方案（见图5－4）。

关于被执行人 执行案件分配方案表

（2019）浙1003执522号

序号	执行案号	执行依据	债权人	申请执行债权金额（本金）	诉讼费	执行费	已偿付	参加本次分配债权额	本次分配比例	本次分配额	发放金额	备注
1	（2018）浙1003执3597号	（2018）浙1003民初3937号		12200.00	已收	已收	7729	4471.00	57.20%	2558	2558.00	
2	（2018）浙1003执3640号	（2018）浙1003民初4663号		20000.00	已收	已收	12670.5	7329.50	57.20%	4193	4193.00	
3	（2018）浙1003执4815号	（2018）浙1003民初6894号		25000.00	已收	已收	15839	9161.00	57.20%	5240	5240.00	
4	（2018）浙1003执5120号	（2018）浙1003民初6895号		50000.00	已收	已收	31679	18321.00	57.20%	10480	10480.00	
5	（2019）浙1003执522号	（2018）浙1003民初6006号		60000.00	已收	已收	38014	21986.00	57.20%	12576	12576.00	
6	（2015）台路执民字第9号	（2014）台路商初字第02078号	浙江泰隆商业银行股份有限分公司	67776.50	已退	已收	42941	24835.50	57.20%	14206.45	14206.45	路桥法院参与分配
	合计			234976.50	0.0	0.00	148872.5	86104.00		49253.45	49253.45	

制表时间：2022年7月13日　　制表人：金一

说明：1、本院依法扣划被执行人　　银行存款49253.45元，尚余可分配金额为人民币49253.45元。参加本次分配的普通债权本金为86104元，因剩余可分配金额不足清偿普通债权本金，本次分配不考虑普通债权利息。本次分配各案普通债权本金的清偿比例为57.20%。

2、各债权人或被执行人如对本分配方案持有异议，可在收到此分配表之日起十五日内书面向本院提出异议，逾期未提，视为同意本分配方案；各债权人或被执行人均对本分配方案无异议的，执行款将于分配方案生效后一周内发放到申请人预留的银行账户内。

3、本分配方案公示期为7日。

图 5－4　执行案件分配方案

附件一　常见问题解答

近年来，省内外有100余家法院来黄岩法院考察调研，各地法院普遍赞同辅助事务集约改革对法官减负、提质增效的现实意义，对于比较集中的问题，本院进行了整理，并对具有代表性的问题进行了解答。

1. 集约改革推进过程中，各部门如何各司其职？

成立由“一把手”任组长的工作领导小组。在审判辅助事务集约改革方面，明确将审管办作为牵头部门，全面梳理审判全流程事务，精准审判事务的性质与定位，细化每一项事务的操作规范、衔接方法，同时，集中处理关于审判辅助事务的意见建议、内部投诉、争议处置等；在立案庭设审判服务中心，中心设负责人1名，由熟悉审判辅助事务运作的正式干警担任，所剥离的审判辅助事务，纳入审判服务中心集约办理，从事书记员职责的审判辅助人员，纳入审服中心，由其统一管理。执行权运行模式改革方面，则是由执行局牵头，实行“执行指挥中心 + 执行团队”的工作模式，立足执行工作规律和特点，推行“事务集约、分类管理、权责清晰、配合顺畅”的执行权运行模式，将执行过程中的同质共性的事务性、辅助性工作合理剥离分流，交由执行指挥中心专职团队集约化、流程化、模块化办理。

2. 审服中心和执行指挥中心的具体架构是怎么样的？

审服中心根据审判辅助事务的类型，下设卷宗组、送达组、预备组、后审组及审后督促团队。其中卷宗组主要承担材料接收、扫描编目、整理归档、档案查询等工作；送达组主要承担送达地址界定、送达任务跟踪、送达结果回填等工作；预备组主要承担预收催缴、自动分案、开庭排期、程序性文书制作、发起送达、开庭确认、庭前电子卷宗整理等工作；后审组主要承担结案登记、笔录誊录、诉讼费退还、生效录入、上诉事务、提交归档等工作；审后督促团队主要承担后审组移交的生效案件的审后督促、执行立案的执行督促以及诉讼费催缴工作。

执行指挥中心“456”模式是指执行指挥中心整合司法资源，分流集约执行辅助事务，发挥监管、协调、指挥的枢纽功能。“4”代表4个实施团队，“5”代表执行工作规范化、集约化、协同化、数字化、专业化，“6”代表指挥中心实体化运行下设的“诉求管理”“质效管理”“财产管理”“综合管理”“执行110”“财产处置”6个小组。

3. 在推进集约改革过程中，有无另行开发软件？

在改革推进过程中，黄岩法院充分依托办案办公平台的现有功能，在一些衔接环节则利用“钉钉”工作台（见图1）的现有功能，总体来说，黄岩法院的并联式协同模式，完全依托既有平台、工具，未另行耗费大量资金开发软件，具有较强的可复制性、可推广性。

4. 在推进集约改革过程中，有无存在办案办公平台账号混用的情况？

黄岩法院严格遵守“一人一账号”的原则，在一些环节尽量通过流程改造进行变通，各环节均不存在混用账号的情况。当然，改革之初的办案办公平台的业务系统还是更适配传统办案模式，与集约化的理念并非完全契合，黄岩法院在工作推进过程中积极对接反馈，办案办公平台也在不断更新迭代中。

图1　“钉钉”工作台工具（截图）

5. 集约团队工作人员的来源是什么？岗位如何分配？是否会出现忙闲不均的情况？有无业绩考核管理？

截至2023年3月，审服中心共有32名人员，其中审服中心负责人和审后督促团队队长为正式干警，其余人员除3名邮政外包人员，均是来自各业务庭的司法雇员、书记员，具备一定的法律基础和平台实际操作能力。审判服务中心实施“砺英”培育计划，围绕打字、编扫、排期、送达、归目等主要业务技能定期进行培训考核，以人岗相适原则，精准定岗；同时利用工作日志填报、“一岗一标准”细化赋分制度，计算各辅助人员业绩分，设通用基础规则、特定岗位标准，每季度进行考评。该中心运行两年来，切实发挥蓄水池作用，通过“砺英”培育计划输送优秀辅助人员进入审判团队从事助理工作，同时不断吸收新招聘人员填充空缺岗位，维持有序平稳的动态运行态势。

6. 随机分案如何实现？

办公办案平台“审判在线 2.0”中有“随机分案设置”，可以事先绑定“法官—法官助理—书记员”，然后根据案由或者适用程序设定不同的分案轮序和分案系数。审服中心分案时，只要一键点击“自动分案”，就可完成案件的随机分案。

7. 实行统一排期不考虑案件难易，是否会导致大量案件重新排期？

黄岩法院虽然实行统一排期，但是并没有忽略案件难易。法院通过两方面举措确保案件排期能较好地符合法官需求和案件的实际情况，一是预备组的排期工作人员由资深书记员担任，其在排期之前对案件的难易情况进行初步判断；二是预备组在进行排期之前，会给审判团队预留半日时间（分案移送后的半日时间），由审判团队自行判断难易情况及是否存在其他特殊情况，审判团队如认为案件存在特殊情形，需作出特殊排期，则由其指示预备组工作人员作出特殊的排期。该模式运行过程中，除极个别因工作冲突或者当事人因故申请延迟开庭的情况外，基本上没有出现因案件难易程度导致法官取消开庭而重新排期的情况。

8. 什么是确保“法官拿到手的都是能开庭的案子”？

预备组的一个重要作用就是确保“法官拿到手的都是能开庭的案子”，即预备组除了分案、排期工作外，还需要根据送达组界定的情况发起送达，并跟踪送达的情况，根据统一的送达规则撰写送达报告并回填送达回证。对有效送达的案件，送达组负责案前整理电子卷宗、发布开庭公告并有效提醒审判团队，使审判团队无须在开庭之前耗费精力关注送达工作。同时，法院通过工作职责的划分，要求审判团队对预备组通知的可开庭的案件进行形式审查，确定已送达成功并回填送达回证，法官无须对送达的具体经过及可能存在的瑕疵担责。

9. 调查取证是否属于审判辅助事务，是否适宜集约办理？

法官依职权“决定”调查取证，或对当事人的调查取证申请作出

“许可”确属审判核心事务，但后续的具体操作，如调取银行流水、房产信息、车辆信息、人口信息、抵税信息等，均是较为机械的审判辅助事务，无须让法官的宝贵精力一直耗费在取证的路上。法院目前通过钉钉日志实现派单功能，由审判团队发起指示（部分调查取证事务需附相应文书），审判服务中心具体操作。

10. 统一进行送达界定相较团队自行完成的优势是什么？

所谓的送达界定，就是立案当日，通过智能送达平台，向当事人进行身份、送达地址、送达方式及是否同意电子送达等方面的询问、确认，同时还要对某些具体送达任务作出是否成功送达或者是否躲避、规避送达的判定。以往审判团队自行完成送达界定时，一般由审判团队的书记员负责，由于其对高院、中院的送达规定不熟悉，判定标准不统一，经常会出现对同类情况作出不同判定结果的情况，也出现了较多本应认定为躲避、规避送达，无须公告送达却进行公告送达导致案件未能及时开庭审理的情况。在将该工作集约后，法院以“专人专岗专事”加强了对负责送达工作人员的培训、测试，确保其掌握相关送达规定，不仅统一了操作标准，更让黄岩法院电子送达率有了显著提高，且邮政资费较集约之前下降了近 70%。

11. 送达组如何与 e 键中心对接？

送达组工作人员的送达账号具备通过工作台处理全院送达任务的功能。如果文书需要线下送达，送达组可在“直接送达”和“邮寄送达”中关注送达情况。同时，送达组工作人员可根据案件的前期界定和送达情况，确定文书是否真正需要线下送达。可电子送达的，将线下送达转为电子送达；确需线下送达的，再通过 e 键普通件或者特投对接 e 键中心。

12. 如何确定当事人可以电子送达及适用公告送达的标准是什么？

原告在立案时一般会签署送达地址确认书并勾选电子送达。被告的电子送达号码会由送达组先行界定，预备组只要关注电子卷宗中的界定日志，即可选择送达方式。选择电子送达的，送达跟踪由预备组自行完成，即确定被送达人是否打开下载短信链接、是否缴纳诉讼费、是否回填电子送达回证等；如果不能适用电子送达，则发起线下送达，穷尽送达方式后仍不能送达的，由预备组直接发起传票的公告送达，原则上在查找所有可查找的方式后穷尽送达的本辖区内的当事人须有 2 ~3 名户籍所在地村居（社区）干部确认其近年来未在本户籍地生活居住，本辖区外的当事人需委托当地法院对送达后的结果进行确认，如此方可适用公告送达。

13. 卷宗组的档案管理跟办公室的档案管理有什么区别?

卷宗组的档案管理主要是对审理中案件的中转库、出入库即卷宗中转库进行管理，以及归档后提供案件当事人需要打印的电子卷宗材料、下载刻录庭审录音等。办公室的档案管理则是对审判服务中心提交归档后的纸质卷宗进行保管，区别在于卷宗是否归档，如果在卷宗归档后当事人或者相关部门需要查阅或者借阅纸质卷宗，那么其需前往办公室的档案室。

14. 卷宗组如何判断哪些材料是需要装订归档的?

在无纸化推进过程中，法院梳理了哪些材料必须纸质装订归档，原则就是有重复主张债权风险的原件必须保留，其他程序性文书、证据复印件或者相关部门调取的材料可不予保留。当然，卷宗组在提取中转库案件材料后，也会根据法官助理整理的电子卷宗上是否标注“有纸”进行一一甄别。

15. 就当事人提交的材料如何有效提醒审判团队?

如果当事人直接向审判服务中心提交材料，扫描员当即会将该材料扫描编目入卷，将电子材料收据发给审判团队以便有效提醒，纸质材料入库存放，不再流转。如果当事人在开庭过程中向审判团队提交证据，那么由审判团队在收到材料之日起 2 日内向卷宗组移交，并放入中转库存放。

16. 后审组对哪些类型的案件进行誊录？会不会因为不熟悉案情，导致笔录差错？

黄岩法院推行庭审记录改革已有多年，法官已经养成了庭审无须书记员跟庭记录的习惯，在集约改革之前，审判团队的书记员也仅对上诉案件以及疑难复杂案件进行誊录。集约改革后，除上述两类案件继续进行庭审誊录外，通过统一调配，对上诉可能性极高或极其疑难复杂的案件，后审组可以直接派员进行跟庭记录，以免后期另行加工。是否熟悉案情，不能决定誊录笔录质量的好坏。法院配备的1名誊录员甚至没有任何书记员经验，但在简单的培训后，就能交出模板化的誊录笔录。对确实疑难复杂无法通过录音录像掌握的信息，誊录员还可以查阅电子卷宗。法院目前配备1~2名誊录员，已经能满足全院誊录、跟庭记录需求。

17. 诉讼费结退肯定在案件裁判生效之后，如何确保退费人员知道案件裁判已经生效并及时结退？

审判服务中心内部有个在线协同编辑文档，该在线协作文档设有权限，各岗位人员各司其职后会在自己负责的项目列中记录完成的情况，即送达组负责跟踪裁判文书送达的书记员，其会在“完成送达”列记录该案最后一份裁判文书送达成功的日期；后审组生效录入岗书记员会对该协同文档中已完成送达的案件录入生效日期，同时在该在线协同文档“生效录入”列记录生效日期；诉讼费结退岗在案件裁判生效后发起诉讼费结退事务流，原则上调撤案件在生效当日或次日发起诉讼费结退，判决案件在生效后3~5日内发起结退；如果案件上诉，审判团队会进行上诉登记并通知后审组上诉事务岗书记员，上诉事务岗会即时通知生效录入岗书记员取消该案件的生效录入，该案就不会流转至诉讼费结退岗。

18. 审后督促团队如何进行督促？督促失败后是否直接转执行立案？

后审组在案件生效后会及时将有金钱给付义务的案件转至审后督促

团队进行审后督促，审后督促岗运用统一话术电话督促支付案款和应缴纳的诉讼费。赡养费纠纷、抚养费纠纷等案件适用现场督促形式；涉民生类、优化营商类案件，在督促未果后1个月内通过智能送达系统电联原告方，确认后整案移送执行立案，其他督促未果案件，在生效后2年内立“执费”案号移送执行局。

19. 执行指挥中心各团队的人员配置情况如何？

执行指挥中心实行扁平化管理。执行指挥中心主任由执行局长兼任；执行实施科科长兼任副主任，负责日常工作管理。集约事务组设查控组、网拍组、分配组、外勤组等，案管组设繁简分流岗、案款监管岗、节点管控岗、终本监管岗。坚持人岗相适，通过合理配置办案力量，实现指挥中心精，执行一线强。另外，在不影响各岗位职责正常运行的前提下，执行指挥中心内同一人员兼任多项职责。如“一件事”办理人员同时负责外勤调度及执行“一件事”集约办理；分配专员同时负责制发分配方案及案款发放监督；监管人员同时负责繁简分流审查、节点管控及终本监管。

20. 执行集约事项具体有哪些？如何确保集约事项办理规范到位？

集约事项具体有“点对点”“总对总”网络查控，制发执行通知等格式文书，查控节点录入，采取限制高消费措施，“一件事”线上查解封房产、扣划存款、提取公积金、强制退保、限制出境备案，护照作废、统一曝光，现场外勤，定向询价，司法网拍事务，制发分配方案等共15个执行事项。为确保集约事项的办理规范性，黄岩法院出台《工作指引》对各集约事务明确职责、工作细则，规范具体操作流程，自主制作执行流程节点控制图（见二维码）等，使执行推进流程图形化、形象直观化。指挥中心定期开展培训、抽查、考核，确保没有经受过法学教育的执行辅助人员也可以完成辅助事项。执行实施团队认为集约办理事项不达标的，直接退回集约事务团队重新办理，并由执行指挥中心强化和落实监管、督办责任。

21. 黄岩法院执行模式与传统及分段式执行模式有何区别？执行案件的相关责任如何归责？

与传统“一人包案到底”及分段式流转执行模式不同，黄岩法院实行“集约协作 + 节点责任到人”执行模式。类似于医院的就医模式：主治医生负责全面诊断、医治；化验、拍片、护理等共性事务均由专业医护人员集约完成。即承办人对案件的全案执行负责，财产查控、外勤实施、网拍事务、案款分配等交由集约团队办理。这样既能提高执行效率，又能给承办人腾出时间精力专注于核心办案事务。法院依托于全面无纸化办案改革，通过案件全流程信息共建共享共用，实现办理事项“并联式”“去中心化”推进。执行案件承办人需对其负责的核心办案事务承担责任，而集约事项出现的差错、疏漏等归责于集约事务经办人，即以执行承办人为核心、集约人员为辅助的责任追究制，实现承办人和集约人员之间的相互制约、相互监督、共同推进。

22. 如何避免因信息流转不准确，导致司法网拍、案款分配等事项处理时出现疏漏或瑕疵的问题？

以全面无纸化办案改革，推动电子卷宗随案动态同步生成，实时共建共享共用流转，深度运用办公办案平台内 WPS 云文档实现流程信息无缝衔接。法院委托专人制作或完善了 600 余个标准统一的文书模板并嵌入执行办案管理系统，实现一键生成规范文书，确保执行文书不遗漏。自主制作分类财产要件调查表、分配移交表、繁简分流转换表等简便而管用的“执行实用工具”，确保办案信息流转规范统一完备。如根据实践将执行财产分为工业土地厂房、住宅、车辆、资产设备四大类，分别制作了四类分类财产要件调查表，调查表按执行流程罗列了执行员应完成的具体事项，保障移送司法网拍集约处理时调查准确全面、措施规范到位，网拍专员接收到流转的电子卷宗材料后按图索骥，有效防范了调查遗漏及程序不完备。

23. 拒执打击团队如何推进拒执集中打击？成效怎样？

拒执打击团队主动介入开展拒执集中打击。一是对查控车辆，由指挥中心初查判断有无执行处置价值，再统一对接公安机关查询车辆行驶轨迹，并发出限期交出车辆通知书，若有效送达且有车辆轨迹，则由拒执打击团队固定证据移送公安机关立案侦查；二是执行指挥中心在日常监管中发现被执行人有拒不履行、拒不腾房、违反限制高消费等拒执行为的，则指令拒执打击团队收集固定证据，启动拒执打击；三是由拒执打击团队接收并审查执行实施人员移交的拒执打击材料，查漏补缺后统一制发移送侦查函。通过公检法联席会议，加强检察监督立案；协调公安将拒执案件分散至各派出所属地办理，拓宽拒执办案渠道，提高办案效率。

24. 执行集约事务的文书是否由集约团队统一制作？

集约事务组与执行实施团队、承办人的职责做到实时衔接和协作，其中查控组负责完成执行通知、报告财产令等格式文书的制发，网拍组负责成交确权裁定、过户协执等的拟稿，分配组负责案款分配方案的拟稿，而上述文书的审核会签及合议评议，仍由执行承办人及实施团队员额法官负责。其他执行文书通常由执行实施团队、执行员自行制作，包括对执行财产的扣划、强制退保、拍卖裁定、腾房公告及对被执行人纳入失信、曝光、罚款，拘留等文书。但集约事务组在根据执行实施团队移交的执行文书办理集约事务时，负相应的形式审查、审核的义务。

25. 执行指挥中心如何实现监管推进？

指挥中心的监管是对案、对人的双重监管。案件的监管主要从以下三个方面切入：一是重点节点监管推进，如财产处置节点、案款发放节点等，通过自主开发的执行财产处置监督管理系统实时监管督办；二是将办理期限作为启动监督的切入点，抽检督办超 3 个月、超 6 个月未结案件，促进简案快结、繁案重点监管；三是拒执线索摸查监管，确保强制措施执行到位，拒执打击精准有效。通过对人员的监管，对执行绩效落后的干警，由执行指挥中心帮助分析原因，指定对象帮扶。另外，执行指挥中心全面收集汇总各类问题，梳理分析共性问题，第一时间发现和了解敏感性风险、苗头性问题，积极介入处理或报请院党组、审判委员会讨论处理。

26. 黄岩法院的“执行一件事”平台是如何搭建的？有什么特点？

黄岩法院从 2020 年 6 月，通过在浙政钉的浙江省机关内部“最多跑一次”服务平台上构建“执行一件事”，实现 12 家单位、22 家银行、4 家保险公司线上办理协助执行事项。法院从执行实际需求出发，确定高频协助执行事项，推动区“最多跑一次”改革办牵头召集大数据局、协助执行部门、人民银行及银保监等进行座谈，征询各协助单位意见，并先后与区委深改办、区“最多跑一次”改革办、区人民银行、国家金融监督管理总局台州分局黄岩监管组联合印发“执行一件事”协作的文件通知。“执行一件事”的搭建参考了“总对总”“点对点”执行查控系统，依托“最多跑一次”服务平台的联办“一件事”功能，在法院的办事事项下，构建联办事项，将相关协助部门及金融机构、保险公司接入平台作为联办单位，线上发起协助执行请求时，勾选、发送协助执行单位作为流转联办单位，单发或并发协助执行事项，实现协助执行“一次不用跑”，以及今后将扩展协助执行单位直接接入该平台即可。其他法院的“执行一件事”，是将协作事项作为各协助单位在“最多跑一次”服务平台上的线上事项，需要每个单位各自向当地改革办及大数据局提交线上事项需求，协助执行的“云窗口”散落在各协助单位事项下。另外，黄岩法院与各单位通过“协作文件通知”予以明确，协助单位将业务系统办理信息截屏等反馈上传平台，双方认可该系统办理信息截屏的效力，法院将该办理信息截屏及平台记载的送达流转信息一并入卷归档，视作送达回证。

附件二　制度及理论成果

第一部分　制 度 成 果

探索新型审判团队组建、深化审判辅助事务集约化改革的工作方案（试行）

（2020 年 10 月 30 日）

为贯彻落实最高人民法院《关于进一步全面落实司法责任制的实施意见》关于“完善新型审判权力运行机制，切实落实‘让审理者裁判’的要求”，以集约处理事务性工作，科学运行信息化为抓手加强新型审判团队建设，积极、稳妥、有序推进书记员集约化管理改革，提升服务保障审判执行工作核心战斗力，真正建立起一支职责明晰、管理规范、优质高效、正规稳定的聘任制书记员（以下简称书记员）职业化队伍，从而“优化资源配置、释放审判活力”，提升案件审判质效，现依据浙江高院《关于全省法院司法雇员队伍建设的意见》《贯彻落实最高人民法院印发〈关于深化司法责任制综合配套改革的实施意见〉的实施意见》《关于进一步加强案件监督管理工作的意见（试行）》等有关规定，结合本院工作实际，制定如下方案。

一、工作目标

以民商事审判团队为试点，积极探索组建新型审判团队，重构符合本院审判工作规律的审判团队和工作运行模式，依托智慧法院建设成果，开展审判辅助事务集约，多方位减轻审判团队工作负担，将分散于各部门从事审判辅助事务性工作的书记员进行重新整合，按照人岗相适、归类集中、统分结合的原则，成立“审判辅助事务集约中心”，由立案庭实行统一管理、统一调配，解决书记员岗位职责不清、工作量不均衡、工作效率不高等实际问题，最大限度优化审判辅助资源，助力审判执行工作提质增效。

二、工作模式

（一）运作方式。民商事法官根据自身实际情况，自主选择组建“1个法官+1个法官助理+0.5个书记员”或“1个法官+0.5个书记员”的审判团队，两类审判团队的分案比例为1.5∶1。审判团队中法官负责办理审判核心事务，如裁决审判程序事项、开庭审理、作出判决等属于裁判权范围内的司法事务，法官助理（若有）可以在法官的指导或授权下承担一部分审判职责，如庭前程序事项处理、调解、草拟法律文书等，审判团队书记员承担暂时难以集约化的审判辅助事务等。审判辅助事务集约中心的书记员归立案庭直接统管，统一培训，统一考核，将传统书记员在法官或法官助理指导下所履行的工作职责进行归类分组，结合当前无纸化办案工作进程，建立起覆盖审判全流程的书记员集约化管理体系，按照审判各环节工作权重，科学合理配置辅助力量。

（二）人员分配。由审管办会同审判业务部门、立案庭对全体书记员进行摸底与评价，优先将具有法律专业背景、熟悉审判业务的书记员根据工作需要、个人特长分别配置到审判业务部门从事审判辅助事务。其余书记员配置到立案庭从事材料收转、开庭排期、文书送达、纸质材料归档等集约化事务。

（三）培训考核。审判团队书记员由各审判业务部门及员额法官自行加强指导和培养，并将审判团队员额法官的综合评价作为书记员绩效考核的主要部分。审判辅助事务集约中心书记员由立案庭负责操作技能培训，绩效考核实行双重评价，以立案庭集约事务负责人的综合评价为主，业务庭各员额法官可根据其日常工作情况及时反馈评价。

（四）权责明晰。构建权责明晰、监管有力、运转有序的审判权运行监督管理体系，准确划分法官、法官助理和书记员（审判团队书记员、审判辅助事务集约中心书记员）的责任界限。案件出现质量问题或瑕疵的，根据实体问题、程序瑕疵、主观过错、情节轻重、造成后果等不同情形，依照“谁审理、谁负责”或“谁操作、谁负责”的追责机制，追究相关人员的责任。

三、集约事务

实行集约化管理后，以下审判辅助事务统一由审判辅助事务集约中心负责，未列入的事务由审判团队负责，具体职责明确如下（详见附件）。

（一）立案

除传统立案事务外，主要负责引导当事人及诉讼参与人（以下简称当事人）注册在线诉讼平台、采集符合电子档案要求的电子材料、制作司法确认案件裁定书等。

（二）编扫

主要负责立案阶段的材料扫描、精细化编目、电子材料入卷、纸质材料移送等。

（三）送达

主要负责当事人送达方式界定、送达任务筛选、e键送达任务推送、公告送达把关、送达结果回填、办公件邮寄审核等。

（四）庭前准备

主要负责受理阶段原告材料发送、案件分案、排期、案件转公告排期、人民陪审员选定、开庭公告发送等。

（五）案件办理

主要负责事务性取证、管辖异议办理及上诉移送、诉中调解、司法鉴定评估（审管办）等。

（六）后审事务

主要负责裁判文书公告、生效信息录入、诉讼费相关事务（诉讼费退费、结算、移送执行）、裁判文书上网、纸质卷装订移送、特殊案件庭审誊录、上诉移送等。

（七）卷宗数智中心

主要负责纸质中间库管理、审理中集中扫描、编目、引入、纸质材料入库、引导注册移动微法院等。

四、工作要求

将传统书记员“跟人、跟事”分散模式转为集约模式，是优化审判辅助资源配置，实现审判工作规范高效运转的重要举措。立案庭应加强与各审执业务部门及审判管理办公室等部门之间的沟通协调，民商事审判团队积极试行，其他审判团队主动谋划，在审判辅助资源配置、审判流程再造、信息化助力等方面大胆创新。全体法官、法官助理、书记员都要统一思想认识、形成工作合力，将坚持改革创新不断提升核心战斗力贯穿始终，将坚持目标导向不断提升执行力贯穿始终，共同有力有效地开展好此项工作。

附件：审判辅助事务集约化管理注意事项

附件：

审判辅助事务集约化管理注意事项

A－立案

A1－现场立案

A1.1－严格执行无纸化立案要求，大力推进网上立案（浙江法院网、移动微法院），对不适宜网上立案的案件（当事人无法操作、邮寄立案等），协助当事人网上立案或通过“先扫后立”进行立案。

A1.2－对现场立案的当事人，引导其注册使用移动微法院。

A1.3－引导当事人提交电子材料或通过扫描王 App 或自助扫描仪采集符合电子档案要求的电子材料。

A1.4－材料进行电子化处理后，可引导当事人将材料取回；当事人不同意取回的或确有必要留存的可予以收取。

A2－网上立案

A2.1－对网上立案申请，必须在7个工作日内进行处理。

A2.2－严格审查电子材料，确保网上立案所附之材料符合电子档案要求，对材料存在黑边、不清晰、内容识别困难等情况的申请应予以退回，并及时联系申请人重新提交。

A3－其他事项

A3.1－对民商事案件一般先作诉前调解登记，分流员按照案由和属地原则将案件通过在线争端解决机制（ODR）分流至各相应调解组织，但案件性质不适宜调解、当事人明确表示不同意诉前调解的除外。

A3.2－对调解退回的案件，及时根据调解情况立民初或民诉前调字案件。

A3.3－对司法确认案件，根据案情制作民事裁定书确认调解协议。

B－编扫

B1－对当事人提交的材料，应当按照方便阅卷的原则进行精细化编目。每份材料原则上都要形成独立的电子文件，但是待证事实和种类均相同的多份材料，如医疗费发票等，可以合为一份文件。材料一般以其标题命名，没有标题的以其内容的关键信息命名。按以上规则命名导致材料重名的，可通过在名称中加上材料的形成日期、涉及主体、编号等信息加以区分，如“身份证—姓名”“合同—2020 年 1 月 2 日”“鉴定报告—［2020］鉴字第 2 号”。当事人提交的诉状、申请书、身份信息材料、委托授权材料、举证材料等归入当事人材料目录。编目以自动为主、手动为辅。应当使用材料收发系统的“自动编目”功能，提取材料的标题等关键信息进行自动命名。自动命名无效、不准确或存在重名的，应当进行手工命名。

B2 – 对民诉前调转民初、民诉前调案件，材料会在立案后自动移送，原则上可不用再行引入、编目；系统出现故障除外。

C – 送达

C1 – 于立案当日通过智能送达系统、查号系统、信用画像完成送达方式界定。包括明确电子送达方式、以口头告知当事人“将以短信方式送达诉讼文书（含判决书）”、手动输入确认地址、生成界定日志并回填电子卷宗等。

C2 – 对于线下送达任务，于发起当日进行筛查（17 时后的可次日筛查），对符合电子送达条件的，取消线下送达并发起电子送达，同时回填包含电联记录、短信记录、送达结果的电子送达回证。

C3 – 确实无法电子送达的，于接受送达任务当日发起 e 键送达（17 时后的可次日发送）。辖区外发送 e 键普通件，由 e 键中心统一打印；辖区内发送 e 键特投件，由送达中心根据源头有无“纸”确定直接打印或至卷宗中心提取。

C4 – 公告送达，于接受审判团队公告送达任务的 2 个工作日内，完成审核和回填。对符合公告条件的，推送相关媒体进行公告刊登，回填正常送达的送达回证；对不符合公告条件的，告知书记员送达情况、撤回公告送达、回填无须送达的送达回证。审判团队坚决公告的，要求其填写公告送达审批表。

C5－送达回填，审查线下送达结果后回填送达回证。对显示送达成功的，审查是否符合成功条件；对显示送达失败的，审查还有无其他送达方式、是否构成躲避规避送达，确实不符合成功条件的，按送达失败回填。

C6－办公件邮寄，检查每日办公邮寄件，不得使用带“法院专递”字样的面单。

D－庭前排期

D1－案件受理后，立即发送原告案件受理通知书、缴费通知书、程序性文书、立案告知函等。

D2－案件受理当日，按照分案规则进行随机分案。

D3－立案之日起第3天（审判团队可于立案次日查看卷宗，若有特殊排期需要于该日告知），进行案件首次排期，并向原告发送程序性文书，向被告发送程序性文书和原告证据材料。

D4－关注首次排期相关材料的送达情况，对无法送达的，在2个工作日内选定人民陪审员、再次排期、制作公告材料并发送；对可开庭案件及时告知审判团队。

D5－每周五对下周开庭案件的外网直播进行点选，同时制作开庭公告（Excel、Word）。

E－案件办理

E1－对无须制作笔录、不涉及案件具体内容的调查取证，无特殊情况时在接到审判团队申请后3个工作日内完成。

E2－接收审判团队发起的管辖权异议并进行办理，将办理情况进行反馈。

E3－接收审判团队发起的管辖权异议上诉，将一审裁定书、上诉状及上诉材料、与管辖异议审理相关的证据材料、送达回证、案件移送函在线移送上级法院。

F－后审事务

F1－对审判团队发起的裁判文书送达进行跟踪，对无法送达的进行公告。

F2－根据送达情况，在送达成功后，录入案件生效信息（若遇上诉，由审判团队在收到上诉状之后及时取消）。

F3－案件生效后，及时关注文书上网账号，除审判团队明确告知不适宜上网的裁判文书外，及时进行文书上网操作。

F4－案件生效后，根据裁判文书退还诉讼费、开具结算单，并将应缴未缴的费用移送执行；诉讼费退还以优先退还到缴费人本人账号为原则；其他款项的发放由审判团队自行负担。

F5－审判团队发起归档申请的案件，从中间库提取纸质材料，在案件结案后 3 个月之内完成装订并移送档案室归档。

F6－因上诉需要、案件复杂等情况，需誊录笔录的，于 5 个工作日内完成誊录。

F7－接收审判团队发起的案件上诉、抗诉登记，将一审裁判文书、上诉状及上诉材料、誊录笔录、送达回证、案件移送函等在线移送上级法院。

G－卷宗数智中心（中间库）

G1－管理中间库，接受从诉讼服务中心移交、审判团队移送、执行局返回、当事人提交的纸质材料，有序存放并建立台账。

G2－审理阶段，当事人提交补充材料的（未注册移动微法院的引导注册），应优先引导其提交电子材料（若有）；纸质材料页数不多的，应优先引导其自行采集符合电子档案要求的材料，并通过移动微法院或浙江法院网提交；纸质材料页数较多不适宜通过手机采集或存在其他不适宜情形的，应建立纸质材料登记台账，由当事人填写案号、提交人姓名、材料名称等，对纸质材料加盖收文章，于当日进行电子化处理（扫描、编目、引入)，特殊情况可于次日完成（下同)。

G3 – 接受审判团队提交的纸质材料，与在线提交的申请核对无误后，于当日进行电子化处理。

G4 – 接受执行局移送的保全、解保等材料，于当日进行电子化处理。

建设“数字法院”行动方案（2021—2022）

（2021 年 3 月 31 日）

一、工作目标

以习近平新时代中国特色社会主义思想为指导，深入贯彻落实全省数字化改革大会、全省各级政法系统数字化改革动员部署会的会议精神和任务要求，在上级法院指导下充分运用浙江省高院现有平台，牢牢把握“一体化、全方位、制度重塑、数字赋能、现代化”5 个关键词，加强科技支撑、创新审判模式、优化诉讼流程、助推司法改革、以“1 +1 +3 + X”为体系，建成以现代信息技术为引擎，面向司法人员、诉讼参与人、社会公众和其他部门提供全新的标准化、协同化、移动化、智能化和自主化智慧法院服务，努力打造基层人民法院数字化转型的标杆。

二、工作要求

1. 加强组织领导。成立由院长为组长的建设数字法院领导小组，统筹动员全院统一思想、集中力量、制定战略、指明方向。成立工作专班，统筹立、审、执、办各方力量，细分任务、分工配合，定期碰头、集中研讨，创新思路、解决问题，确保分项举措落地落实。

2. 创新思维理念。全院干警要高度重视数字化转型工作，坚持以实用性为主要目的，着眼于服务大局、服务审判、服务群众的长远定位，紧紧贴合审判、执行及其他司法活动的需要，全面梳理法院所涉各项业务，推动核心业务数字化转型，对已数字化转型的业务继续完善提高，努力向智能化转型。围绕“放权、精简、集成、共享”的流程再造总要求，以目标导向、问题导向、需求导向为抓手，强化制度创新，加快流程再造，积极推动审判流程规范化、高效化、公正化，不断推动审判工作提质增效。

3. 强化统筹协调。加强内部各部门间的配合，明确责任分工，充分整合内部资源，强化线上流程衔接、业务协同。善借外力，拓展社会化，加强与有关部门、行业在技术、数据等方面的协作，充分依托“最多跑一次”改革成果，协助推进数字化转型。要突出重点，先行引导律所、银行等高频诉讼机构配合支持法院数字化转型。要积极争取党委政府及财政部门支持，确保数字化转型取得预期成效。

4. 定期督查通报。建立督查通报机制，工作专班组织人员对各部门工作推进情况、技能应用掌握情况等开展常态化督查、考评。对具有典型推广和示范价值的项目，要及时总结成效汇总上报上级法院、区委区政府。对推动工作不力、措施落实不到位、相关指标长期不达标的部门、个人，要督促限期整改，不及时整改的扣减绩效得分或取消年底评先评优，确保数字化转型顺利完成。

三、工作方案

（一）诉讼服务数字化转型

1. 加强在线诉讼工具推广。对乡镇人民调解员、村居网格员开展专题培训，提升浙江法院网、移动微法院、浙政钉（钉钉）的知晓率和使用率，律师、法律工作者、银行法务等高频次诉讼群体在线自主立案率达到100%，移动微法院引入率、运用率均不低于95%。（2021年上半年，牵头部门：立案庭，参与部门：业务庭）

2. 实现诉讼源头数字化。大力推广在线立案，通过移动微法院、浙江法院网等平台实现信息技术与诉讼立案的深度融合，对少量递交的纸质材料进行电子化处理后进行立案，实现无纸化立案率达到100%，确保诉讼源头数字化。探索民间借贷、金融借款、离婚、交通事故、醉驾等常见案由的无纸化要素式立案，为诉调衔接、繁简分流以及要素式判决书的智能化生成提供标准化数据基础。（2021 年 6 月底，无纸化立案率达到 100% 并持续保持；2022 年年底，探索要素式立案，牵头部门：立案庭）

3. 大力推行“当事人一件事”。提升“一站式”建设水平，立案、诉前调解、诉保受理、送达、证据提交、生效退费、移送执行等诉讼服务事务和审判辅助事务，均以集约化方式“一站式”办理。深化司法领域“最多跑一次”改革，探索速裁案件、买卖合同类案件立案、审判、执行由固定团队办理，辅助当事人完成程序性事务，减少各环节衔接。建立“调立审执”由固定团队办理的机制。（2021 年上半年，牵头部门：立案庭、民二庭，参与部门：各业务庭）

（二）办案执法数字化转型

1. 深度运用在线办案平台。各岗位工作人员熟练掌握相应操作技能，使立案、分案、排期、审理、结案、评查、归档等各个环节的操作均在线上规范完成，确保各项无纸化办案指标均达到 100%。加大“凤凰智审”模式的推广使用力度，力求为打造浙江法院“凤凰智审”模式升级版贡献黄岩经验。（2021 年上半年，牵头部门：审管办，参与部门：各业务庭）

2. 深度应用移动端掌上办案。深度应用移动微法院，辅之浙政钉（钉钉）等移动工具，大幅提升开庭、证据交换、调解、合议、审委会讨论等办案环节的在线率，健全完善错时审理机制，拓展当事人参与诉讼的时间和空间，实现线上为主、线下为辅的模式。在线审理（视频开庭 + 错时审理）适用率逐步提升至 50% 以上，其中错时审理适用率提升至 20% 以上。（2021 年年底在线审理适用率达到 25%，2022 年年底达到 50%，牵头部门：审管办，参与部门：各业务庭）

3. 多功能科技法庭全覆盖。推进审判法庭数字化建设，实现所有法庭均具备无纸化庭审功能，80% 的法庭同时具备互联网开庭、远程提

讯等功能。（2021 年年底达到 50%，2022 年年底达到 80%，牵头部门：审管办）

4. 文书智能送达全覆盖。全面应用智能送达平台，实现当事人地址全渠道查询、送达地址统一确认、送达方案准确识别、线上多渠道同步推送等，确保智能送达率达到 100%，积极探索刑事案件送达模式的改革创新。案均邮寄送达资费较应用智能送达前下降 80% 以上。（2021 年上半年，牵头部门：立案庭、刑庭，参与部门：各业务庭）

5. 审判辅助事务集约化办理。提高集约化水平，打造高效的辅助事务办理流程，集约 80% 以上的审判辅助事务至集约中心办理。推行聘用制法官助理改革，保持业务庭“1 + 1（法官助理或聘用制法官助理）”配置，其余工作人员进入审判辅助事务集约中心从事辅助事务。（2021 年年底，牵头部门：政治部、审管办、立案庭，参与部门：各业务庭）

6. 执行指挥中心“集智化”运行。依托电子卷宗信息共享的优势，推进执行模式数字化转型。指挥中心内新组建执行事项集约化管理团队，打破原来 1 个执行实施干警搭配 1 个辅警包案到底的办案模式，以“456”模式构建完善执行指挥中心“集智化”，实现执行事务统一指挥、执行案件统一管理、执行事项统一协调。（2021 年上半年试运行，2021 年年底基本成型，牵头部门：执行局）

（三）行政办公数字化转型

1. 推进“智慧党建”工作。顺应信息化发展趋势，切实增加机关党建工作管理方式的多样性、提高党建工作的效率，引入较为新颖、灵活、多样的“智慧党建”模式，在线增设发展党员、党课学习、党费管理、数据统计、电子展板、资料维护等工作模块，进一步推动法院党建工作规范化、日常管理精细化、党员参加组织生活便利化。（2021 年年底，完成先锋党支部、五星党支部的“智慧党建”建设；2022 年年底，全部党支部完成“智慧党建”建设，牵头部门：政治部，参与部

门：各部门）

2. 规范公文和印章管理。推行无纸化办公和公文网上流转，除不适宜在线操作的文件外，其余文件均通过办案办公平台或移动端平台审议、签发、流转、用印审批，不再另行制作纸质件传阅。各项业务数字化覆盖率达到100%。（2021年年底，牵头部门：综合办公室，参与部门：各部门）

3. 普及数字化闭环管理方式。以全流程在线方式，对重点专项工作的管理方式、推进流程进行再造，实现清单式管理、专班式运作、项目式推进的可视化、数字化，高效便捷地跟进工作进度，及时收集推进过程中的问题，确保重大工作任务顺利推进。专项工作或重大会议等数字化流程覆盖率达到100%。（2021年上半年，牵头部门：综合办公室，参与部门：各部门）

4. 完善考核评价管理体系。切实提高质效管理、作风建设等方面的信息化水平，深化全省法院绩效“智能考评”等智能化建设示范试点成果，在线全方位评定干警及聘用人员的工作完成、理论学习、上下班考勤、请销假等情况。确保全院制度落实到位，有力提升队伍战斗力。确保智能考评覆盖率达到100%。在2022年逐步建成在线、高效、智能的“智能考评”应用。（2021年上半年，牵头部门：政治部，参与部门：各部门）

5. 坚持在线培训常态化。推进“云课堂”建设，完善法官定期在线培训机制，建好在线精品课程库、题库，健全相关配套措施。确保干警在线培训全年不少于36次，在线测试不低于24次。（2021年年底，牵头部门：政治部，参与部门：各部门）

6. 创新规范审判服务保障。高度重视信息化建设与后勤保障管理工作的规范化结合，实现以高效、便捷、节约、规范为特色的财务报销、固定资产管理、餐饮服务、会务管理等审判服务保障。审判服务保障事务数字化覆盖率达到100%。（2022年年底，牵头部门：综合办公

室、审判保障服务中心，参与部门：各部门）

7. 探索未来智能场所建设。通过“智能化应用系统 + 智能化硬件设备”的有效组合，完成2个标准智慧法庭与综合多功能智能合议室的建设。（2021年年底，牵头部门：审管办，参与部门：综合办公室、审判保障服务中心）

8. 创新推行法治“云课堂”模式。与纪委监委、教育局、司法局等部门沟通协调，搭建多部门联合的法治教育“云课堂”平台，结合当前主题，有针对性地组织党员干部、在校学生、社区矫正人员等群体在线观看，建立普法宣传的长效机制。（2021年年底，牵头部门：综合办公室，参与部门：各部门）

（四）安全保卫数字化转型

1. 推进智能警务建设。“六专四室”建设是保障审判执行工作安全有序运行的重要举措，要以数字化转型为契机，深入细化“六专四室”建设工作，与信息化改造相结合，全面提升法院警务工作规范化水平，有效提高警队安全防护能力，为各项工作顺利开展提供坚实的安全保障。（2021年年底，牵头部门：法警大队，参与部门：审管办、刑庭）

2. 建设智能访客系统。采用人脸识别和证件识别技术，通过对来院人员身份进行采集登记，进行“人证核一”验证，在法院重要出入口对过往人员进行人脸检测、抓拍、比对，实现运动轨迹追踪。既要提升接访效率，又要提高法院的安全保障。（2021年年底，牵头部门：法警大队，参与部门：审管办）

选任聘用制法官助理的工作方案（试行）

（2021年5月11日）

为贯彻落实《最高人民法院关于完善人民法院司法责任制的若干意见》《最高人民法院关于深化人民法院司法体制综合配套改革的意

见——人民法院第五个五年改革纲要（2019—2023）》等文件的要求，完善审判辅助人员的配备模式和标准，本院立足审判实际，积极探索组建新型审判团队，以“1＋1＋X”模式重构符合本院审判工作规律的审判团队和工作运行模式，为司法改革的良性循环打下良好的基础，着力提升审判质效，制定如下方案。

一、工作目标

按照公开、平等、竞争的原则，通过考试、考核择优选任部分司法雇员作为聘用制法官助理，从事法官助理工作，着力解决因行政编制受限导致法官助理缺口严重的问题，以适应新时期、新形势下司法工作的要求，最大限度优化审判辅助资源，助力审判执行工作提质增效，同时解决聘用人员待遇低、人难留的困难，缓解编制数量与案件数量不匹配等问题。

二、聘用制法官助理的工作职责

聘用制法官助理是在员额法官的督导下，协助法官从事审判业务的司法雇员，对法官负责，不享有审判权。其主要职责为：

1. 审查诉讼材料，协助法官组织庭前证据交换；

2. 协助法官组织调解，草拟调解文书；

3. 受法官委托或者协助法官依法办理财产保全和证据保全措施等；

4. 受法官指派，办理委托鉴定、评估等工作；

5. 根据法官的要求，准备与案件审理相关的参考资料，研究案件涉及的相关法律问题；

6. 在法官的指导下草拟裁判文书；

7. 其他审判辅助工作。

三、聘用制法官助理的选任

（一）选任条件：

1. 本院司法雇员；

2. 拥护中国共产党，具有良好的品行和职业道德；

3. 身体健康，具有正常履行职责的身体条件；

4. 符合职位要求的工作能力。

（二）有下列情形之一的不得选任：

1. 受过纪律处分或前一年度考核不合格；

2. 涉嫌违纪违法正在接受审查尚未得出结论；

3. 违反社会公德、职业道德，造成不良影响；

4. 其他不宜从事法官助理工作的情形。

（三）首次选任工作的基本程序：

1. 调查发动，根据各庭科室行政编法官助理缺口情况确定首批三等中级司法雇员、聘用制法官助理的职位数；

2. 报名与资格审查，报名人员填写相关表格，政治部对资格审查通过的人员进行汇总；

3. 笔试，由审管办会同政治部、刑庭、民庭、行政庭制定考试内容，内容包括政治理论知识、裁判文书写作等；

4. 民主测评，由政治部组织该司法雇员所在庭科室的部门负责人、员额法官、法官助理以及其他部门负责人，对参考人员进行民主测评；

5. 双向选择，由政治部组织员额法官（审管办、业务庭、立案庭、宁溪法庭）与辅助人员（聘用制法官助理、司法雇员）进行双向选择；

6. 研究确定，由政治部综合笔试成绩、民主测评、双向选择等情况，提请院党组研究确定首批三等中级司法雇员以及聘用制法官助理的拟任人选；

7. 公示任命，由政治部对院党组确定的拟任人员进行公示，公示期间无异议或异议不影响任职的，进行任命。

四、聘用制法官助理的管理

1. 确定为聘用制法官助理的司法雇员在审判团队中担任法官助理职务，员额法官应加强对聘用制法官助理的管理、培训，不断提升聘用制法官助理的法学理论水平和实务能力；

2. 聘用制法官助理所在部门的负责人、所在团队的员额法官对聘用制法官助理具有考评权，对不能胜任的或不服从管理的聘用制法官助理可以提请更换，经政治部、审管办审核同意后重新指派法官助理；

3. 聘用制法官助理根据职责权限以及分工承担相对应的责任，案件出现质量问题或瑕疵，并在一年之内两次被院评查办确定为责任人的，或是存在不能胜任、不服从管理等情形的，经政治部、审管办审核确定后，可以免去其法官助理职务；

4. 对选任为聘用制法官助理的中级司法雇员，另给予职务工资。

五、其他

本办法由审管办负责解释，并在实施中予以调整完善。

全面推进审判辅助事务集约化的实施方案

（2021 年 6 月 7 日）

以习近平新时代中国特色社会主义思想为指导，以《人民法院第五个五年改革纲要（2019—2023）》为指引，认真落实浙江省高院推进“全域数字化改革”的工作部署，全面释放无纸化办案红利，大力推进审判辅助事务组织架构和业务流程的重塑再造，加快实现审判体系和审判能力现代化，制定本方案。

一、总体目标

全面推进审判辅助事务集约化改革，审判辅助事务集约化改革是对传统审判辅助事务“大包大揽”模式的革命性变革，旨在通过信息技术与司法审判的深度融合，实现审判辅助事务从“线下纸质交接向在线无纸化协同转变”“个人包干操作向专人专岗专事转变”“分头督促检查向集约管理指导转变”“承办法官承担全责向瑕疵差错精准问责转变”的新模式，驱动诉讼流程制度重塑，进一步提高司法效率、质量和群众满意度。

二、基本原则

（一）坚持合力推进，加强组织领导

要将全面推进审判辅助事务集约化改革作为数字化改革的一项重要任务予以重点推进，紧紧依靠上级法院的指导，争取地方党委政府的支持，成立以“一把手”任组长的工作领导小组，明确审管办作为牵头部门，全面负责推进改革工作，集中处理关于审判辅助事务的意见建议、内部投诉、争议处置，视情提交党组会、审委会、绩效考评办、评查办等进行后续处理。审管办组织立、审、综等部门建立工作专班，定期总结工作进展，分析问题和困难，提出应对措施。及时总结推广，为全省法院司法辅助事务集约化改革提供经验。

（二）坚持立足实际，驱动流程重塑

要全面梳理审判全流程事务，精准确定审判事务的性质与定位，以“成熟一个剥离一个”为原则，对辅助事务实施统一管理，细化每一项辅助事务的操作规范、衔接方法，降低辅助事务的协调成本、运作成本，实现审判辅助事务的标准化、规范化办理，加速各类案件的流转速度，缩短案件审理周期，促使司法权力运行机制良好运作，提升公正司法的效率。

（三）坚持问题导向，增强改革红利

聚焦长期以来存在的员额法官管全面但难以专注核心事务、辅助人员懂全科但难以向专业化转变、职权交叉难以明确分工等问题，最大限度地推动司法辅助事务的集约化，促进审判资源再配置、再优化，着力解决职责不明、交叉混岗、工作量饱和度不一等弊端，让法官回归审理者、裁判者本位，实现辅助人员“专家式精通”的转变，大幅提升各环节操作效率、降低差错率。聚焦人民群众日益增长的司法需求，以提升诉讼服务能力水平为着力点，打造立体化、集约化、信息化的一站式诉讼服务中心，用最短的流程、最短的时间、最优的服务，办理当事人的程序性事务。

（四）坚持数字赋能，强化技术支撑

积极争取上级法院技术部门的支持，推动审判辅助事务模块升级优化，推动实现审判流程与信息化技术深度融合，以数字化、智能化手段重塑交办制度，以事务交接的可视化管理，全面、细致、精准地展示审判辅助事务流程运作的全过程，做到处处有痕迹、事事有预警，提高审判流程运作与管理的可视化、精准化、便捷化，切实提升办案体验，确保审判辅助事务集约化改革工作的顺利开展。

三、主要内容

聚焦审判辅助事务集约化改革目标和关键环节，重点完成审判流程重塑、司法责任划定、队伍管理、数字化建设等方面的改革任务。

（一）梳理审判流程，逐步剥离辅助事务

1. 梳理流程。审管办牵头组织刑、民、行条线，全面梳理案件全流程，综合考虑诉讼程序、案件性质、操作难易等多方面的因素，精准定位每一项工作的属性，对该项工作是否属于审判核心事务作出准确划分。

2. 逐步剥离。进行非审判核心事务的剥离和分解，在前期梳理的立案、编扫、送达、庭前准备、案件办理、后审、卷宗7个环节可剥离的辅助事务的基础上，进一步分类细化，根据“成熟一个剥离一个”的原则将运作成熟且无须复杂交接的辅助事务纳入集约办理。同时审管办要牵头细化每一项辅助事务的衔接方法，降低辅助事务的协调成本、运作成本。

（二）成立服务中心，确保办理标准规范

1. 成立中心。在立案庭设审判服务中心，中心设负责人1名，由熟悉审判辅助事务运作的正式干警担任。所剥离的审判辅助事务，纳入中心集约办理，对从事书记员职责的审判辅助人员，纳入中心统一管理。审管办参与中心建设，指导中心运作，协调审判团队与中心日常工作事务。

2. 细化分工。根据审判辅助事务的类型，分别下设卷宗组、送达组、预备组、后审组。其中卷宗组主要承担材料扫描、编目、入卷等工作；送达组主要承担送达地址界定、送达任务跟踪、送达结果回填等工作；预备组主要承担预收催缴、自动分案、排期、开庭确认等工作；后审组主要承担庭审誊录、诉讼费退还、生效录入等工作。

3. 建章立制。审判服务中心通过出台接受事务办理的内部操作指引保障审判案件规范、及时、高效地办理。出台内部考核办法，加大辅助事务岗考核力度，正确评价审判辅助人员的工作成绩和综合素质。

（三）明确岗位职责，严格划定责任层级

1. 制作三张清单。根据最高人民法院《关于完善人民法院司法责任制的若干意见》的规定，按照员额法官、法官助理、辅助事务团队三个层级，制作各类人员的岗位职责清单，明确员额法官的主要工作职责为依法决定案件裁判结果、制作裁判文书或者指导法官助理起草裁判文书、签发裁判文书等；法官助理的主要工作职责为办理审查诉讼材料、庭前证据交换、组织调解，草拟裁判文书等审判核心事务；审判辅助团队的主要工作职责为为审判团队提供辅助事务服务。

2. 划定责任层级。根据三张清单的内容，对哪些行为法官应当负责、哪些行为法官不应当负责进行二元划分，院评查办对发回重审、改判案件进行评定，根据职责清单内容，结合实体问题、程序瑕疵、主观过错、情节轻重、造成后果等不同因素，依照“谁审理、谁负责”或“谁操作、谁负责”的追责机制进行追责，原则上各类人员仅对自己职责清单范围内的工作承担责任；对接受指示、指派的工作，除指示、指派明显错误外，接受指示、指派的人员不承担责任。

（四）探索新型团队，配套集约化运行

1. 打造“1＋1＋X”模式。以“1＋1＋X”模式重构符合本院审判工作规律的审判团队和工作运行模式，即在业务庭为每名员额法官配备

1 名法官助理，其余司法雇员（书记员）统一归入审判服务中心管理，为审判服务事务集约化改革的良性循环打下基础。

2. 聘用制法官助理选聘。着力解决因行政编制受限导致法官助理缺口严重的问题，通过考试、考核、双向选择，择优选任部分司法雇员作为聘用制法官助理，从事法官助理工作，最大限度优化审判辅助资源。同时解决聘用人员待遇低、人难留的困难，缓解编制数量与案件数量不匹配等问题。

3. 聘用制法官助理管理。确定为聘用制法官助理的司法雇员在审判团队中担任法官助理职务，可在程序性文书、裁判文书中以“法官助理”署名。员额法官应加强对团队内聘用制法官助理的管理、培训，不断提升聘用制法官助理的法学理论水平和实务能力。聘用制法官助理所在部门的负责人、所在团队的员额法官对其具有考评权，对不能胜任、不服从管理的聘用制法官助理可以提请更换。

（五）依托内外平台，实现流转高效可视

1. 用足内网平台。深度释放全面应用无纸化办案的红利，及时实现纸质材料电子化，使不同团队、节点的人员可实时共享“同一本”电子卷宗，并联式、集约化处理各项辅助事务。同时对办案办公平台辅助功能模块进行全面分析，对能通过该模块顺利完成衔接、协调的辅助事务，通过该模块完成。

2. 完善钉钉工作台。审管办对书面交办制度进行数字化处理，让信息化赋予流程强制执行力，实现事务交接可视化管理，通过钉钉工作台，完善“审判服务中心”模块，设置事务流转交接工作流，事务交接在线留痕，事务督办、办理反馈等一“DING”到人。打造审判服务中心辅助事务数据驾驶舱，进一步提升审判服务中心管理、运作的可视化。

附件 1：台州市黄岩区人民法院员额法官职责清单

附件 2：台州市黄岩区人民法院法官助理职责清单

附件 3：台州市黄岩区人民法院审判服务中心职责清单

附件1：

台州市黄岩区人民法院员额法官职责清单

序号	职责事项	具体内容
1	庭前指导	主持或者指导法官助理做好庭前会议、调解、证据交换等庭前辅助工作
2	主持庭审	主持案件开庭
3	主持调解	主持或指派法官助理主持案件调解
4	依法裁判	对当事人提交的证据进行全面审核；依法决定案件裁判结果；合议庭案件依法提请合议庭评议并作出处理结果
5	裁判文书	依法制作裁判文书或者指导法官助理起草裁判文书；签发裁判文书
6	判后答疑	主持判后答疑或指派法官助理主持判后答疑
7	程序性事项	依法决定法官助理提请的案件审理中的程序性事项、保全事务等
8	其他工作	依法行使其他审判事务

附件2：

台州市黄岩区人民法院法官助理职责清单

序号	职责事项	具体内容
1	庭前准备	制作阅卷笔录或者审理报告，厘清案件基本事实及存在的主要问题；对送达情况进行形式审查
2	主持调解	经法官指派主持调解（刑事和解）
3	提请审核	提请法官对程序性事项或当事人申请进行审核并作出决定
4	保全事务	经法官指派办理财产保全、证据保全事务
5	鉴定评估	经法官指派办理鉴定评估相关事务

续表

序号	职责事项	具体内容
6	裁判研究	受法官指示，准备与案件审理相关的参考资料，进行类案检索，研究案件涉及的相关法律问题
7	材料送扫	引导当事人向审判服务中心提交证据材料或及时（当天）将审理过程中收取的纸质材料移交审判服务中心进行扫描
8	信息录入	完成审理过程中未规定由审判服务中心完成的节点信息录入
9	合议庭笔录	结案前进行合议庭笔录制作并发起签字
10	结案信息录入	完成结案信息录入；核查移动微法院引入运用情况并统计引入运用率
11	卷宗整理	结案前整理移动微法院当事人提交的电子材料；进行电子卷宗整理，并发起提交归档
12	裁判文书	在法官的指导下草拟裁判文书，并发起签发；对法官制作的裁判文书中的错别字、笔误等文字差错进行校对；制作缴费通知书和缴款通知书
13	上诉流转	对上诉材料进行实质性审核，并指示审判服务中心进行后续操作
14	指示辅助工作	指示审判服务中心相应岗位工作人员完成其职责范围内的辅助工作
15	其他工作	完成法官指派的，暂未归入审判服务中心的其他审判辅助性工作

附件 3：

台州市黄岩区人民法院审判服务中心职责清单

序号	职责事项		具体内容
1	司法服务（面向当事人）	诉讼引导	回复当事人有关诉讼引导的咨询；为当事人指引办事方向；主动引导到现场的当事人使用移动微法院
		接待咨询	为当事人或代理人查询案件案号、承办人、联系方式等各类案件信息；指引、引导当事人或代理人办理立案、解封、查封续封事项；主动引导到现场的当事人使用移动微法院；指引、引导当事人或代理人使用自助法院相关设备
		12368 热线服务	接听诉讼服务专线所有的拨入电话，并回复咨询；跟进处理转办事项，并在约定时限内回复来电人；对需要转办事项及时转呈具体承办人员予以答复，跟进具体承办人员的答复情况，并及时回复咨询者；记录汇总话务工作的相关信息；将人民群众反映的事项上报
		材料收转	接收当事人提交的材料，加盖收文章，做好登记和分类；发起新增证据材料送达（预留半日由审判团队审核是否发送；对结案后或审理中的申请类材料，及时提醒并咨询审判团队是否收取，审判团队决定不收取的由团队自行负责解释）；对明显不符合电子档案要求的纸质件，提醒当事人更换
		档案查询	接待当事人有关阅卷和档案查询的申请；按档案部门指引向当事人开放阅卷、查询、调取档案材料；监督指导当事人阅卷
2	卷宗辅助	纸质卷入库	接收纸质卷宗移送；整理纸质卷宗入柜；整理补充纸质材料入柜
		案件标识	设置档案定位标签
		维护中间库数据	维护中间库数据，录入案号及当事人等与立案有关的信息

续表

序号	职责事项		具体内容
		材料扫描	接收审判团队移送的纸质材料，进行扫描；核查审判团队移送的纸质材料有无加盖收文章，对应盖未盖的材料提醒审判团队，对严重超期扫描（2天）的材料进行通报；对接收的当事人提供的材料进行扫描；除纸质件本身瑕疵外，扫描件应符合电子档案要求
		编目入卷	按照上级法院的编目指引进行编目并入卷；提醒审判团队材料入卷情况；对管辖、保全、调取证据、证人出庭、鉴定评估等材料要及时有效地提醒审判团队
		纸质材料整理	接收到审判团队提交归档指示后，整理案卷纸质材料；比对纸质材料和电子材料（标注纸）的匹配度；对无法匹配的情况提醒审判团队共同核查
		案件归档	装订并移交案卷至档案室归档；录入归档相关信息
3	审前辅助	政法一体化平台审核	审核一体化平台推送的材料，是否齐备、是否盖章以及区分简易或速裁程序；提交审判团队进行其他事项审核
		分案	清点审查案件材料、核对案件信息；随机分案至具体承办人；实时记录每个承办法官的收案数据；刑事案件在分案前，对取保候审案件，要联系被告人确定其能否到案，能到案的通知其到案；制作刑事案件立案后的相关材料并送达，对取保候审当事人办理相关笔录制作和办理变更取保候审手续
		排期	排定案件开庭时间；排定开庭案件审判组成人员；接受审判团队指示进行案件改期；实时释放未送达成功案件的初排法庭；与送达人员和法官助理核对成功开庭案件；对案件排期周期和数量制作台账；接受审判团队指示进行非首次排期；送达庭审需要送达的相关材料（遇正常送达无法成功的，转公告送达并进行相关操作）；刑事速裁案件直接进行排期，其余案件根据审判团队指示排期

续表

序号	职责事项		具体内容
		文书制作	制作排期后给当事人发送程序性文书（对大量自动生成的文件检验核对、少量需手动制作）
		调查取证	根据审判团队的指派，完成事务性的调查取证工作
		其他程序性事项	接受审判团队的指示（审判团队完成系统信息录入后）进行反诉、简易程序转普通程序（首次排期公告案件无须指示）、追加当事人的相关操作
4	审后辅助	签发签字	根据审判团队的指示，及时（做到第一时间）联系陪审员进行裁判文书的签字以及合议庭笔录的签字
		裁判文书送达	发起裁判文书送达
		庭审誊录	对上诉案件或复杂案件的庭审过程进行誊录；对明确上诉或需要笔录的复杂案件庭前申请跟庭记录
		案件生效	根据送达情况录入案件生效信息；刑事案件另需进行生效相关材料（执行通知书等）的送达并对有需要的案件移送执行
		退费放款	根据裁判文书确定，发起退还诉讼费
		司法公开	根据系统推送办理与裁判文书上网相关的辅助工作
		履行督促	对履行期限届满的案件，督促义务人履行义务，并做好记录台账
		上诉流转	根据审判团队指示做好上诉登记；审查上诉材料（仅限形式审查）；做好上诉材料送达工作；移送上诉；对中院退回案件的材料，及时入卷并进行补充归档

续表

序号	职责事项		具体内容
5	送达辅助	送达界定	界定当事人送达地址
		送达跟踪	跟踪送达进程；办理委托送达相关事宜
		送达回填	送达任务回填；邮寄回单与退件的回收
6	管辖异议辅助		对审判团队移交的管辖异议进行办理；做好管辖异议上诉材料送达工作，移送上诉；管辖异议的信息录入；对中院退回的管辖异议，及时反馈给审判团队
7	保全辅助		集中统一进行诉前保全；接受审判团队移送的诉中保全裁定并移交执行

立案庭（诉讼服务中心）辅助事务岗工作流程管理办法（3.0 版）

（2021 年 7 月 9 日　2023 年 5 月更新至 3.0 版）

为积极、稳妥、有序推进书记员集约化管理改革，提升服务保障审判工作核心战斗力，真正建立起一支职责明晰、管理规范、优质高效、正规稳定的聘任制书记员职业化队伍，提升案件审判质效效果，现依据本院《探索新型审判团队组建、深化审判辅助事务集约化改革的工作方案（试行）》，结合本院工作实际，制定如下办法。

总　　则

一、严格遵守单位各种规章制度，遵守上下班秩序，规范着装，文明用语。

二、服务宗旨：臻于至善、服务至上。

三、立案庭内设诉讼服务中心、审判服务中心。诉讼服务中心下设立案组（非诉组、信访保全组）、速裁组负责全院民商事、行政、刑事案件的立案登记、诉调衔接、司法确认、简案速裁、财产保全、管辖异议、信访等工作；审判服务中心下设预备组、送达组、卷宗组、后审组及审后督促团队，分别负责分案、排期、送达、编扫、归档、材料接收、档案查询、笔录誊录（跟庭备记）、调查取证、结案登记、生效录入、诉讼费结退、上诉事务、审后督促等辅助事务工作。

第一章　民商事篇

第一节　立　　案

一、现场立案

1.1　对现场立案的，导诉员引导当事人注册人民法院在线服务平台、填写领（退）款账号和送达地址确认书。

1.2　当事人提交的民事起诉状上缺少被告身份信息的，如载明身份证号码，导诉岗拉取被告身份信息附卷，如未载明身份证号码，导诉岗开具介绍信给当事人自行调取。

1.3　当事人需要调取不动产信息等立案、保全必要材料的，由导诉员开具介绍信给当事人自行调取；调取车辆信息的，开具调查令给两名律师调取。

1.4　导诉岗进行形式审查后认为符合立案条件的，根据当事人意愿和案由、标的，确定诉前调解与否并标注，后引导当事人通过人民法院在线服务平台和浙江法院网申请立案；当事人操作困难的，引导当事人至扫描窗口扫描材料，进行“先扫后立”。

1.5　立案审查员审查后不能确定的建立台账登记，并收取材料、出具材料收据给当事人，7 日内答复当事人审查结果。

1.6　符合立案条件的材料进行电子化处理后，可引导当事人将材料取回，当事人不同意取回的或确有必要留存的可予以收取。

二、网上立案

立案审查员对网上立案申请于申请之日起 7 日内审查，材料不符合电子化要求和立案审查要求的一律退回，填写退回原因后逐一联系提醒；材料符合要求的，根据当事人意愿和案由、标的，确定案件类型（诉前登记或者民事一审）并保存。

三、邮寄立案

邮寄件由立案窗口统一登记入库，系立案材料的，由审查员审查。审查通过的，根据当事人意愿和案由、标的，确定诉前调解与否并标注，再交由扫描窗口扫描材料，进行“先扫后立”。

四、立案文书送达

诉前调解案件，立案员向原告发送载明调委会信息的短信；民初案件立案且立案员生成诉讼费缴款单后，向原告送达受理通知书、缴费通知书、程序性文书（诚信诉讼警示书、人民法院民事诉讼风险提示书、财产保全提示书、廉政监督卡）。

五、卷宗移送

立案员在每天下班前半个小时，将案卷（无纸的为空案卷皮）整理后装箱，移送卷宗数智化中心（以下简称卷宗中心）统一存放。

六、立案注意事项

6.1 审查员应确认起诉材料是否符合起诉条件，如原、被告诉讼主体是否适格，是否有管辖权，是否有基础证据。材料不足的，发送一次性补正通知书。

6.2 审查员指导现场立案当事人填写材料情况，载明材料页数、原件或者复印件。立案一律不收取原件。

6.3 现场、邮寄和网上立案的，均需在收到申请之日起 7 日内完成审核和立案。立案员录入信息时应进行核对，确保信息录入准确。

6.4 诉前调解失败转民初立案的，由立案员在退回之后 3 个工作日内立案；诉前调解成功申请司法确认或出具调解书的，由立案员在申请当日立诉前调解案号。

6.5 领（退）款账号和送达地址确认书需当事人提供自己的账号

和联系方式。

6.6 立案材料需符合电子化要求，不能存在黑边、不清晰、内容识别困难。

6.7 立案后，立案员书写卷面封皮（案号、案由、原告、被告等）。属于网上立案的，立案申请材料交由扫描员编目和归目；属于现场立案的，直接归目。

七、分流

7.1 对邮寄件、敏感件、暂缓立案件建立台账，分流员注明收到时间、处理方式。

7.2 诉前调解案件进出库存放要做好登记。

7.3 对诉前调解登记的民商事案件，分流员于立案次日上午9时前（节假日顺延）通过“浙江解纷码”分流至诉调对接部。

第二节 诉调衔接及司法确认

一、诉调衔接岗对接区人民调委会，负责指导调解、相应调解文书的文字审核、调解沙龙工作的组织安排及每季度诉前调解与诉中调解分析的报告的草拟。

二、司法确认岗在收到当事人的司法确认申请后，应当及时予以审查，经审查材料齐备或经补齐决定受理的，统一编立“诉前调确”案号，当日作出司法确认裁定，并及时向当事人送达裁定书。

第三节 简案速裁

简案速裁岗根据调委会的调解情况反馈函对调解失败退回的案件再次过滤，对调解情况反馈函是否符合要求进行审查；如适宜调解，由速裁岗继续组织调解；如适宜支付令，引导当事人选择民事督促程序；如当事人对案件争议不大，同意放弃答辩期限，及时安排开庭审理。

第四节　财 产 保 全

当事人申请财产保全的，除买卖合同以外的其他案件，鼓励当事人积极采取诉前保全措施，征得当事人同意后，编立诉前调解案号，待保全措施完成后，速裁团队及天平调解室询问被告有无调解意向，达成调解协议后进入司法确认程序，否则转立民初案号移审判团队。（保全裁定需及时引入电子卷宗，并在移送表格中做好备注；转立民初案件的，及时将保全费用分配至民初案件中）

第五节　随 机 分 案

预备组在收到立案窗口移送的案件案号当天，按照《随机分案工作规则（试行）》，实行自动分案为主、手工分案为辅的分案模式。随机分案移送电子卷宗后，制作档案中转库管理登记表，载明移送日期、案号、案由、承办部门、承办人、当事人、有无纸质材料等信息，并上传云文档；同时在“庭前事务流”协作文档中做好登记。

第六节　统 一 排 期

一、首次排期和首发送达

1.1　预备组排期员在收到新的案件时，首先确认诉讼费缴款通知书是否正常且有效送达，如电子送达后原告未及时点击查看的及时再次通知原告点击下载链接并提醒其及时缴纳诉讼费。

1.2　在移送电子卷宗的次日下午，预备组在浏览电子卷宗仔细核对原被告身份信息、结合送达组的话务界定及初步判断案件的难易程度后，再完成排期（勾选“互联网直播”）（开庭事项选择“庭前会议”或是特殊案由不适合公开审理的，无须勾选“互联网直播”，且公开审理栏选“否”）和发起首次送达。原告送达材料包括传票、举证通知书、告知诉讼权利和义务通知书、庭审网络直播告知书（不适合公开审理的除外）、适用令状式裁判文书告知书；被告送达材料包括传票、民事起诉状、证据、告知诉讼权利和义务通知书、庭审网络直播告知书（不适合公开审理的除外）、适用令状式裁判文书告知书、应诉通知书、举证通知书、出庭通知书（律师）、程序性文书（诚信诉讼承诺书、人民法院民事诉讼风险提示书、自动履行告知书、廉政监督卡、提供确认送达地址告知书、送达地址确认书）。

1.3　普通简易程序一审诉讼案件一般安排在7～15日内开庭，普通程序案件一般安排在20～40日内开庭；为配合优化营商环境工作要求，买卖合同案件经过话务界定后能适用电子送达的，排期在5日内；不能适用电子送达的，视送达地址、送达方式排期（送达地址为台州市内邮寄送达的，排期在7日内；送达地址为省内市外邮寄送达的，排期在10日内；送达地址为浙江省外邮寄送达的，排期在15日内；省外需发起委托送达的，排期在20日内）；预约领取等同于电子送达；诉前调案件排期及补充材料的送达按照审判团队指示，期限参照民初案件。

1.4　送达前，实现排期后生成文书的归目，并检查立案时材料归目的准确性。对送达失败的，及时取消开庭或变更开庭排期，并告知审判团队。

1.5　卷宗有界定日志或有地址确认书同意电子送达的直接发起电子送达，其余的均发送达管理中心。

1.6　注意事项：财产保全的案件，在首次送达时须同时勾选送达财产保全裁定书（登记表中有备注“保全未完成”的除外，该类案件待保全完成后再送达财产保全裁定书）；离婚纠纷案件需增加送达“离婚案件当事人夫妻共同财产申报令”；审判团队指示暂不排期的民初案件，也需要在立案后5日内发起应诉通知书、起诉状副本等文书的送达，同时在“庭前事务流”协同文档中备注。

二、送达补充材料及二次排期

2.1　案件审理过程中，根据审判团队法官或助理的指示发起补充证据材料的送达。

2.2　穷尽送达方式确需公告送达的，告知经办法官和助理（疑难复杂案件需二次开庭排期的，根据经办法官指示），需要组成合议庭的，在1个工作日内（需缴纳公告费的，自公告费缴纳之日起算）选定人民陪审员组成合议庭、草拟简转普裁定，进行二次开庭排期，根据当事人属地发起不同方式的公告送达。

三、开庭公告

3.1　每周五上午制作开庭公告登记表，载明案号、开庭时间（含星期）、开庭法庭、案由、当事人、承办人等信息，再次核对是否完成有效送达，发送审管办及上传“案件搬运工”群，同时导入钉钉日程，无法确定尚需跟踪送达的案件至晚在开庭前一天跟踪完毕并导入钉钉日程。

3.2　完成排期及送达跟踪后，及时在“庭前事务流”协作文档中登记记录，标注可开庭。

3.3　注意事项：完成有效送达、标注可开庭前，预备组跟案书记员须检查送达回证编目是否已按当事人名称、送达文书内容正确修改，电子卷宗是否整理归目完成。

第七节　陪审员的日常工作

一、合议庭成员的选定

1.1　陪审员管理岗接到排期员安排陪审员的申请，即时在陪审员系统中自动选取陪审员，并按所需陪审员3倍的数量进行抽选，多出的陪审员作为候补备选；对于系统选定的陪审员予以电话联系确认并及时将确认好的陪审员名单及联系方式在钉钉中反馈给排期员；同时在陪审员系统中将卷宗公开给确认参审的陪审员（勾选起诉状及证据副本），在庭审前三天和前一天再次联系陪审员告知其参加陪审的时间和地点。

1.2　排期员接到陪审员管理岗的陪审员安排名单后，及时向当事人送达合议庭组成人员通知书，并将正式、候补人民陪审员的姓名一并列出，并以明显的方式提示当事人，如遇前序人民陪审员因事不可以出庭，由后序人民陪审员参加庭审。如遇开庭时间、法庭等变更应及时在钉钉审批流评论告知陪审员管理岗。

二、陪审员日常学习管理

2.1　陪审员管理岗每天在浙政钉陪审员群里发送相关学习资料，关注陪审员点读学习情况，未予及时点读的，应提醒未点读陪审员并告知及时予以点读学习，提醒告知后仍未点读的，直接电话联系要求点读，电话联系过还未点读的，做好备记，每月初对上个月陪审员浙政钉学习点读情况进行统计汇总。

2.2　陪审员季度陪审报表及分析材料

每季度须按要求做好陪审员上季度陪审情况的统计报表，分别上交政治处及财务室。

第八节　管 辖 异 议

一、管辖的办理

管辖异议办理人员接收审判团队发起的管辖权异议日志后建立台账，于 2 个工作日内送达管辖异议申请书，于 10 日内办理管辖异议事宜（送达管辖权异议答辩状，制作、送达民事裁定书），并通过钉钉流程反馈办理情况（生效或者上诉）。裁定书制作完成后，办理人员将裁定书发送给扫描员引入卷宗。

二、管辖移送

管辖权异议成立后，需移送的案件，管辖异议办理人员将民事裁定书发给法官助理，同时登记管辖结案，做好钉钉事务流程反馈，由审判团队负责后续案件移送事宜。

三、管辖上诉

当事人对管辖权裁定提起上诉的，办理人员在收到上诉状之日起 2

个工作日内将上诉状发送给当事人，并在收到上诉状之日起3个工作日内将一审裁定书、上诉状及上诉材料、与管辖异议审理相关的证据材料、送达回证、案件移送函在线移送上级法院。

第九节 调查取证

一、调查取证

调查取证岗在收到调查取证任务后，按照轻重缓急、调查地点类别做好科学安排，及时外出进行调查；调查结果交由扫描员扫描，同时在钉钉流程评论调查结果；扫描后通过钉钉流程通知审判团队。

二、开具调查令

负责开具调查令的书记员在接到钉钉事务流后，查看申请是否完整（调查令申请书、律师证复印件、律师联系电话），及时开具调查令并生成PDF格式引入电子卷宗，向律师发起电子送达。同时在钉钉流评论“完成并发送”。

第十节 送达

一、案前界定

送达组话务界定岗通过智能送达系统、查号系统、信用画像并运用统一话术，于立案当天完成民商事案件（保全案件除外）被告方的号码界定。首次接通被告电话时，在核实确认当事人身份的前提下，告知其“将以短信方式送达相关诉讼文书（含判决书）”、手动输入确认地址，并及时生成界定日志回填电子卷宗。暂时无人接听、无法接通或者拒接的，次日继续拨打，做到“两天三拨打”。

二、案中筛查

2.1 线上送达跟踪

跟踪送达岗关注首次排期相关材料的送达情况和诉讼费缴纳情况，对未查看缴费通知书的当事人，电话提醒并手动回填送达回证；对已查看缴费通知书但未及时缴费的当事人，及时电话提醒其及时缴纳案件受理费；对发送成功，但未及时查看的当事人，再次拨打电话确认，并同时发送包括案号、案由、开庭日期、庭审法庭内容的告知短信，未能及时电联成功的，做到“两天三拨打”，确保有效送达。

2.2 线下送达跟踪

送达组线下送达岗在线下送达任务发起的当日及时进行预约领取和线下邮寄的筛查（16 时后的可次日筛查）；同时对于退回的邮件回填包含电联记录、短信记录、送达结果的电子送达回证。

三、e 键送达

3.1 办案邮寄件一律通过智能送达系统发起。送达组对线下送达的，于发起当日进行处理（16 时后的可次日处理）。本辖区外发送 e 键普通件，由 e 键中心统一打印；本辖区内发送 e 键特投件和直接送达，由送达组邮寄送达岗根据源头有无“纸”确定直接打印或至卷宗中心提取。

3.2 e 键特投件的面单，通过 e 键系统回传至智能送达系统的 e 键普通件退回件面单，通过智能送达系统回转至电子卷宗中心。

四、办公邮寄

办公邮寄件采用普通邮政面单寄出，切勿使用带“法院专递”字样的面单，同时做好表格登记。

五、送达回填

5.1 送达组审查线下送达结果后回填送达回证和现场照片，送达回证应包含所有送达信息，如电联记录、告知短信内容、送达结果，送达成功或失败时间为送达人员实地送达时间。对显示送达成功的，审查是否符合成功条件；对显示送达失败的，审查还有无其他送达方式、是否构成躲避规避送达，确实不符合成功条件的，按送达失败回填。

5.2 e 键特投需按照查人找物和留置公告的不同要求分别处理，拍照时需注意将门牌地址、文书名称案号及受送达人三方尽可能连贯清晰入镜，同时如实记录现场情况。

5.3 e键普通件未妥投退回件须严格审核，核对物流信息与退回面单记载是否一致，查明退回原因，未妥投退回件面单必须在扫描后通过智能送达系统入卷。

5.4 推定送达、公告送达必须制作逻辑清晰、有理有据的送达报告，送达照片回单及关键录音等回传电子卷宗并归档，须做到全程直观展现。（需公告送达的送达报告需包含退回件面单、物流信息和送达跟踪员电话联系及线下送达的详细情况说明，送达报告需由组长审批通过）

5.5 对于线下直接送达的送达回证扫描后务必通过智能送达系统回传，在待入卷中引入电子卷宗，不能直接扫描引入电子卷宗。

六、公告送达

6.1 适用公告。对于黄岩辖区内的当事人，穷尽所有能找到的送达方式未能送达后，联系户籍所在地或常住地2~3名社区（村居）干部或共享法庭庭务主任证明该当事人确实长期不在当地生活且去向不明的，适用公告送达；本辖区外的当事人经委托送达失败后适用公告送达。

6.2 公告方式。黄岩辖区内当事人，由户籍地张贴公告。区外省内当事人，由《浙江法治报》公告。省外当事人，由《人民法院报》公告。不同辖区当事人，由其共同的上一级行政区划对应级别的媒体公告。

6.3 公告回填。户籍地张贴公告的，回填送达回证（载明张贴日期、张贴地点）、张贴照片。《浙江法治报》公告的，回填送达回证、《浙江法治报》电子公告页面。《人民法院报》公告的，回填送达回证、《人民法院报》电子公告页面。

七、裁判文书会签及发起送达

7.1 裁判文书核对、送达岗人员在接收到法官助理发起的文书核对申请后，及时通过浙政钉或办公办案平台完成校对（非实际意义上的校对)，同时登记案号，案由，承办法官及助理、书记员名字，裁判文书审签日期等明细册，普通程序案件的裁判文书需联系陪审员及时进行合议庭笔录及裁判文书的会签，待裁判文书盖章后及时发起文书送达，同时在登记好的“后审辅助事务流转登记”协作文档上正确选择送达方式［注：对于有履行义务的裁判文书发起送达时同时勾选“不履行裁判法律后果告知书”“关于执行风险告知书”；对于判决书、裁定书（驳回起诉）一并勾选“上诉案件缴纳诉讼费用通知书”；对于调解书，需勾选“诉讼费结算通知书”（如有）；本人及代理人都需发起送达］；非结案文书登记云文档“文书后续流转”协作文档。

7.2 送达组送达跟踪岗根据“后审辅助事务流转登记”、云文档“文书后续流转”协作文档中的登记案件，做好送达跟踪、送达回填工作，并及时在线编辑“后审辅助事务流转登记”中送达情况。

第十一节 结案登记

一、准备阶段

后审组文书发起送达岗在“后审辅助事务流转登记”中预登记案件时即进入报结案流程，结案登记岗书记员首先检查并整理电子卷宗，再根据结案文书名称，分辨当庭宣判或定期宣判。

二、宣判笔录

2.1 对于非当庭宣判案件通过文书制作生成完整宣判笔录（含正确的宣判时间，地点，诉讼参与人、审判员、书记员名字)，同时对宣判笔录发起短信签名，勾选被送达人、审判员、书记员后点击“确认”。

2.2 注意事项：系统自动生成的宣判笔录模板，非判决准予离婚案件的宣判笔录中需删除“另告知，……”。

三、报结登记

3.1 确认宣判笔录已签名后进入结案归档环节，进行结案信息填写（带＊栏为必填栏），填写包括审理情况、关联案件、案件涉及信息、审判流程公开情况、涉虚假诉讼信息、结案情况、办理期限、结案文书等项目内容，完成上述所有操作后，点击右上角“结案”；同时对系统弹出的“案件未登记诉讼费承担信息，请处理”字样，点击“编辑”进入诉讼费结算承担页面，按照裁判文书确认的诉讼费用承担进行编辑并保存；完成结案登记后及时在“后审辅助事务流转登记”中记录。

3.2　注意事项：审理情况栏内需录入代理律师人数、是否当庭宣判及宣判日期；案件涉及信息中对于“缺席审理”“缺席宣判”务必仔细核对裁判文书予以勾选；审判流程公开情况栏根据相对应的情形勾选；涉虚假诉讼信息需要按照具体情况予以勾选；结案情况栏内结案案由、结案标的、结案方式根据裁判文书准确录入（适用小额程序的需在一审终审诉讼类型中选择对应内容，裁判文书主文涉及执行的，在“是否具有可执行内容”中勾选“是”）。

四、宣判公告

结案后，系统会自动生成“宣判公告”，当庭宣判的，须删除该“宣判公告”；定期宣判的，编辑制作正确的宣判公告。

五、结案信息表

结案后，系统会在“待入卷”中生成“结案信息表”，对该表进行正确归目。

第十二节　材料扫描和编目

一、立案材料

1.1　扫描员在立案当天完成案件资料的扫描和编目，并完成材料归目。

1.2　现场立案的，实行“先扫后立”；网上立案的，从材料收发系统导入材料进行编目，或者从电子卷宗下载材料后通过材料收发系统重新引入。

1.3 民诉前调转民初立案的，电子卷宗自动转移至待入卷，应一键归目。因系统原因无法自动转移或者转移错误的，应当手动调整。

二、审理中材料

2.1 对当事人提交的材料，应建立纸质登记台账，填写案号、材料名称、页数，备记原件、复印件等，由提交人签名确认，同时对纸质材料加盖收文章，多页的还应加盖骑缝章。

2.2 当事人从24小时自助窗口提交的证据原件，先核查案件是否已开庭，原则上不收取未开庭案件的证据原件。（已结案的，先和案件经办法官或法官助理联系，尽可能让法官或助理来核对原件；案件尚在审理过程中，特别是未开庭的，可及时扫描原件后归还当事人，由当事人出具收回原件的收条，同时告知当事人携带原件参加庭审，并将收文章盖在收条上）

2.3 材料接收岗在接收到法官助理提交的“纸质材料送扫审批表”，核对纸质材料并审批通过后，将材料交由扫描员扫描。

2.4 执行局将保全、解保的材料以及管辖办理人员将管辖裁定书统一发送给扫描员扫描入卷。

三、注意事项

3.1 编目应细致，方便阅卷、送达、归目，部分材料有黑边的，应当进行裁剪。

3.2 对审理中材料，原则上由扫描员当日扫描入卷，当日确有困难的，次日上午完成扫描入卷。当事人提交的材料入卷后，扫描员通过“扫描材料日志”通知审判团队。

第十三节 档案管理与刻录

一、档案入库

1.1 档案员在接收立案窗口移送纸质卷宗的次日，将卷宗按移送日期和案号入库存放。

1.2　对提交材料的当事人，协助其完成移动微法院的注册和使用，当事人提交材料时应填写登记表。对当事人提交的保全申请书、调查取证申请书等申请类文书，材料接收员应尽可能协助当事人通过移动微法院提交，并将纸质材料归还当事人。

1.3　对扫描员完成扫描的材料，档案员应当及时整理入库存放。

二、档案查询

当事人或者机关单位持有效证件调取案件材料，且符合调档查询规定的，档案员登记后打印案件材料或者刻录成光盘由调取人签字领取，同时收取调取人的证件复印件并备注以备统计核查。

三、庭审录音和公安卷刻录

当事人或者代理人要求刻录庭审录音或者公安卷的，档案员将申请书经钉钉审批流发起审批，待审批流审批通过后由档案员刻录成光盘（设置案号为文件名）并交给当事人或代理人。

四、档案借阅

审判团队可通过钉钉提起纸质材料借阅申请，经部门负责人审批同意后，档案管理员提取纸质材料交给法官助理。审判团队整卷提取纸质材料后，须在结案提档时按精简归档要求整理好纸质卷宗在“纸质材料送扫”模块提起归还，档案管理员核对送扫页码无误后同意通过。

第十四节　归档和上诉

一、归档

1.1　结案登记岗书记员在结案后需关注裁判文书送达情况及上诉情况，及时将裁判文书送达回证及上诉状副本送达回证正确归目，并按要求将修改正确的送达回证编目，原则上在 1 个月内（个别特殊情况可在 2 个月内）提起案件归档。

1.2　归档员收到归档代办事项 15 日内（上诉案件 2 日内），完成校对和装订工作，实现精简归档并及时移送档案室。存放于卷宗中心的案件，由归档组统一制作归档本。

1.3　管辖异议成立需移送的案件，由归档员统一打印装订后，交由法官助理自行移送。

1.4　注意事项：归档员在校对时需要浏览电子卷宗的整理情况，核对并检查有无“纸”标注情况，对于不符合精简归档要求或留有纸质原件却未标注“纸”的及时在钉钉事务流提起，同时按规定要求处理；另外需关注送达回证目录下各类送达回证的编目、归目及是否完整整齐。

二、上诉案件的操作

2.1　后审组上诉事务岗在接收到审判团队发起的上诉案件登记事务流后及时提醒誊录员安排笔录誊录、提醒生效录入岗取消生效录入，同时发起上诉状副本送达，制作上诉移送函，并及时关注送达情况提醒结案岗书记员及时整理电子卷宗（各类送达回证的归目）；结案岗书记员完成卷宗内各类送达回证的归目后应及时填报上诉登记、上诉移送/原审确认，并在“后审辅助事务流转登记”中登记，同时在钉钉事务流中回复上诉事务岗。

2.2　线上移送。

2.2.1　对于已符合条件（上诉状、上诉移送函、上诉状送达回证、新证据、誊录笔录均已上传电子卷宗）的上诉案件及时移送；对不符合条件的，立即退转结案事务岗。（当事人直接向中院提起线上上诉的，在事务流完成后及时提醒结案事务岗完成原审确认）

2.2.2　中院上诉退回的，预备组书记员在收到中院结案信息后，及时将二审裁判文书整理归目至电子卷宗，同时将信息整理登记并报备组长，统一由组长定期发送至后审组生效录入岗。

2.3　线下移送。

对有纸质材料需要线下移送中院的，上诉移送员于每周二上午移送。对中院退回的材料，建立台账，并分类移交给不同团队。

第十五节　誊录和庭审备记

一、誊录分配员在收到钉钉誊录申请后及时分配誊录任务，在钉钉中直接通知誊录员，誊录员在2个工作日内完成誊录任务，并将誊录笔录通过华宇安全协同平台（Cocall）提交给审判团队，同时在钉钉流程中予以回复。上诉誊录优先。

二、誊录笔录应按照《浙江法院庭审记录改革实施办法》第33条“誊本可以对没有争议的程序性告知部分省略处理，仅对诉辩意见、举证质证、询问回答、辩论要旨等必要部分制作。可以参照书记员制作传统书面笔录方式，对发言内容做适当归纳提炼”的规定制作，誊录笔录完成后需加上誊录人姓名。（可参照规范的誊本模板）

三、誊录员接受跟庭备记的指令后，应提前10分钟到应到法庭，开启设备，准确记录庭审情况，并整理好庭审备记发给案件法官助理。

第十六节　生效录入

一、一审生效

后审组根据“后审辅助事务流转登记”中的信息并通过查阅电子卷宗，对生效案件及时录入生效日期，同时在“后审辅助事务流转登记”中做好登记。

二、后审生效

预备组排期员收到二审结案信息后及时向组长汇报登记，预备组组长登记汇总后每周定时流转至后审组生效录入岗；生效录入岗书记员收到预备组组长、审管办或者审判团队发送的二审结案信息后，及时进行后审生效录入登记。

第十七节 诉讼费事宜

一、录入退费账号

立案组在立案时录入当事人准确的退费账号，以当事人本人账号为主，案外人账号为辅。

二、退费和结算

后审组对“后审辅助事务流转登记”中登记的生效案件及时进行退费和结算处理。不属于当事人本人账号的，发起钉钉审批流程，由审判团队审批通过。（调撤案件在生效之日起3 日内发起结退；判决案件在生效之日起5 日内发起结退）

三、出账失败

对于财务退回出账失败的案件，及时联系当事人核对退费账号，或发起社保账号核查登记，3 日内完成出账失败案件的清退。

第十八节 移送督促履行

后审组根据“后审辅助事务流转登记”表中已生效案件，将有金钱给付义务的案件及时流转审后督促团队。

第十九节 审后督促履行

一、审后督促

及时区分“后审辅助事务流转登记”表中以判决方式和调解方式结案的案件；对于判决结案的案件，及时在履行期内向诉讼费承担方发起诉讼费结算通知书，并通过智能送达系统联系当事人进行判决主文内容和应承担诉讼费履行的督促，同时发送督促告知短信，备记督促相关情况。

对于调解结案的案件，则在首期履行期截止前，主动提前提醒当事人及时履行，同时在表格中备记督促相关情况。

二、执前督促

对于当事人申请执行的案件，登记执前督促表格，每案登记相关督促情况，若督促失败，则流转执行立案。

三、注意事项

3.1　对于涉民生、营商环境案件，有必要时开展线下督促，如督促未果则在生效后1个月内整案流转执行立案；其他督促未果的案件在生效后2年内流转立执费案件（若当事人未申请执行）。

3.2　对有履行意向当事人的案件需及时做好回顾跟进工作。

第二十节　涉诉信访

一、信访岗负责本院涉诉信访的日常登记工作，协助信访法官制作询问笔录，录入信访案件的基本信息，草拟信访分析报告。

二、信访其他事项按照本院信访规定办理。

第二章　行政、审监篇

第一节　立　　案

一、行政、审监庭案件立案参照民事案件立案规则，进行“先扫后立”，分别立行政、审监案件。

二、立案后送达

2.1　行初案件立案后，立案员制作诉讼费缴款单，向原告送达受理通知书、缴费通知书、程序性文书（行政案件举证通知书、权利义务告知书、诚信诉讼警示书、廉政监督卡）、立案告知函。

2.2　行赔初案件立案后，立案员同时向原告送达受理通知书、程序性文书（行政案件举证通知书、权利义务告知书、诚信诉讼警示书、廉政监督卡）、立案告知函。

2.3　行审案件立案后向申请人发送执行案件受理通知书。

2.4　司法救助案件立案后向申请人发送受理通知书。

2.5　第三人撤销之诉、执行异议之诉立案后生成诉讼费缴款单，同时向原告（申请人）送达受理通知书、缴费通知书及相关程序性文书（与民事案件一致）。

2.6　民申、行申、刑申案件立案后向申请人送达受理通知书及相关程序性文书（诚信诉讼警示书、廉政监督卡）。

第二节　随机分案

预备组在立案当日按照《随机分案工作规则（试行）》，区分行政诉讼、行政非诉、司法救助及审监庭审理案件，实行自动分案为主、手工分案为辅的随机分案模式。同时参照民事篇随机分案制作档案中转库管理登记表，载明移送日期、案号、案由、承办部门、承办人、当事人、有无"纸"等信息。

第三节　统一排期

一、行初、行赔初案件

1.1　预备组排期员在收到新的案件时，首先确认诉讼费缴款通知书是否正常且有效送达，同时及时查看诉讼费缴纳情况，可在缴款通知有效送达的第二天再次电话联系提醒原告及时缴纳案件受理费。

1.2　对于简易程序案件，预备组在收到案件的第2天内完成排期（勾选"互联网直播"）并发起电子送达。被告首次送达材料包括应诉通知书、行政起诉状副本、证据副本、告知诉讼权利和义务通知书、举证通知书、应诉负责人出庭通知书、庭审网络直播告知书（指定管辖的还包括中院指定管辖裁定书、适用普通程序的需加上合议庭组成人员告知书）。

1.3　普通程序案件，预备组先向被告行政机关的指定代收人电子送达应诉通知书、诉状副本、原告证据副本、举证通知书、告知诉讼权利和义务通知书等程序性文书，待被告行政机关举证答辩后根据员额法官或法官助理的指示要求排期再发起相关文书的送达。

二、第三人撤销之诉、执行异议之诉参照民事案件进行排期及首次送达；其他审监案件根据员额法官或法官助理的指示要求排期。

第四节 送 达

一、行政案件原则上全部适用电子送达（个别原告或第三人要求纸质材料的，可发起线下预约领取），审监案件的送达参照民事篇送达，其中审监案件的刑再、刑监、刑申等有当事人羁押在看守所的参照刑事篇送达。

二、裁判文书会签及送达参照民商事篇送达部分的“裁判文书会签及发起送达”章节。

第五节 归档和上诉

一、装订归档

归档员收到归档代办事项15日内（上诉案件2日内），完成校对和装订工作，实现精简归档并及时移送档案室。存放于卷宗中心的案件，由归档组统一制作归档本。

二、上诉案件的操作

2.1 上诉事务岗收到审判团队发起的上诉案件登记事务流后及时提醒誊录员安排笔录誊录、提醒生效录入岗取消生效录入，同时发起上诉状副本送达，制作上诉移送函。

2.2 线上移送。上诉事务岗在收到移送任务后当日完成审核和移送（16时后的可次日审核和移送）。对符合条件的（上诉状、上诉移送函、上诉状送达回证、新证据、誊录笔录均已上传电子卷宗）及时移送；对不符合条件的，立即退回并通知经办法官助理。中院上诉退回的，预备组书记员在收到中院结案信息后，及时将二审裁判文书整理归目至电子卷宗。（当事人直接向中院提起线上上诉的，在事务流完成后

及时在事务流中评论提醒法官助理完成原审确认）

2.3　线下移送。对有纸质材料需要线下移送中院的，上诉移送员于每周二上午移送。对中院退回的材料，建立台账，并分类移交给不同团队。

第六节　庭审备记

一、后审组誊录分配员在收到钉钉庭审备记申请后及时分配跟庭备记任务并通知誊录员，誊录员接受跟庭备记的指令后，应提前 10 分钟到应到法庭，开启设备，准确记录庭审情况，并整理好庭审备记发给经办法官助理。

二、庭审备记内容应包括到庭的当事人情况、诉辩意见、举证质证、询问回答、辩论要旨等必要部分。

第七节　生效录入

后审组根据送达组流转的后审辅助事务流转登记表并通过查阅电子卷宗，对生效案件及时录入生效日期。（和民商事篇生效录入节相同）

第八节　诉讼费事宜

参照民商事篇第十七节诉讼费事宜。

第三章　刑　事　篇

第一节　立　　案

一、被告人在押

立案员在初步审查案件材料后于立案当日对起诉书、送达起诉书副本笔录、量刑情节提示书、适用审理程序通知书、诉讼权利告知书、送达回证进行整理，采用远程视频审讯（送达）系统进行送达。

二、被告人取保候审（监视居住）

2.1　符合立案条件的

2.1.1　立案员初步审查材料齐全拟决定立案的，通知被告人到场，电子送达起诉书、量刑情节提示书、适用审理程序通知书、诉讼权利告知书等相关文书，由被告人签字（手写板签名），并确认之后便于电子送达的收件方式、手机号码等。

2.1.2　案件随机分案后，各经办人于立案之日起3日内决定是否变更强制措施。需要变更强制措施的，经办人办理相关审批手续后告知审判保障服务中心，通知被告人、法警、公安机关便于后续的逮捕工作顺利进行，由后审组将变更强制措施文书送达被告人及公安、检察等相关部门。

2.1.3　案件经办人3日内未决定变更强制措施的，后审组于立案之日起7日办理继续取保候审文书并送达给被告人及相关部门。

2.2　不符合立案条件的

2.2.1　立案员发现该案不属本院管辖、被告人不在案、属《刑事诉讼法》第16条第2~6项规定的情形等情况，将案件退回检察院。属于告诉才处理的案件，应当同时告知被害人有权提起自诉。

2.2.2　起诉材料不齐，需要补充材料的，应当通知检察院3日内补送。

三、立案注意事项

3.1　一体化推送立案应当在7日内完成立案登记，并完成一体化换押协同。危险驾驶罪应当在当日立案。

3.2　一体化推送的立案材料不齐全的，应当退回检察院。

3.3　线下移送的立案材料（监察委案件等）应当由扫描员先行扫描。

3.4　立案后，立案员制作立案台账、书写卷面封皮，并于立案后2日内入库。

第二节　分　　案

立案员事先设置自动分案轮序和分案系数，按照速裁程序、简易程序、普通程序进行随机分案。

第三节　排　　期

一、首次排期

1.1　速裁程序的，排期员安排3日内开庭。

1.2　简易、普通程序的，排期员按照法官助理的指示进行排期。合议庭案件，需要选任陪审员。

1.3　对于监察委移送的案件，确定排期后当日告知监察委开庭日期及开庭地点。

二、二次排期

2.1　需要二次排期的，排期员按照法官助理的指示进行二次排期。涉及合议庭审理的案件，需要选任陪审员。

2.2　排期注意事项

排期后，排期员将出庭通知书送达公诉人和辩护人、完成调警录入，并在排期当日将传票送达取保候审（监视居住）的被告人。

第四节　阅　　卷

辩护人申请阅卷的，由档案员提起阅卷（刻录光盘）审批，逐级添加审批人进行审批。审批通过的，将电子卷宗刻录成光盘（设置密码）交予辩护人。

第五节　扫　　描

一、立案材料

对检察院移送的监察委案件，当日扫描后交给立案员进行立案。

二、补充材料

对公安机关、检察院提交的补充材料，原则上要求通过一体化推送。对于被告人、辩护人提供的补充材料，核对种类、页数并加盖收文章，当日完成扫描入卷和入库，并通过钉钉流通知审判团队。

二、移交材料

对法官助理移交的材料，要求盖好收文章，仔细核对钉钉流程中纸质材料的送扫内容，同时收到材料的当日扫描入卷和入库。

四、扫描注意事项

线下送达回证扫描后，应当发送给送达组，通过送达系统回传电子卷宗。

第六节　送　　达

一、电子送达

对于公安机关、检察院，取保候审（监视居住）的被告人、辩护人，采用以线上送达为原则、线下送达为辅助的送达方式。

二、直接送达

送达员在收到直接送达任务当日，打印送达文书和送达回证，并于裁判文书落款日 5 日内进行实地送达，送达后将送达回证通过送达系统回传电子卷宗。纸质送达回证入库存放。

三、邮寄送达

送达员在收到邮寄送达任务当日，发起 e 键特投，打印封装后进行邮寄送达。邮寄回执通过送达系统回传电子卷宗。纸质回执入库存放。

第七节　跟　　庭

后审组组长收到钉钉日志——申请庭审备记登记表后通知誊录员安排跟庭事宜。誊录员根据登记表时间，提前 10 分钟进场准备。

第八节　裁　　判

一、文书校对

法官助理发起裁判文书的签批，后审员及时同意并校对；需要陪审员同意的，关注浙政钉流程，提醒陪审员签字。在校对后半日内发起裁判文书的送达。

二、文书发送

2.1　判处管制、缓刑的

后审员在裁判文书落款之日起5日内，向被告人和辩护人电子送达刑事判决书和矫正告知书。

2.2　判处拘役、有期徒刑、无期徒刑的

后审员在裁判文书落款之日起5日内，向辩护人和公诉人电子送达刑事判决书，向被告人和看守所发起直接送达刑事判决书。

2.3　文书发送注意事项

2.3.1　除采用上述2.1、2.2的方式送达裁判文书外，后审员通过一体化向公安机关和检察院发送裁判文书。

2.3.2　当庭宣判的，当庭送达；择日宣判的，在裁判文书落款之日起5日内送达。

第九节　生效和执行

一、生效

1.1　生效日期录入。上诉期内无人上诉的，或者上诉后生效的，后审员录入生效日期，并制作执行通知书、财产性义务执行表、履行情况表、送达回证（执行地社区矫正机构）等。

1.2　裁判文书生效后的送达。后审员应当在裁判文书生效之日送达被告所在单位或者原户籍地的公安派出所或者被告单位的注册登记机关。另外，监察委移送案件，需另行送达监察委；销售有毒有害物质案件，需另行送达市场监督管理局。

二、执行

2.1 移交执行

2.1.1 管制、缓刑的

后审员在判决生效后2日内发起刑事判决书、罪犯结案登记表、执行通知书、起诉书、财产性义务执行表、履行情况表、送达回证的送达。

本地罪犯，受送达人为黄岩区司法局某司法所和检察院第三检察部、公安治安大队。

外地罪犯，受送达人为执行地社区矫正机构。

2.1.2 拘役、有期徒刑的

后审员在判决生效后5日内发起刑事判决书、罪犯结案登记表、执行通知书、起诉书、财产性义务执行表、履行情况表、送达回证的一体化发送执行。

受送达人为罪犯被关押的看守所。

2.2 罚金移送执行

对生效的有财产刑需要移送执行的，由后审员在履行期届满后10日内制作移送执行书，移交扫描员扫描后发送给立案员执行立案。

第十节 归　　档

归档员收到归档代办事项后15日内（上诉案件3日内），完成校对和装订工作，实现精简归档并及时移送档案室。

存放于卷宗中心的案件，由归档组统一打印归档本。

第十一节 上　　诉

一、上诉状送达

后审组组长收到钉钉日志——上诉登记表后，立即通知后审员发起上诉状的送达。后审员将上诉状电子送达检察院公诉人，并回填送达回证后，通知法官助理已送达上诉状。

二、誊录

后审组组长同时通知誊录员誊录庭审笔录。誊录员需在 2 个工作日内完成誊录任务，并将誊录笔录通过法务通发还给法官助理。

三、移送上诉

3.1 线上移送。上诉移送员在收到移送任务后当日完成审核和移送（16 时后的可次日审核和移送）。对符合条件的（上诉状、上诉移送函、上诉状送达回证、新证据、誊录笔录均已上传电子卷宗）及时移送；对不符合条件的，立即退回并通知法官助理。

3.2 线下移送。对有纸质材料需要线下移送中院的，上诉移送员于每周三上午移送。对中院退回的材料，建立台账，并分类移交给不同团队。

3.3 二审文书送达。中院委托送达的二审文书，由后审员送达后，将纸质送达回证交予上诉移送员移交回中院。

立案庭（诉讼服务中心）辅助事务岗考核办法（试行）

（2021 年 7 月 9 日）

为保障规范、及时、高效办理审判案件，加大辅助事务岗考核力度，正确评价审判辅助人员工作成绩和综合素质，经讨论，制定本考核管理办法。

一、考核对象

黄岩法院立案庭（诉讼服务中心）全体司法辅助人员。

二、考核等级及考核方法

每月工作绩效评定等级：优秀、良好、合格、不合格。

考核方法：辅助人员每月分数决定评定等级，31 分及以上为优秀，

29～30分为良好，27～28分为合格，26分及以下为不合格（参照考核内容与标准），季度考核、年度考核按个人月工作绩效取得分数排名，并调整季度、年终奖励。月考核2次不合格者，年度考核为不合格，连续2年不合格者，向政治部通报建议合同期满不再续签劳动合同。

三、基础分数

辅助事务岗每人每月基础分数为30分。

四、考核内容与标准

（一）通用标准

4.1.1　遵守上下班秩序，规范着装、佩戴工作牌，按时参加各项会议和集体活动，无故未规范着装、未佩戴工作牌、缺岗、迟到、早退，未经批准缺席会议的，每次扣1分。

4.1.2　上班期间玩手机、戴耳塞听音乐、看电影、玩游戏等进行与工作无关的活动的，每次扣1分。

4.1.3　每月临时性请假累计不得超过2次，超过2次的，每次扣0.5分；以年休假形式请假一天以上的，不扣分。

4.1.4　工作错误被通报的，每次扣1分。

4.1.5　加班3小时以上的，每次加0.5分；完成一次解说加1分。

4.1.6　受到群众表扬，表现突出的，每次加2分；受到群众投诉，查证属实的，每次扣2分。

4.1.7　年度评选时，窗口岗每人加3分。

4.1.8　积极撰写信息、宣传的，每篇加1分；被本院或者上级法院录用的，分别累计另加1分、2分。

4.1.9　本院竞技比赛、考试中获得冠军、亚军、季军的，分别加5分、3分、2分；区级或者市级以上比赛获奖的，加10分。

（二）特定标准

4.2.1　导诉岗

4.2.1.1　积极引导当事人关注“黄岩法院”公众号、注册移动微法院；原告申请立案，未引导的，每件扣0.5分（老年机除外）。

4.2.1.2 当事人自行取证介绍信应按规开具，每发现一起不当开具情形的，扣1分。

4.2.2 审查岗

4.2.2.1 民商事案件、行政案件未在收到立案申请材料之日起3个工作日内审查完毕的，每件扣0.5分（集团案件除外）。

4.2.2.2 材料缺失而审查通过的，每件扣0.5分。

4.2.2.3 非因被告提供新证据原因导致管辖异议成立的，每件扣1分。

4.2.3 立案岗

4.2.3.1 漏送诉讼费缴款单、受理通知书、程序性文书的，每件扣0.5分。

4.2.3.2 立案信息输入错误的，每件扣0.5分。

4.2.3.3 庭科室案件移送错误的，每件扣0.5分。

4.2.3.4 在线响应率未达100%的，每件扣1分；无纸化立案率未达100%的，每件扣1分。

4.2.3.5 刑事案件未在一体化推送7日内立案的，每件扣1分；立案超期或者不应立却立的，每件扣2分。

4.2.4 分流岗

4.2.4.1 未及时（立案次日9时前）分流诉前调解案件的，每次扣0.5分。

4.2.4.2 未按规定填写12368接听日志的，每件扣0.5分。

4.2.5 扫描岗

4.2.5.1 材料不符合电子化标准的，每件扣0.2分。

4.2.5.2 未进行精细化编目，或者未正确编目导致归目错误的，每件扣0.2分。

4.2.5.3 未实现随案扫描的，每件扣0.2分。

4.2.5.4 遗漏扫描的，每件扣1分。

4.2.5.5 自动编目录未达90%的，每少一个百分点扣0.5分。

4.2.6 预备岗

4.2.6.1 分案错误的，每件扣0.5分。

4.2.6.2 民商事案件和刑事速裁案件未在立案次日完成排期的（备注暂不排期或审判团队要求暂不排期的除外），行政案件未在立案次日完成文书送达的，每件扣0.5分。行政案件和复杂刑事案件未根据指示完成排期的，每件扣0.5分。

4.2.6.3 发生文书送达遗漏或者送达当事人错误的，每件扣0.5分；未进行互联网直播的，每件扣0.5分。

4.2.6.4 送达失败需要二次排期，但未及时通知原告或者法官，致使原告或者法官到庭的，每件扣0.5分。

4.2.6.5 开庭公告中载明的可开庭案件因未能送达而实际无法开庭的，每件扣1分。

4.2.7 管辖岗

4.2.7.1 未按规定送达管辖异议材料的（管辖异议申请书、答辩状、民事裁定书、上诉状），每次每件扣0.5分。

4.2.7.2 未在钉钉评论管辖异议流程节点时间的，每次每件扣0.5分。

4.2.8 调查取证岗

4.2.8.1 未及时调查取证，造成无法按时开庭或需要再次开庭的，每件扣1分。

4.2.8.2 调查取证内容与调查申请不符的，或者未规范取证，造成不良影响的，每件扣0.5分。

4.2.8.3 随意开具调查令的，每件扣1分。

4.2.9 送达岗

4.2.9.1 未在收到任务24小时内界定当事人或跟踪送达的，每件分别扣0.5分。

4.2.9.2　应当电子送达而发起线下送达的，每件扣0.5分。

4.2.9.3　未穷尽送达或应当推定送达而公告送达的，每件扣1分；应当公告送达而推定送达的，每件扣1分。

4.2.9.4　线下送达未进e键系统的，每件扣1分。

4.2.9.5　送达回证回填不规范的，每件扣0.5分。

4.2.9.6　因送达瑕疵致使案件被上级法院发回重审或者再审的，每件扣2分。

4.2.9.7　送达裁判文书，遗漏送达主体的，每件扣1分；造成不当后果的，每件扣2分。

4.2.9.8　未在收到线下送达任务当日（16时后的次日）处理的，每件扣0.2分。

4.2.10　档案岗

4.2.10.1　积极引导当事人关注“黄岩法院”公众号、注册移动微法院；首次接触当事人未完成上述操作的，每人扣0.5分。

4.2.10.2　将规定之外的档案材料（录音）复制、刻录给当事人的，每件扣1分。

4.2.10.3　未及时进行档案入库的，每件扣0.5分；未正确入库的，每件扣0.5分。

4.2.10.4　因保管不善导致材料丢失，造成后果的，每件扣2分。

4.2.10.5　出具生效证明或结案证明错误的，每次扣2分。

4.2.11　归档岗

4.2.11.1　未在收到归档任务之日起1个月内归档的，每件扣0.5分；造成超期的，每件扣1分。

4.2.11.2　归档遗漏原件材料，造成后果的，每件扣1分。

4.2.11.3　发现电子卷宗存在重复扫描情况、复印件不符合归档要求的，每件加0.5分。

4.2.12 上诉岗

4.2.12.1 未在收到上诉任务之日起2日内移送上诉的，每件扣0.5分。

4.2.12.2 未在上诉材料不全被中院退回之日起2日内通知相关团队的，每件扣0.5分。

4.2.12.3 中院退回材料未建立台账，且未在2日内转达相关团队的，每件扣0.5分。

4.2.12.4 后审员收到钉钉上诉登记后，未在3日内送达上诉状、上诉缴款单等文书的，每件扣0.5分。

4.2.13 誊录岗

4.2.13.1 未在收到誊录指示2日内完成誊录的，每件扣0.5分。

4.2.13.2 誊录笔录不规范，如法庭辩论意见与前述意见不一致而未誊录的，每件扣1分。

4.2.14 生效岗

4.2.14.1 未在收到生效事项2日内完成生效日期录入的，每件扣0.5分。

4.2.14.2 生效日期录入错误的，每件扣0.5分。

4.2.14.3 刑事案件生效后，未在规定时间（管制、缓刑的2日内，拘役、有期徒刑的5日内）发送刑事判决书、罪犯结案登记表、执行通知书、起诉书、财产性义务执行、履行情况表、送达回证等文书的，每件扣2分；一体化未推送的，每件扣1分。

4.2.14.4 后审员对生效的有财产刑需要移送执行的案件，未在履行期届满后10日内制作移送执行书的，每件扣0.5分。

4.2.15 诉讼费岗

4.2.15.1 因退费账号录入错误，致使退费和执行款发放错误的，每件扣2分。

4.2.15.2 未在案件生效后5日内退费的，每件扣0.5分。

4.2.16　文书上网岗

4.2.16.1　非系统原因造成的月文书上网率未达100%的，每件扣0.5分。

4.2.16.2　因检查不严，致使按照规定应当隐去的信息没有隐去，造成后果的，每件扣1分。

4.2.17　调解对接岗

4.2.17.1　未在30日内报结诉前调解案件的，每超期一件扣0.5分；但超20日的应当附当事人或调解员签字确认的延长申请。

4.2.17.2　诉前调解案件报结方式错误的，每件扣0.5分。

4.2.17.3　超过30日调解期限未将诉前调解案件推送至立案窗口，导致当事人对未立案有异议的，每件扣1分。

4.2.17.4　拟稿文书出现当事人信息及程序性事项错误的，每件扣1分。

4.2.17.5　定档替换率应为0，否则每件扣1分；在线文书生成率未达100%的，每件扣1分。

4.2.18　民督案件岗

4.2.18.1　未在民督案件立案之后7日内发出支付令的，每件扣0.3分。

4.2.18.2　发出支付令后，送达成功的，在异议期满后或提出异议后3日内未报结的，每件扣0.5分；送达失败的，未在送达回退之日起4日内作出裁定并报结的，每件扣0.5分。

4.2.18.3　拟稿文书出现当事人信息及程序性事项错误的，每件扣1分；结案信息录入错误的，每件扣0.5分。

4.2.18.4　定档替换率应为0，否则每件扣1分；在线文书生成率未达100%的，每件扣1分。

4.2.19　保全信访岗

4.2.19.1　未在申请保全人办理好所有保全所需手续后2日内立案

并作出保全裁定稿的，每件扣 1 分。

4.2.19.2　信访信息未及时录入，导致出现不良后果的，每件扣 1 分。

4.2.19.3　拟稿文书出现当事人信息及程序性事项错误的，每件扣 1 分；结案信息录入错误的，每件扣 0.5 分。

4.2.19.4　定档替换率应为 0，否则每件扣 1 分；在线文书生成率未达 100% 的，每件扣 1 分。

4.2.20　跟案速裁岗

4.2.20.1　拟稿文书出现当事人信息及程序性事项错误的，每件扣 1 分；结案信息录入错误的，每件扣 0.5 分。

4.2.20.2　定档替换率应为 0，否则每件扣 1 分；在线文书生成率未达 100% 的，每件扣 1 分；合议庭会签率未达 100% 的，每件扣 1 分。

（三）协同标准

一岗有多人的，需协同互助。若因超期完成任务造成扣分的，多人需同时扣分。

司法雇员等级管理办法（试行）

（2022 年 9 月 27 日）

第一条　为规范司法雇员管理工作，不断提升司法雇员工作能力，建立一支正规、专业、稳定的司法雇员队伍，根据《关于全省法院司法雇员队伍建设的意见》《浙江法院司法雇员等级管理办法（试行）》等有关规定，结合我院实际，制定本办法。

第二条　本办法适用于我院按照全省法院司法雇员招录规定统一招录的司法雇员。

第三条　等级

司法雇员实行分级管理，分为三级九等。

根据从低到高的顺序，分为：初级司法雇员、中级司法雇员、高级司法雇员。

初级司法雇员分为：三等初级司法雇员、二等初级司法雇员、一等初级司法雇员。

中级司法雇员分为：三等中级司法雇员、二等中级司法雇员、一等中级司法雇员。

高级司法雇员分为：三等高级司法雇员、二等高级司法雇员、一等高级司法雇员。

第四条　定级

（一）司法雇员等级根据工作年限、工作表现及业务技能确定，其中高级司法雇员比例不超过核定数的 20%。

（二）面向社会公开招录的司法雇员试用期为 3 个月，在试用期内为见习司法雇员，试用期满考核合格的评定等级。

（三）具有大学本科学历的，首次评定等级可以评定为二等初级司法雇员；具有硕士以上学历的，首次评定等级可以评定为一等初级司法雇员。

（四）司法雇员参加法院工作满 10 年的，首次评定等级可以评定为一等初级司法雇员。

（五）司法雇员参加聘任制法官助理选任测试并通过的，首次评定等级可以评定为三等中级司法雇员。

（六）具备以下其中一项条件的，可直接评定为三等中级司法雇员：

1. 通过国家统一法律职业资格考试，并取得 A 类法律职业资格证书。

2. 具备普通高等学校法学类本科学历并获得相应的学士学位（或以上）。

第五条　自然晋升

司法雇员岗位等级经首次评定后，一般逐等晋升。晋升级别的，应进行晋级考核，择优选升。年度考核均为合格以上等次的，每满两年可以晋升一个等次。

第六条 破格晋升

司法雇员有下列情形之一的，可由党组研究决定，予以破格晋升或跨越等次晋升：

（一）连续3年年度考核均为优秀的；

（二）获得市级以上个人荣誉称号的；

（三）在省、部级技能竞赛中取得前10名，市级技能竞赛中取得前6名的；

（四）其他工作表现突出、工作成绩显著的情形。

第七条 司法雇员年度考核基本合格者，对其进行批评教育、限期改正，予以降一等次处理；连续两年考核基本合格或者当年年度考核不合格的，解除派遣合同。

第八条 司法雇员等级起算时间：

（一）首次评定司法雇员等级的，从院党组讨论确定之日起算；

（二）正常晋升司法雇员等级的，从达到晋升条件之日起算；

（三）破格晋升或跨越等次晋升司法雇员等级的，从批准之日起算。

第九条 司法雇员的等级、聘任岗位与司法雇员的薪酬待遇挂钩。

（一）工资由基础工资、等级工资、岗位补贴、绩效奖金及其他项目组成，按月发放。

（二）各级别和等次的司法雇员享受相对应的等级工资。

（三）聘任制法官助理、审判服务中心预备、送达、卷宗、后审组组长及其他经院党组商量确定的特殊岗位，原则上由中级司法雇员担任，并另外享受岗位补贴，享受岗位补贴的司法雇员调整岗位时，次月不再保留相应的岗位补贴。

（四）基础工资、等级工资、岗位补贴、绩效奖金等工资标准由院党组讨论确定。

第十条 本规定未尽事宜，参照有关政策办理。今后上级部门有新规定的，按上级部门规定执行。

第十一条　本办法由本院政治部负责解释，自公布之日起施行。

案件质量评查工作实施办法（试行）

（2022 年 10 月 25 日）

为进一步加强本院审判、执行等案件质量监督管理，完善案件司法责任追究机制，提高办案质量与效率，结合本院实际，制定本办法。

第一章　总　　则

第一条　案件质量评查是对本院各类审判、执行等案件的审判程序、实体处理、法律文书和卷宗整理质量进行检查与评定。

第二条　本院设立案件质量评查领导小组。案件质量评查领导小组下设评查办公室、专业评查组及评查人员库。

评查办公室负责日常组织和联络工作，专业评查组负责各业务条线评查工作，评查人员库成员负责具体从事各项评查工作。

第三条　本院院长担任案件质量评查领导小组组长；民事、刑事、行政审判业务条线分管院领导分别担任各专业评查组组长，执行局局长担任执行专业评查组组长。

评查人员库成员为本院审判委员会委员、审判业务部门及综合审判业务部门主要负责人、四级高级法官以上员额法官。

第四条　案件质量评查应坚持依法依规、实事求是的原则。

第五条　案件质量评查结果应列入个人绩效管理档案，作为年终考核及奖惩、晋级、晋职的重要依据。

第二章　评查方式和范围

第六条　案件质量评查可以采取常规评查、随案评查（异议评查）、重点评查、专项评查等形式。

第七条 常规评查是指对本院各类审结、执结案件的质量进行的定期评查。

常规评查由评查办公室按月抽选案件派发至各评查员，每季度汇总评查意见。

第八条 随案评查（异议评查）是收到原审承办人对二审、再审的随案评查（瑕疵认定）异议后进行的评查。

异议评查应由3名评查员组成评查小组，原审案件所在部门主要负责人为主评人，另两名在原审案件所在业务条线评查员中选取。评查小组参照上级法院关于合议庭运行的相关规定进行异议评查，并作出评查报告。评查小组认为原审承办人异议成立时，向本院审判委员会汇报，由审判委员会决定。

第九条 重点评查是指对可能存在质量问题的案件进行的评查。主要包括：

（一）上级法院未定瑕疵的发改案件；

（二）承办人对上级法院评定的瑕疵等级无异议的发改案件；

（三）当事人多次上访、申诉的案件；

（四）党委、人大和上级法院转办的可能涉及案件质量问题的案件；

（五）其他可能存在严重质量问题的案件。

重点评查应视案件具体情况，参照随案评查（异议评查）进行或指定1名评查员进行评查，并作出评查报告。

上述第（一）（二）项案件指定1名评查员进行评查时，应由原审案件所在部门主要负责人担任评查员。

第十条 专项评查是指根据审判和执行工作的实际需要，对已审结、执结的某类案件或案件的某个环节、某类问题进行的专门性评查。

专项评查参照常规评查进行。

第十一条 案件质量评查依照浙江省高级人民法院《案件质量评查

认定标准（试行）》以及《执行案件质量评查认定标准（试行）》进行。

案件质量评查结论分为违法审判、重大瑕疵、一般瑕疵、一般问题。

第十二条　案件质量评查实行内部通报制度，对评查中发现的案件质量问题进行定期通报。

第三章　责任区分

第十三条　案件质量责任评定应坚持客观公正、各担其责、责罚相适的原则。根据案件承办人员及辅助人员的主观过错、瑕疵后果、办案数量、瑕疵频率等具体情况，确定应承担的责任，以及是否在一定范围内予以容错免责。

案件质量责任等次分为违法审判责任、重大瑕疵责任、一般瑕疵责任、一般问题责任。一般情况下，案件质量评查结论与责任等次应当一致。

第十四条　案件质量责任人可以对责任承担情况进行申辩。案件质量责任人对一般瑕疵责任以上的责任等级提出申辩意见的，应参照第七条规定，组成评查小组进行责任等级复评，评查小组认为申辩意见成立时，向审判委员会汇报，由审判委员会决定。

第十五条　可以免除瑕疵案件责任追究的情形：

（一）对法律、法规、规章、司法解释具体条文的理解和认识不一致，在专业认知范围内能够予以合理说明的；

（二）对案件基本事实的判断存在争议或疑问，根据证据规则能够予以合理说明的；

（三）当事人放弃或部分放弃权利主张的；

（四）因当事人过错或客观原因致使案件事实认定发生变化的；

（五）因出现新证据而改变裁判的；

（六）法律修订或政策调整的；

（七）裁判所依据的其他法律文书被撤销或变更的；

（八）其他依法履行审判职责不应当承担责任的情形。

第十六条 可以放宽瑕疵案件责任追究标准的情形：

（一）刚调入或交流到现审判执行岗位不满1年的；

（二）入额未满1年的；

（三）司改以前审结的；

（四）当次评查前针对评查发现的问题已做过处理的；

（五）案件经专业法官会议或审委会讨论，且专业法官会议或审委会意见与承办人意见一致的；

（六）承办法官办理的案件数量在所在法院、所在部门位居前列的；

（七）在近3年各类案件评查中首次被认定为瑕疵案件的；

（八）具有部分认识因素的；

（九）院、庭长交办的重大疑难复杂案件；

（十）有其他特殊情形的。

第四章 附 则

第十七条 本办法由本院案件质量评查领导小组负责解释。

第十八条 本办法自发布之日起试行，此前本院有关规定与本办法不一致的，按本办法执行。

立案庭辅助人员定岗定责定员管理机制

（2022年11月7日）

1 总则

根据本院《探索新型审判团队组建、深化审判辅助事务集约化改革的工作方案（试行）》的要求，为贯彻落实本院“1+1+X”的审判团队模式，在全面实施审判服务事务集约化改革的基础上，定岗定责定员，形成人才培养“蓄水池”，打造一支作风过硬、素质过硬、能力过硬的专业化、职业化司法辅助人员队伍。结合本院实际，制定本管理机制。

2　基本原则

聚焦人民群众日益增长的司法需求，以提升诉讼服务能力水平为着力点，打造立体化、集约化、信息化的一站式诉讼服务中心，以“臻于至善、服务至上”为目标，实现审判辅助事务标准化、规范化办理，用最少的流程、最短的时间、最优的服务，办理当事人程序性事务，从而提升公正司法的效率。

3　基本内容

3.1　岗位职责

立案庭内设矛调诉服中心和审判服务中心，并根据审判辅助事务类型，设立案组、速裁组、预备组、送达组、卷宗组、后审组、督促组。

3.2　职责要求

审判辅助人员均应根据《立案庭（诉讼服务中心）辅助事务岗工作流程管理办法》和《立案庭（诉讼服务中心）辅助事务岗考核办法》的规定，严格遵守各项规章制度，认真履行岗位工作职责，每周填报更新工作日程、每季度末总结个人本季度工作情况及下季度工作展望。立案庭根据人岗相适原则安排岗位，新进审判辅助人员每季度轮岗一次，基本熟悉所有辅助事务岗内容，精通掌握一至两项辅助事务。

3.3　人员配备

对从事书记员职责的审判辅助人员，纳入立案庭统一管理。立案庭共需 43 名（含 4 名外包人员）从事审判辅助事务的人员，矛调诉服中心配备 11 名司法辅助人员，审判服务中心配备 32 名司法辅助人员，其中立案组 7 人、速裁组 5 人、预备组 7 人、送达组 5 人、卷宗组 8 人、后审组 6 人、督促组 5 人。

除 4 名外包人员，立案庭另需配备 39 名司法辅助人员以保证工作顺利开展。人员辞职的，应及时补充。工作人员因产假、病假、调岗、离任等原因无法正常到岗1个月以上，且司法辅助人员总数少于39人时，请假工作人员的工作由其他人员分担，可按院规定发放绩效奖金。

3.4　“砺英”蓄水

立案庭持续推进“砺英”计划，针对“服务理念、专业水平、形象礼仪”全方位打造“信得过、靠得住、能放心”的司法辅助队伍。同时，除工作流转必须配备的司法辅助人员外，还应有富余人员作为后备辅助人员参与“砺英”计划培养，为审判团队输送优质法官助理。无富余辅助人员的，原则上不再输送法官助理。

3.5　增减职能

因工作需要增减立案庭司法辅助人员（含增加外包）岗位职能的，可根据工作量情况进行人员增减。

3.6　岗位晋升

立案庭司法雇员按照本院《司法雇员等级管理办法》实行分级管理，符合以下条件的司法雇员可参与组长选任：

（1）在立案庭学习工作2年以上，且连续2年绩效考核为优秀的；

（2）立案庭各岗位已基本轮岗学习，跟庭备记满5件，且熟练掌握审判辅助事务工作内容及流程。

执行权运行模式改革暨执行指挥中心运行工作指引（试行）

（2023年3月30日）

为全面落实人民法院执行指挥中心集约化、标准化、规范化、实体化运行工作要求，台州市黄岩区人民法院以执行规范化建设为抓手、执行信息化建设为支撑，结合本院执行工作实际，推行执行权运行模式改革，构建完善执行指挥中心实体化运作，进一步优化团队建设，明确执行节点流程，切实提升执行办案质效，推进执行工作体系和执行工作能力现代化，制订本工作指引。

一、总则

（一）执行权运行模式改革暨执行指挥中心实体化运行“456 模式”，即由执行指挥中心整合司法资源，集约分流办理执行辅助事务，发挥监管、协调、指挥的枢纽功能。具体来说：一是负责案件繁简分流、节点管控、案款管理发放、终本质量监管等 4 方面监管事务；二是办理执行查控、案件管理、执行外勤、司法网拍、案款分配等 5 大项集约事务；三是指挥调度 3 个初执团队（1 个快执团队、2 个简案团队）、1 个繁案团队（财产处置团队）、1 个拒执打击团队、1 个终本恢复管理团队等 6 个团队。通过执行权优化配置，将执行过程中的同质共性事务性、辅助性工作合理剥离分流，交由各集约事务组流程化、模块化办理。实现办案向办事转变，改“一人包案到底”为“多人办一案，责任到岗到人”，切实减轻执行实施团队工作压力，使其将更多精力投入研判案情、确定执行方案、有效执结、促成和解等核心执行事务。同时全面发挥执行指挥中心“中枢神经”职能，以执行指挥中心为平台，实施执行流程推进、事务集约办理、节点管控、事项协调、调度指挥、质效监控、决策分析，有效管控案件全流程全周期。

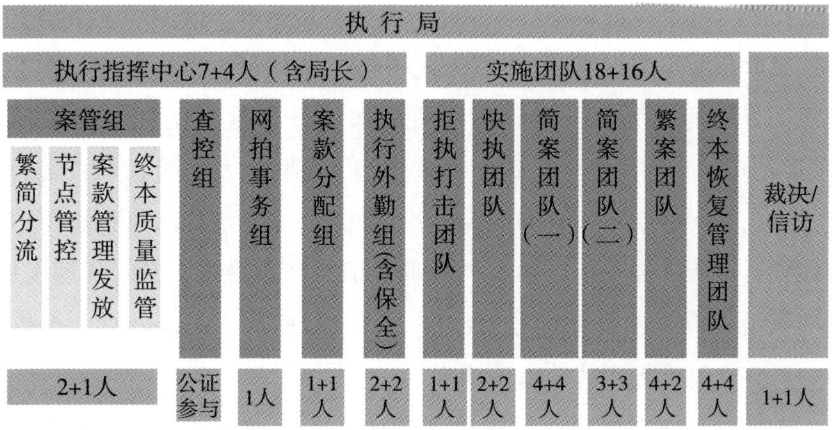

（二）打破庭科室格局，推行执行指挥中心扁平化管理。执行指挥中心主任由执行局局长兼任；执行实施科科长任副主任，负责日常工作管理。中心明晰划分集约事务节点，设置集约事务岗，做到定岗、定责、定标准、定时限，确保工作标准、规范。执行指挥中心坚持“人岗相适、事务均衡”原则，推行“一人多岗”制度，同一人员可同时兼任多项岗位职责。合理配置办案力量，按照“专职人员办专门事务、专门事务办得更专业”的要求，持续优化繁简分流、事项集约、权责清晰、衔接顺畅的执行办案新模式。

（三）细化辅助集约事务分工，促使执行案件分类管理。按照案件繁简分流、协作集约的思路，将执行过程中同质共性的“执行查控、案件管理、执行外勤、司法网拍、案款分配”五大项事务性工作剥离分流，进一步细分为网络查控、制发格式文书、限高、限制出境、曝光、线上网格调查、线上线下扣划、冻结、提取公积金、强制退保等 15 个执行事项，组建成立各专业化辅助事务组：查控组、执行外勤组、网拍事务组、案款分配组和案管组，进行集约辅助事务的流程化、模块化办理。

其中，查控组负责初执案件的立案信息核验、格式文书制发、财产网络查控；执行外勤组负责协助现场扣车、协助传唤、现场送达、线下临柜扣划等外勤执行事务；网拍事务组负责涉案财产的网络司法拍卖事务；案款分配组负责对不足以清偿多个债权的执行款进行分配；案管组承担部分集约事务：以台州市机关内部“最多跑一次”服务平台及“基层治理综合信息平台”线上办理银行、公积金及保险扣划、限制出境、曝光、网格事务调查等集约事务。同时，案管组作为执行指挥中心实体化运行的神经中枢，承担“繁简分流、节点管控、案款管理发放、终本质量监管”四方面的监管事务，以及对初执、财产处置、拒执打击、终本恢复管理团队的指挥调度。

按执行案件类型将执行实施团队分为 3 个初执团队（1 个快执团

队、2 个简案团队）、财产处置团队、拒执打击团队、终本恢复管理团队。其中快执团队负责办理诉保足额案、网冻足额案、物业费追缴案、发送协执即可办结的行为执行案、3 个以上已终本多债被执行人案，对此类案件实现快速结案处置；简案团队负责办理普通执行案件；财产处置团队负责办理涉案不动产需变价处置的案件；拒执打击团队负责对涉嫌执拒行为的调查取证及集约移送公安机关立案侦查；终本恢复管理团队按片区划分管理终本老案，实施终本“回头看”恢复执行。各执行实施团队之间做到繁简有序、集约专能、分工有序、协作推进。

（四）科学配置执行实施团队人员。按照“1 + X + N”的模式，设置员额法官主导的执行实施团队。每一简案团队配备员额法官 1 名、法官助理 1 名、司法警察 1 名、执行助理 3 名；财产处置团队配备法官助理 3 名、司法警察 1 名、执行助理 2 名，并受执行指挥中心副主任（员额法官）督导推进。其中各执行实施团队中员额法官作为团队长，推进团队自身建设和运行管理、行使执行命令权、确定疑难复杂案件的执行方案、负责签发经授权的执行文书，团队长对团队案件中未剥离分流的事项可进一步集约分流至团队内的执行助理，改变以往的执行助理跟人、跟案为跟事、跟流程。充分发挥执行实施团队中员额法官为核心大脑，法官助理、司法警察为运动器官，执行助理为传导神经的组合作用，最大限度发挥执行实施团队的协同优势。

（五）扎实推进执行无纸化工作，实现案件全流程信息共建共享共用。深度运用“智慧执行 2.0”的功能模块，积极推进电子卷宗随案动态同步生成，实现各流程节点信息动态全过程共享共用流转。执行过程中产生的所有纸质材料均应在形成后当日或次日扫描入卷、编目归档。执行局长、执行指挥中心负责人、执行实施团队队长、案件质效管理人员和相关工作节点的办理人员根据相应权限可以调阅电子卷宗流程信息。运用办公办案平台 WPS 云文档多人在线编辑功能，集约事务团队实时登记节点信息，共享流转至实施团队，做到案件进程实时掌握。

二、集约事务组、执行实施团队职责

➢查控组

（一）职责

1. 初步核对立案庭移交的案件立案信息；

2. 统一制作执行通知书、报告财产令等执行文书并送达被执行人；

3. 在立案之日起5日内发起“总对总”“点对点”网络查控；根据网络查控系统的查询结果集中统一查封、冻结银行存款、不动产、车辆、公积金、工商股权、证券基金等财产；

4. 采取限制消费措施及相关执行节点信息的录入等。

（二）工作细则

1. 初步核对案件信息

（1）核对立案材料是否齐全，包括申请执行书、执行依据、申请人身份证明、授权委托书、律所公函、送达地址确认书、收款账户确认书等；

（2）核对执行主体信息，包括诉讼地位、当事人姓名或名称、法定代表人姓名、身份证件号码或统一社会信用代码、地址、性别、联系电话等身份信息（对照执行依据、申请执行书，通过执行系统身份验证完成）；

（3）核对执行标的种类（区分金钱给付、行为履行、探视权等）是否与申请执行书上的执行请求一致，执行立案标的金额是否与申请执行书的执行请求及生效法律文书均相符；

（4）核对涉党政机关、涉军、涉国企、涉村委会居委会、涉民生等特殊主体或特殊类型案件，立案部门是否已标注。

2. 立案之日起5日内制作格式化执行文书并送达被执行人

格式化执行文书具体如下：

（1）执行通知书或责令履行特定行为通知书；

（2）报告财产令及财产报告表；

（3）限制消费令；

（4）查扣冻大裁定（概括性执行大裁定）；

（5）传票；

（6）执行风险告知书；

（7）廉政监督卡。

注：①执行通知书应由“一案一账号”系统生成的缴款虚拟账号查，查控组应核查系统生成的执行通知书有无遗漏并作补充完善，无须另行制发缴款通知书。

②按我院2019年8月1日施行的《执行电子卷宗试点暨执行文书签发工作规程（试行）》的要求，查扣冻大裁定（概括性执行大裁定）的文书模板嵌入执行管理系统，经立案确认后自动生成。查控组对照执行依据、申请执行书、立案信息表在查扣冻大裁定中输入查控数额，经核对无误后无须发起签批，由系统直接自动签章。

3. 全面实施“智能送达”系统

法律文书应通过“智能送达”系统线上送达，对照送达系统中的成功记录，若查无联系电话或经电话联系为空号等原因无法发起线上发送的，则通过“智能送达”系统线下邮寄；被执行人为企业的，通过“智能送达”系统线下邮寄至其注册地。对刑事涉财产部分的执行，查控组查阅执行依据后，发现被执行人尚在看守所、监狱服刑的，除向被执行人户籍所在地送达执行文书外，同时应向被执行人服刑的看守所或监狱寄送执行文书（包括报告财产令）；服刑地不明的，由查控组专人与台州市公安局监督支队进行对接发送《协助查询函》进行协查。

4. 集中网络执行查控

网络查控组应当在执行立案后48小时内发起第一次“点对点”“总对总”网络查询。对行为执行、实现担保物权案件，无须发起网络查询。若发现已诉讼保全足额存款等案件，亦无须发起网络查询或已发起则取消该案“点对点”自动冻结默认设置。网络查控系统反馈被执行人有银行存款、不动产、车辆、股权、证券、网络资金、保险产品等财产的，查控组应在查询结果反馈后24小时内作如下处理：

（1）能够网络冻结的银行存款、网络资金（微信财付通、支付宝、网银）等，由查控组即时发起网络冻结控制。对于网络查询反馈的银行存款、网络资金账户做到应冻尽冻。

（2）网络查控系统查询反馈的被执行人的车辆登记在台州市范围内的，由查控组以黄岩法院专用文书模板制作协助执行通知书，通过车辆查控专线实施查封，查封反馈结果在当日扫描上传电子卷宗。

（3）网络查控系统查询反馈的不动产、公积金、股权在本院辖区内的，由查控组以黄岩法院专用文书模板制作协助执行通知书，通过“执行一件事”线上办理查封、冻结，查封、冻结反馈结果及平台送达流程以截屏方式由查控组发给执行实施承办人，由其自行通过移动微法院传送归入电子卷宗。无法线上查控的，由查控组制作执行文书后交执行外勤组实施临柜查控，查封反馈结果在当日扫描上传电子卷宗。

（4）被执行人财产位于辖区范围（区）之外的，由查控组以黄岩法院专用文书模板制作协助执行通知书，在3个工作日内通过人民法院执行指挥管理平台的事项委托模块委托财产所在地法院查封、冻结。

（5）查控组在发送执行通知书、限制消费令的10日内，将被执行人录入限制高消费系统，并录入限高执行节点。

（6）汇总查控反馈情况，负责将线上和线下的财产查控结果录入相应执行节点，自动回填财产调查报告表并推送入电子档案。

➢案管组

（一）集约事务

1. 线上划拨银行存款（内跑平台）；

2. 线上提取公积金余额（内跑平台）；

3. 线上查询、强制退保、扣划保险现金价值（内跑平台）；

4. 线上办理限制出境备案通报（内跑平台）；

5. 集约发布失信信息媒体曝光；

6. 线上发起网格调查（基层治理综合信息平台）。

（二）监督、协调职责

1. 案款发放监督管理；

2. 繁简案件审查分流管理；

3. 财产处置监督推进；

4. 拒不交车、拒不腾房等拒执行为排查；

5. 执行质效监管；

6. 执行协调、指挥调度。

（三）工作细则

1. 查控财产的集约扣划处置

（1）对网络查控系统无法以“总对总”方式线上扣划的银行存款、公积金存储余额等，执行实施团队决定并制作扣划文书，电子文书统一交由案管组专人审核后直接以台州市机关内部“最多一次跑”服务平台或浙政钉线上集约发起扣划。

（2）对网络查控系统无法以“总对总”方式线上扣划的银行存款、保险产品，执行实施团队决定并制作提取保险财产权益或强制退保扣划文书，电子文书统一交由案管组专人审核后直接以台州市机关内部“最多跑一次”服务平台线上集约发起强制退保并扣划保单现金价值。

2. 集约办理被执行人限制出境备案通报

对《执行通知书》和《报告财产令》发出 1 个月后，被执行人拒不报告财产又不履行的，由执行实施团队决定并制作限制出境备案通报执行文书，电子文书统一交由案管组审核后直接以台州市机关内部“最多跑一次”服务平台线上发起限制出境备案通报等。

3. 集约发布失信信息媒体曝光

案管组专人汇总收集执行实施团队制作的失信被执行人曝光公告，

统一编辑制作 PPT 文档后，发布推送至电视台图文频道、公交车、法院大屏幕、辖区各乡镇街道综治中心多媒体屏等平台。

4. 案款发放监管

案款分配组成员兼任案款发放监管岗，对案款 2.0 系统收付款情况进行实时监管。对超 7 日、15 日、30 日未发放执行款进行跟踪督促，包括即将超期或已超期仍未发放且没有延缓发放审批的，每周一形成执行台账报执行指挥中心负责人；对发放给并非本案当事人的案外人的执行款，接收钉钉平台审批流时进行审核把关，无法审核确认的报执行指挥中心负责人。

5. 繁简审查分流

对诉保足额案、网冻足额案、物业费追缴案、发送协执即可办结的行为执行案、3 个以上已终本多债被执行人的案件直接流转给进驻执行指挥中心的快执团队办理，实现快速结案处置。以网络集中查控发现的是否需作不动产变价处置为繁简案件主要区分点，对立案查明的不动产抵押或网络查控发现有不动产的案件，重新分案流转至财产处置团队；同时对简易执行团队移送流转的有不动产或其他类型的繁案进行审查，重新分案流转至财产处置团队，并一键发送变更承办人短信消息给双方当事人及新承办人。

6. 案件质效监管

（1）实施案件监督评查推进，以案件办理期限作为监督区分点。以办理期限已届 3 个月、4 个月、6 个月、8 个月为标准划分案件监督对象。无财产可供执行案件应在 3 个月内办结，不再限定 3 个月后方可终本的要求。对超 4 个月未结案件应核查数据及清单，要求由执行实施团队团队长查找原因，督促承办人做好结案计划。对超 6 个月未结且无网拍记录的案件，移交执行指挥中心负责人进行案件评查，并对案件办理进行督办指导，督办指导的意见报执行局局长、院领导。对超 8 个月未结案件，移交指挥中心负责人查阅案件，查明问题及难点、堵点，进行一线办案指导，协助制订执行方案，必要时召集、提交执行专业法官会议及执行疑难案件讨论群研究执行方案，推动案件办理。

（2）以执行财产处置为启动监督的切入点。积极运用“执行财产处置监督管理”系统进行重点监督：对快执（简案）团队案件，重点监督查控财产是否穷尽执行，如扣押车辆未及时移交评估拍卖处理，督办移送处置；对查封车辆有行驶轨迹而拒不交车的，督导以拒执打击予以处理；对财产处置团队案件，重点监督其不动产等财产处置推进是否及时高效，对拒不腾房的，督导以拒执打击予以处理。

（3）加强对终本案件结案前的审核。审查报结的终本案件是否符合终本实质要件，即被执行人是否确无财产可供执行或发现的财产客观上不能处置；是否符合终本程序要件，即线索核查、现场调查、系统查控、财产处置、资金扣划、信用惩戒、限高、限制出境、终本约谈告知、终本裁定内容等十大项内容是否完备。

7. 协调、指挥调度

（1）案管组专人每日登录最高人民法院的“人民法院执行指挥中心综合管理平台”及上线值守备勤“人民法院执行指挥互联网应急调度服务平台”，查看、接收上级交办的信息及任务，并即时层报执行指挥中心负责人、主任，由指挥中心负责人或主任安排落实处理。

（2）执行实施团队承办人涉外出调查取证、现场执行需要派车的，必须从“新派车管理系统”线上提起，经部门负责人审批后，流转至案管组专人进行调度，调度后将用车人、目的地、驾驶员、派车返回时间等通过 WPS 云文档录入“派车登记表”实时共享，全程留痕。执行承办人用车应尽量提前发起派车需求，若因未提前发起需求而导致无车辆使用的，则由调度员合理调度拼车使用。

（3）执行实施团队承办人办理涉拘传被执行人、扣押车辆、强制腾房、现场搜查等需要人员支援的，以钉钉端口的“指挥中心事项需求”线上提出具体需求，由执行指挥中心调配执行外勤人员协助执行。

指挥中心亦可在执行局内调配任一干警或召集组织执行力量参与执行，实施统一协调、统一指挥。

➢网拍事务组（网拍工作室）

（一）职责

1. 开展定向询价、委托评估等方式确定财产处置参考价；

2. 拍摄财产照片或视频以及录入拍卖信息、发布拍卖公告；

3. 咨询答复、接待意向竞买人现场看样；

4. 确认成交款到账，签订拍卖成交确认书并交付；

5. 拍卖成交裁定、协助执行通知书等文书拟稿送签批；

6. 送达成交文书和交付；

7. 其他网络司法拍卖辅助工作。

（二）工作细则

1. 不动产定向询价、对外委托评估

网拍事务组接收执行实施团队移交的涉案不动产并向台州市三区税务机关发起定向询价，网拍事务组审核不动产登记信息、《分类财产要件调查表》等后，统一制作询价文书发起税务机关定向询价，如具备以台州市机关内部“最多跑一次”服务平台线上办理条件，亦由网拍事务组集约完成；对于涉案扣押车辆，除特殊客观情况（正在和解、商请移交执行处置权、委托外地法院查询车辆详细信息等）外，一般超过7日就督促执行承办人提交移送处置，并负责完成对外委托评估事务。

2. 拍卖调查、准备的尽职审查

执行实施团队决定拍卖、变卖，应制作并送达拍卖或变卖裁定书。拍卖变卖文书随产权登记信息、司法处置价建议、财产清单（资产类）、《分类财产要件调查表》等相关材料，全部上传在电子卷宗内。执行实施团队向网拍事务组移交集约办理网拍辅助事项时，应同时告知相关材料已入卷。执行实施团队承办人应根据《浙江省高级人民法院执行局关于规范不动产网络司法拍卖、变卖工作指引》及《分类财产要件调查表》的具体内容，查明不动产的用途、种类、权属、权利负担（查封、抵押等）、占有使用情况、已知瑕疵、欠缴的税费以及现状，并完成拍卖的前期准备工作。网拍事务组接受执行实施团队承办人移送的网拍材料时，应进行尽职审查，对有疏漏或有程序瑕疵的，要求承办人补正完善。

3. 网拍辅助性事务外包

网络司法拍卖中的下列辅助性事务可委托网拍辅助机构承担：

（1）拍卖标的物的照片、视频拍摄或者 VR 制作等事项；

（2）拍卖标的资料，包括拍卖公告、拍卖注意事项、照片、视频及文字说明等上传到网络司法拍卖平台事项；

（3）拍卖咨询答复，即根据法院提供拍品调查情况等向意向竞买人介绍网拍流程和竞买规则等事项；

（4）引领现场看样，登记看样信息等事项；

（5）执行法院委托办理的其他辅助性事项。

4. 公告发布及成交确认

网拍事务组应在接受网拍材料并由执行实施团队承办人确定起拍价之日起 3 个工作日内，完成拍卖公告制作、签批并发布上网，短信送达告知当事人及利害关系人。持续关注拍卖进展，本次拍卖流拍的，及时启动二拍或变卖；本次拍卖成交的，及时联系买受人确认交付拍卖尾款并制作拍卖成交确认书。拍卖款项全额缴纳后，网拍事务组在 2 个工作日内拟定拍卖成交裁定及协助执行通知书，交执行实施团队承办人审核及签批，在拍卖尾款付清之日起 10 日内完成成交确认书签订，成交确权裁定等文书送达及财产交付工作。上述工作全部完成后 2 个工作日内，完成相关材料入电子卷宗并告知执行实施团队承办人。

➢案款分配组（分配工作室）

（一）职责

1. 参与分配方案拟稿、送签、送达；

2. 案款2.0系统款项分配申请；

3. 案款2.0系统收付款监管。

（二）工作细则

1. 被执行人为自然人或其他组织，执行到位款项不能清偿所有债权，且其他债权人对同一被执行人申请参与分配的，其分配方案由案款分配组统一拟稿制作，交由执行实施团队承办人审核、合议庭评议后送签批，并通过“智能送达”系统向当事人及利害关系人送达分配方案。

2. 执行中执行款需做参与分配的，执行实施团队承办人应在执行款缴入案款专户后的5个工作日内，将需要分配的案款提交案款分配组进行参与分配。有债权履行情况、优先受偿、优先拨付及诉讼保全以及需给予基本生活保障等情形的，执行实施团队承办人应一一对照《移交分配表》上内容勾选并注明。

3. 案款分配组收到执行实施团队承办人移交的被执行人案款分配事项后，应通过执行管理系统、审判管理系统关联查询被执行人在本院的涉案情况，以及核实其他法院申请参与分配情况、优先受偿债权情况，包括对各案件履行情况和首封保全的案件情况。对未申请参与分配的优先受偿债权人应通知其申请参与分配；对被执行人财产首封首冻但尚未申请执行的债权人，依职权通知其参与分配，如尚未取得执行依据，可先予纳入分配保留其可得份额。

4. 对工资、扣划存款等货币类财产分配，应在提交申请后的3个工作日内做出分配方案；涉及动产、不动产拍卖、变卖款分配的，应在提交申请后的5个工作日内做出分配方案。情况复杂，需要延长分配方案制作时间的，应报请局长批准。

5. 申请参与分配的截止时间为分配方案送达任一相关当事人之日的前1日。通过“智能送达”系统送达的，以系统送达回证回填日期为送达时间；直接送达的，以当事人签收日期为送达时间。对被执行人的财产经拍卖流拍或变卖不成以物抵债的，申请参与分配的截止时间为抵债裁定送达之日的前 1 日。

6. 对下列尚未取得执行依据的债权人可预留相应的分配份额：

（1）债权人案件对执行财产首先采取查封、冻结、扣押等措施；

（2）涉劳动报酬、医疗伤残补助、养老医疗保险金及补偿金等债权；

（3）人身损害赔偿债权；

（4）抚养费、扶养费、赡养费等债权。

7. 执行依据被依法提起再审的，不影响将该执行债权人纳入参与分配，分配程序继续进行，但应当预留其可获得的分配份额，视再审结果支付或再次分配。

➢执行实施团队

（一）职责

1. 接待、约谈、询问当事人，完成进展告知、财产处置进程回告、文书上网等执行公开工作；

2. 执行实施团队根据网络查控结果及执行节点的监控督办，实时推进完成执行事项；

3. 实施现场调查、传唤、拘传、执行审计、扣押、搜查、罚款、拘留等强制措施；

4. 向拒执打击团队移交自行调查取证的拒执行为线索；

5. 开展有利于案件执行的调查取证、约谈、和解、有效执毕工作；

6. 执行款出账发放、延缓发放、提存申请。

（二）工作细则

1. 执行公开等方面

立案之日起 10 日内约谈或电话联系申请执行人，告知当事人权利义务、执行风险等内容及了解执行财产线索；执行通知书等文书发送后 10 日内电话联系督促被执行人主动履行，传唤并了解履行意向；执行进展和重要执行节点回告通报当事人；终本前约谈申请人。按固定接待日轮值进行执行接待，了解、解决当事人诉求。

2. 对照财产调查报告单及查控信息，采取执行措施

（1）对网络查控系统无法以“总对总”方式线上扣划的银行存款、公积金存储余额等，由执行实施团队决定并制作扣划文书，电子文书统一交由案管组审核实施。

（2）对网络查控系统无法以“总对总”方式线上扣划的人身保险产品，执行实施团队根据案件需要，决定并制发退保执行告知书，被执行人下落不明或拒签退保申请书时，制作提取保险财产权益或强制退保扣划文书。

注：对查控到的被执行人具有理财、教育、养老、疾病医疗等性质的人身保险产品财产权益的执行按《台州市黄岩区人民法院人身保险产品强制执行工作指引》实施。对查控的人身保险产品，需要扣划或退保的，执行实施团队先联系保险公司联络人征询保险机构协助执行（参见“黄岩法院与银保监分局协作纪要”），在了解险种和可否退保处置后再制作文书交案管组线上或执行外勤组实施。

（3）对冻结股权的（首冻），核实是否属于有益处置的股权，执行实施团队在20日内核实确定是否有处置价值或是否需处置（承办人可核实调查企业工商档案信息、企业经营存续状况、实地调查经营场所、财产情况等，电话或约谈征询申请执行人意见），无须处置的书面说明情况附相关材料进行审批流程。

（4）查封、冻结、扣押其他财产的，在10日内核实是否处置，无须处置的书面说明情况并进行审批流程。

（5）申请执行人立案时提供具体财产线索，而查控组无法通过网络查控核实的，执行实施团队应当在10日内进一步调查核实及控制。情况紧急的，应当在5日内调查核实及控制，并将财产线索核实情况或控制情况电话回告或约谈告知申请执行人及回填节点；逾期未作出上述措施的书面说明情况，报执行指挥中心审批。

（6）若被执行人户籍在台州市范围外或申请执行人提供台州市范围外财产线索，5 日内向外地法院或当地村委会、居委会、财产登记机关发委托调查函，根据反馈结果再行处理。

3. 核实反馈被执行人财产申报情况

执行实施团队接收到被执行人财产申报的，应在 2 日内制作执行告知书附“财产报告表”，以约谈回告或移动微法院的方式反馈给申请执行人；被执行人未申报或逾期申报的视为拒绝报告财产。承办人应通过网络查控信息及申请执行人的质证意见等进一步核实被执行人财产报告情况。发现被执行人不如实申报财产或拒绝报告财产的，由执行实施团队依法作出罚款决定，情节严重的，移交拒执打击团队梳理完善材料，移送公安机关侦查追究其刑事责任。

4. 查控财产的变价处置

（1）对动产（机动车辆）的处置，按照下列情形办理：

①首封但未实际控制，且执行实施团队向执行指挥中心发起需求，要求拒执打击团队制发限期交出车辆通知书送达被执行人，同时由拒执打击团队统一查询车辆行驶轨迹并确认属于有益处置的，即时发起上网布控车辆申请。在限期交出车辆通知书送达 5 日后拒不移交的，执行实施团队在 5 日内作出罚款或拘留决定书，予以罚款或拘留，送达并录入节点（具备布控条件时对拘留人实施布控），由拒执打击团队移送拒执打击。承办人确认无益处置的，应书面说明情况附相关材料进行审批流程；被执行人书面报告车辆无法交出的，承办人接收材料后直接反馈给申请执行人及拒执打击团队，申请执行人有异议的由承办人负责核实处理。

②轮候查封的，执行实施团队 3 日内作出参与分配申请材料，送达首封法院承办人并录入节点，发送短信告知申请执行人。

（2）对不动产的处置，按照下列情形办理：

①对于首封但未腾空的房产，执行实施团队在 5 日内作出查封公

告、限期履行通知书完成送达张贴，送达之日起10日内未反馈当事人有履行或和解意向的，承办人应在5日内制作并送达张贴腾退公告（腾退期限为10~15日）。逾期未腾空的，承办人2日内作出停水、停电执行文书，以台州市机关“最多跑一次”服务平台线上或交执行外勤组在5日内送达实施。如当事人仍未主动腾空，承办人在腾退期限届满之日起1个月内，根据情节轻重予以罚款、拘留，以及直接移交拒执打击团队梳理完善材料，移送公安机关侦查追究其刑事责任。如需强制腾空，承办人在1个月内制作预案报执行指挥中心备案或由执行指挥中心统一协调实施。

②首封已腾空符合处置条件的，承办人应当在20日内主持双方当事人进行自主议价，并在议价完成当日将议价结果扫描上传动态档案卷。执行实施团队向网拍事务组发送办理网拍辅助事项时，应告知相关材料已入卷信息。逾期视为议价不能，如议价不能，承办人向网拍事务组反馈，并要求发起定向询价程序或对无法询价的财产发起评估程序。

③对于轮候查封的普通债权案件，执行实施团队3日内作出参与分配申请材料，送达首封法院承办人并录入节点、告知承办人。

④有优先受偿权但不是首封的，执行实施团队在5日内制作商请移送执行函，协商移送处置权。如取得处置权则按上述第①条要求处置。

（3）对股权及其他财产的处置，按照下列情形办理：

①查明被执行人有股票等证券产品、到期债权或工资、分红收入的，执行实施团队决定并制作强制卖出、扣留、冻结、提取文书，交由执行外勤组统一实施。

②轮候冻结、查封、扣留其他财产的，执行实施团队3日内作出参与分配申请材料，送达首封法院承办人并录入执行节点，发送短信告知申请执行人。

（4）执行款到位后，承办人须在收到进账短信后7日内办理出账手续或提交分配团队制发分配方案。逾期未作出上述措施的书面说明情况，报局领导作延缓发放审批，并将信息及时反馈给案管组案款发放监管岗。

（5）现场拘传、扣押车辆、强制现场腾房、实施现场搜查时，执行实施团队做好执行预案，并可向执行指挥中心提起事项需求申请，由执行指挥中心调配人员支援，亦可统一指挥实施。

5. 惩戒措施

（1）纳入失信被执行人名单。被执行人拒不报告财产又不履行的，在执行通知书和报告财产令发出后 1 个月内将其纳入失信被执行人名单。执行实施团队 2 日内制作文书并将法律文书送达、录入节点。如系国家工作人员、人大代表、政协委员等被纳入失信被执行人名单，制作敦促履行通知书送达其所在单位和相关部门，通报失信情况。国家机关、事业单位、国有企业等被纳入失信被执行人名单的，制作敦促履行通知书送达其上级单位、主管部门或者履行出资人职责的机构。

（2）限制出境备案、作废护照及通行证。被执行人拒不报告财产又不履行的，在执行通知书和报告财产令发出后 1 个月内纳入失信被执行人名单。由执行实施团队决定并制作限制出境及作废函等文书，以电子文书形式统一交由案管组集约实施。

（3）公告曝光。被执行人拒不报告财产又不履行的，在立案之日起 2 个月后由执行实施团队做出曝光公告，并由案管组收集曝光文书，在审核后制作 PPT 文档通过各途径发布（电视台图文频道、曝光大屏幕、公交车、各乡镇街道综合中心大屏等）。有现场曝光需求的，可向执行指挥中心提起事项需求，曝光公告交由执行外勤组统一送达村委会、居委会并实地张贴，执行外勤组将现场照片直接发给执行实施团队执行助理，由其上传并录入执行节点。

（4）被执行人已按时如实申报财产或已被查控财产足以清偿债务且不具有抗拒执行行为的，可决定暂不将其纳入失信名单、采取限制消费措施。被采取限制出入境、限制高消费、纳入失信被执行人名单的被执行人向执行法院申请信用修复、守信激励再创业的，由承办人按相关规定推进。

➢拒执打击团队

（一）职责

1. 收集、梳理并固定拒执证据，对接公安机关统一移送立案侦查；

2. 对被执行人查封车辆拒不交车行为的拒执打击；

3. 对被执行人拒不报告或虚假报告财产行为的拒执打击；

4. 对拒不腾房行为的拒执打击；

5. 对负有协助义务但拒不协助执行行为的拒执打击；

6. 对隐藏、转移、转让财产行为的拒执打击；

7. 对虚假诉讼、套路贷行为的拒执打击；

8. 对其他有能力而拒不执行，情节严重行为的拒执打击。

（二）工作细则

1. 对照车辆查控信息，开展拒执打击

已查封车辆的，由拒执打击团队制作发送限期交出车辆通知书给被执行人，在限期交出车辆通知书送达5日后仍拒不交车的，拒执打击团队对查控车辆进行初步筛选后，对接公安情报中心统一查询查封车辆的详细登记信息及车辆行驶轨迹。经确认属于有益处置的车辆且有效送达的，整理完善证据材料并制作移送立案侦查函移送公安机关依法追究刑事责任。录入拒执打击流程节点并发送短信告知双方当事人及案件承办人。

2. 对接执行实施团队，开展拒执打击

执行中，执行实施团队承办人初步查明被执行人具有拒不报告或虚假报告财产行为，拒不腾房行为，负有协助义务的拒不协助执行的行为，隐藏、转移、转让财产行为，虚假诉讼、套路贷行为以及其他有能力而拒不执行且情节严重的行为，将相关材料初步梳理汇总交由拒执打击团队审核并作查漏补缺，拒执打击团队整理完善证据材料并制作移送立案侦查函移送公安机关依法追究刑事责任。录入拒执打击流程节点并发送短信告知双方当事人及案件承办人。

3. 加强协作打击，跟踪管理

拒执打击团队加强与公安机关及检察机关的协调配合，借助、运用公安情报中心网侦、情报等侦查手段，收集固定规避执行、抗拒执行的证据，并做好拒执打击工作台账和执行节点录入及信息回告，及时跟进执行案件履行、和解及刑事立案、审判情况，实行动态管理。

（三）执行信息化建设方面

1. 执行实施团队（承办人）除要求执行指挥中心各事务组发起线上扣划、出境备案、曝光等集约事项之外，提交执行指挥中心的其他事项需求的，应当通过钉钉平台的指挥中心需求申请模块发起，执行指挥中心对执行实施团队的监管督办也应通过钉钉平台的指挥中心监管交办模块发起。在智慧执行 2.0 系统的功能模块完善后，积极运用相关功能，提升执行指挥中心实体化运行水平，做到监督管理、督办反馈全面，全流程留痕，实现精细化执行管理。

2. 转变固有工作习惯，适应无纸化办案新常态。执行过程中产生的所有纸质材料均应在形成后当日或次日扫描入卷、编目归档。各执行实施团队（承办人）要转变固有工作思维和工作习惯，按照无纸化办案工作指引要求，落实全流程、全要素无纸化办案模式。如查控组将网络集中查控结果誊录在电子档案卷的财产调查报告单后，以短信形式告知承办人已完成网络集中查控，不再流转任何纸质材料或案卷皮。执行实施团队（承办人）应实时查阅电子档案卷并同步推进开展强制执行措施。

3. 执行实施团队（承办人）和执行外勤组要广泛、深度应用“智慧执行”等移动端。借助移动微法院、浙政钉“智慧执行”等移动端，做到在线调查取证，实时回告当事人，图片音视频同步上传电子档案卷，在线实时生成法律文书，在线发起及审批签章，以及运用车载移动蓝牙打印机等实现移动执行办案，提升执行办案效率效果。

4. 加强执行大数据的挖掘利用，积极参与社会综合治理。强化执行指挥中心的拓展和延伸反馈功能，通过大数据研判，深度分析执行案件信息，进行类案提炼，梳理共性问题，预测执行工作态势，助力精准执行。同时，积极参与融入社会综合治理，发现矛盾问题，预判发展变化趋势，制发司法建议白皮书，为当地党委政府及上级法院科学决策提供参考。

执行权并联协同运行工作指引（试行）

（2023 年 10 月 20 日）

为全面落实人民法院执行指挥中心集约化、标准化、规范化、实体化运行工作要求，台州市黄岩区人民法院以执行规范化建设为抓手、执行信息化建设为支撑，司法警察编队管理派驻使用为重要保障，结合本院执行工作实际，推行执行权运行模式并联协同改革。为构建完善执行指挥中心实体化运作，进一步优化团队建设，明确权责归属、规范流程节点，切实提升执行办案质效，推进执行工作体系和执行工作能力现代化，制订本工作指引。

1. 执行指挥中心

执行指挥中心下设诉求管理组、质效管理组、财产查控组、网拍管理组、综合管理组、警务管理组。

1.1　诉求管理组

1.1.1　多维分流岗

①初步核对立案庭移交的案件立案信息，核对无误后接收案件。

②对符合上级法院指定管辖条件的案件，汇报执行中心负责人审核，确定符合条件的，发起指定管辖审批。

③对诉保足额案、网冻足额案（首次“总对总”查询反馈、查控

后）、发送协执即可办结的行为执行案、诉讼费执行案等直接流转至执行指挥中心办理。

④对分流后的案件，在实施团队之间按照第一被告户籍所在地进行轮序分案，第一被告户籍所在地在辖区外的按照其他被告户籍所在地确定；仅有一名被告或所有被告户籍所在地均在辖区之外的，在各团队之间轮序分案。实施团队团队长可以根据本团队的情况，另行调整案件。

1.1.2　首次接待岗

在分案当天通过电话联系申请人，告知其权利、义务，引导申请人尽可能提供被执行人详细信息，包括财产线索、被执行人下落、工作单位等，将明确提供财产线索、被执行人下落的载入台账，发现案件有重大、紧急、特殊情况需要采取措施的载入台账，并立即上报指挥中心。

1.1.3　来访接待岗

①接待来访当事人，对可当场办理完结的事项、简单咨询事项当场办理完毕。

②对申请执行人提供的财产线索、被执行人下落等载入台账流转至相应实施团队。

③对情绪较为激动、反馈事项复杂、有信访上访倾向的当事人，直接联系实施团队进行接待。

④各实施团队应确定固定接待日，及时接待当事人。

1.1.4　诉求跟踪岗

对申请人提供的财产线索、被执行人下落等诉求进行跟踪。实施团队对诉求的核查，所涉财产、被执行人下落在辖区内的，一般要在10日内完成并反馈。

1.2　质效管理组

1.2.1　质效分析岗

①每月撰写执行管理工作通报，结合案件质量综合指数、“3+1”核心指标等分析短板弱项指标情况。每月召开执行质效分析会，视情况

由执行指挥中心、各实施团队就工作推进情况发言。

②监督办案办理期限，无财产可供执行案件应在3个月内办结；对超4个月未结案件，由实施团队团队长查找原因，督促承办人做好结案计划；对超5个月未结且无网拍记录的案件，移交执行指挥中心负责人进行案件评查，协助制订执行方案，必要时提交专业法官会议研究执行方案。

1.2.2 终本审核岗

①负责审查以终本报结案件，对实施团队提请终本审核的案件，在2日内对执行流程节点完成情况进行检查，审查是否符合终本实质要件，包括被执行人是否确无财产可供执行或发现的财产客观上不能处置等；是否符合终本程序要件，包括线索核查、现场调查、系统查控、财产处置、资金扣划、信用惩戒、限高、限制出境、终本约谈告知、终本裁定内容等十大项内容是否完备。

②对符合终本条件的案件签署审核表，对不符合终本条件的案件载明不符合原因并提请指挥中心负责人介入，确定不符合的退还实施团队。

1.2.3 司法公开岗

①监测财产查控情况，查控到位3日内向当事人推送银行账户实际控制金额、不动产/动产查控信息、现场走访情况等。

②汇总执行实施团队制作的失信被执行人曝光公告，统一编辑制作PPT文档并发布推送至电视台图文频道、公交车、法院大屏幕、辖区各乡镇街道综治中心多媒体屏等平台，或推送至警务管理组进行外勤张贴，及时维护执行事务大厅电子显示屏、告示栏，更新失信被执行人员名单等信息。

1.3 财产查控组

1.3.1 线上查控岗

①在执行立案后48小时内发起第一次“总对总”“点对点”网络

查询。

②网络查控系统反馈被执行人有银行存款、不动产、车辆、股权、证券、网络资金、保险产品等财产的，查控组应在查询结果反馈后24小时内作相应处理。

③能够网络冻结的银行存款、网络资金（微信财付通、支付宝、网银）等，由查控组即时发起网络冻结控制，做到应冻尽冻。

④被执行人的车辆登记在台州市范围内的，制作协助执行通知书，通过车辆查控专线实施查封，查封反馈结果在当日扫描上传电子卷宗。

⑤网络查控系统查询反馈的不动产、公积金、股权在本院辖区内的，由查控组制作协助执行通知书，通过“执行一件事”线上办理查封、冻结，查封、冻结反馈结果及平台送达流程在当日扫描上传电子卷宗。无法线上查控的，制作执行文书后交警务管理组作为“其他外勤财产处置”实施查控，查封反馈结果在当日扫描上传电子卷宗。

⑥被执行人财产位于辖区范围（区）之外的，制作协助执行通知书，在3个工作日内通过人民法院执行指挥管理平台的事项委托模块委托财产所在地法院查封、冻结。

⑦查控组在发送执行通知书、限制消费令的10日内，将被执行人录入限制高消费系统，并录入限高执行节点。

⑧在上级法院市区一体化统一查控基础上，仅对执费案件操作上述流程。

⑨汇总查控反馈情况，负责将线上和线下的财产查控结果录入相应执行节点，自动回填财产调查报告表并推送入电子档案。

⑩立案3个工作日内集中制作及送达格式化法律文书，格式化法律文书包括执行通知书或责令履行特定行为通知书、报告财产令及财产报告表、限制消费令、查扣冻大裁定（概括性执行大裁定）、传票、执行风险告知书、廉政监督卡等7类。

⑪在上级法院市区一体化统一查控基础上，仅对执费案件操作上述

流程。

1.3.2　查控监管岗

①对未网冻足额但存在动产、不动产、股权、保险等财产的，将财产载入台账并对其进行跟踪，重点监督查控财产是否穷尽执行，一般在立案1个月后向承办人核实财产是否已经启动处置。

②对终本老案中存在的银行存款、工资冻结、财产冻结等情况，不断完善台账进行重点监控，定期制作相应文书采取扣划、续冻等推动处置措施，采取处置措施之前应向相应实施团队核实情况。

1.4　网拍管理组

①接受财产处置岗移交的拍卖申请后，审查裁定书、产权登记信息、司法处置价建议、财产清单以及送达情况等材料是否齐备，对有疏漏或有程序瑕疵的，要求补正完善。

②统一制作询价文书发起税务机关定向询价，如具备以台州市机关内部“最多跑一次”服务平台线上办理条件，亦由网拍管理组集约完成。

③财产处置岗确定起拍价之日起3个工作日内，完成拍卖公告制作、签批并发布上网，并在拍卖公告发布3日前送达通知书告知当事人、优先购买权人及利害关系人。

④持续关注拍卖进展，若流拍及时启动二拍或变卖，若拍卖成交，及时联系买受人交付拍卖尾款。

⑤拍卖款项全额缴纳后，在2个工作日内拟定拍卖成交裁定及协助执行通知书，经审核及签批，在拍卖尾款付清之日起10日内完成成交确认书、成交确权裁定等文书的确认、送达在内的财产交付工作。上述工作全部完成后2个工作日内，完成相关材料入电子卷宗并告知财产处置岗。

⑥承担网拍过程中的其他工作，包括拍录标的物的照片、视频，上传拍卖标的的拍卖公告、拍卖注意事项、照片、视频及文字说明等至网拍平台，拍卖咨询答复，引领现场看样等。

1.5　综合管理组

1.5.1　内跑对接岗

对实施团队通过“执行一件事”提起的银行存款、公积金存储余额、保险产品等在线扣划或办理的申请，进行形式审查后以“最多跑一次”服务平台或浙政钉线上发起扣划、强制退保并扣划保单现金价值等。

1.5.2　案款分配岗

①对承办人移交的、被执行人为自然人或其他组织的、执行到位款项不能清偿所有债权的、其他债权人对同一被执行人申请参与分配的案件，统一拟稿制作分配方案，并交由实施团队审核、合议庭评议后发起签批，并向当事人及利害关系人送达分配方案。

②对工资、扣划存款等货币类财产分配，应在移交后的 3 个工作日内作出分配方案；涉及动产、不动产拍卖、变卖款分配的，应在移交后的 5 个工作日内作出分配方案。情况复杂需要延长分配方案制作时间的，应报请指挥中心负责人批准。

1.5.3　案款监管岗

对案款 2.0 系统收付款情况进行实时监管。对超 3 日未发放的执行款进行跟踪督促，包括即将超期或已超期仍未发放且没有延缓发放审批的，对超 5 日未发放的执行款台账报执行指挥中心负责人；对发放给并非本案当事人的案外人的执行款，接收钉钉平台审批流时进行审核把关，无法审核确认的报执行指挥中心负责人。

1.5.4　指挥调度岗

①对执行力量实施统一协调、统一指挥调配，各环节承办人办理涉拘传被执行人、扣押车辆、强制腾房、现场搜查等需要人员支援的，在执行局内召集、组织、调配干警参与执行。

②对承办人提起并经审批的派车需求进行调度。

③每日登录最高人民法院的“人民法院执行指挥中心综合管理平

台”及上线值守备勤“人民法院执行指挥互联网应急调度服务平台”，查看、接收上级交办的信息及任务，并即时层报执行指挥中心负责人。

④每周统计实施团队对被执行人下落的布控需求，收集公安协查函、拘留决定书、执行通知书、执行依据等材料移交公安机关。

⑤合理安排24小时备勤接警值班表，另配置好备勤所需相关的文件材料，包括健康登记表、拘留人员登记表、异地拘留审批表等。

1.5.5 备勤接警岗

备勤接警岗应保持值班电话及自有手机24小时畅通，关注备勤电话所收到的短信。工作时间接警后，应将相应信息流转至警务管理组，由警务管理组安排警力处置，包括至协查机关所在场所带人、看押、健康体检、送拘等；夜间接警后，应及时出警处置。若遇到紧急事情，需要多人协作，一般由下一周的值班人员进行协作。

1.6 警务管理组

1.6.1 执行110岗

1.6.1.1 拘传送拘

①对执行指挥中心发起的实施团队所提请的被执行人线索或备勤接警岗接收的公安协助控制到位的被执行人，应及时出警进行拘传；对申请人提供的在辖区范围外的被执行人线索、公安已经控制的被执行人由警务管理组出警拘传。

②对被执行人需要送拘的，交由警务管理组完成送拘前的健康体检并送至相应拘留所。

1.6.1.2 查扣车辆

对有价值的查控车辆发起公安协查，对其中有轨迹的车辆反馈给实施团队，由实施团队判断是否需扣押，对需扣押的车辆对接公安予以扣押，另对申请人提供的被执行人车辆线索出警核实扣押。上述车辆扣押后，送至相应的停车场予以保管，办理相应的车辆入库手续，并张贴封条、裁定等。

1.6.1.3　拒执打击

①审核实施团队提交的初步拒执线索及证据材料，进行查漏补缺。

②协助实施团队对涉拒执被执行人等制作调查笔录。

③草拟移送公安机关侦查函并提交“三打”专班讨论。

④移送公安机关侦查函定稿后流转至实施团队审核签批。

⑤向公安机关移送拒执案件材料。

⑥录入拒执打击流程节点并发送短信告知双方当事人及承办人。

⑦跟进拒执案件的公安立案、检察起诉、法院判决情况及案件履行情况。

⑧对于公安机关决定不予立案、检察院决定不起诉的案件，及时跟进，研判后认为需要追究刑事责任的，积极引导当事人提起刑事自诉。

1.6.1.4　协助保全

①接受立案庭、审判业务庭诉前保全、诉中保全、诉后保全等申请，制作协助执行通知书等并开展实施。

②根据实施团队的申请，通过车辆查控专线对被执行人的车辆实施查封、解封措施。

1.6.1.5　机关安保

强化机关安全保卫，确认每日安保备勤人员，对各种突发状况迅速做出反应，确保执行工作有序开展。

1.6.1.6　异地执行

根据执行指挥中心的调度，赴辖区外单独办理或辅助实施团队办理执行事务；协助外地法院办理执行事务。

1.6.1.7　其他协助工作

根据执行指挥中心的调度，参与凌晨夜间大执行、重大执行活动、审执协同、现场搜查、公告张贴等其他执行事务工作。

1.6.2　财产处置岗

对实施团队移交的不动产、动产等财产在合理期间内处置、变现，移交处置的财产应符合基本的条件，包括权属明确、本院首封或首封法院已移交处置权等。财产处置岗主要职责为办理现场查封或扣押、财产现状的调查、确定处置参考价、拍卖、交付、案款处置等。定期上报指挥中心财产处置进度（财产被查封、扣押、冻结后，一般应在7日内启动财产处置程序），遇有疑难、复杂事项的，及时报告指挥中心或实施团队。

1.6.2.1 房产（土地）处置

①处置启动条件。涉及房产案件，在房产查封后由实施团队初步判断需处置或是需现场调查。对初步判断需处置房产，实施团队制作并发送限期履行通知书、责令交出证照通知书后，流转至财产处置岗，财产处置岗现场张贴（制作）查封公告、限期履行通知书、责令交出证照通知书等，并按照不动产要件调查表载明的要素进行不动产现场调查，包括土地用途、土地使用权种类、权属、权利负担、占有使用、已知瑕疵、欠缴的税费和本次变价应交税费的计算方法以及其他实际状况等；调查方法为现场调查及发起部门、相关部门征询等，制作《分类财产要件调查表》，并作出处置的相关建议；实施团队流转需要作现场调查、无法变现的房地产，财产处置岗应进行调查、拍录，作出是否符合强制管理或无益处置的判定并形成报告入卷。

②涉以下4种情形：一是若涉及抵押房产，财产处置岗应向抵押权人发出抵押权人告知书；若涉及共有不动产，需析产分割后处置，可以向被执行人及其他共有人（案外人）送达析产告知书，也可以向申请执行人直接送达代位析产诉讼告知书。二是若被执行人及其他共有人（案外人）自行析产，财产处置岗应将析产结果告知申请执行人，如申请执行人有异议，告知其可代位提起析产诉讼；若申请执行人对析产结果无异议，可按此析产结果进行拍卖；若申请执行人、被执行人及其他共有人案外人均未提起析产诉讼或自行析产，可裁定径直分割后处置。三是若涉及唯一住房，财产处置岗可引导申请执行人提交拍卖唯一住房

申请书，并向被执行人发送拍卖被执行人唯一住房执行告知书，被执行人可提出唯一住房保障申请，并可选择相应过渡方案。唯一住房安置费按当地房屋租赁市场平均租金标准计算 5 ~8 年并在拍卖款里扣除（一般按一人 800 元每月、二人 1000 元每月、三人及以上 1200 元每月）。根据查控反馈产权信息、抵押信息等，初步判断房产是否应予以处置且是否为有益处置（有必要的需发出抵押权人告知书进一步核实抵押具体情况）。四是若涉及带租拍卖或涤除租赁，需审查租赁是否合法，初步认定为带租拍卖的或是租赁不足以对抗申请执行人或者占有无法对抗申请执行人或占有不合法，告知承租人可提出执行异议要求带租拍卖，或作涤除租赁裁定书。

③根据《分类财产要件调查表》以及初步调查情况，实施团队认为可以处置的，制作并提起签批拍卖裁定书，由财产处置岗继续推进财产处置；认为符合上级法院《关于规范两类终结本次执行程序条件报核和审核程序的通知》《关于终本审核的几点提示》等规定的，由实施团队作终本处置。

④制作腾房公告，经签批后送达并现场张贴。不动产的腾退应以腾空为原则，暂缓腾空为例外。申请人申请暂缓腾房的，应缴纳保证金并作出书面腾空承诺。保证金金额可按 1 ~6 个月租金或拍卖房产评估价（处置参考价）的 5% ~10% 标准计算。若被处置不动产为被执行人及其所抚养家属维持生活所必需的居住房屋（唯一住房等），可不缴纳腾空保证金，但应在保证书中写明“如不按时腾退，执行法院可在安置费中扣除相应金额”。强制腾房，发出腾退公告 10 日后未自觉腾房，亦未申请暂缓腾房（涉及案外人的，应向其发出协助执行通知书）的，启动强制腾房程序，可视情况采取停水、停电、换锁查封、搜查等执行措施。仍未腾退的，应作出罚款、拘留决定等及移送公安机关追究拒执责任。

⑤参考价的确定。拍卖裁定送达后，3 日内发送自主议价短信。议

价不成的由网拍管理组按照定向询价、网络询价、委托评估的顺位发起确定参考价，并制作起拍价建议书。

⑥拍卖及交付。由网拍管理组制作拍卖公告审批通过后于挂拍前3日告知本案当事人及已知优先购买权人，并将拍卖公告在不动产所在地或所在小区、社区现场张贴。拍卖成交后，由网拍管理组交付文书、财产处置岗人员负责现场交付。

⑦移交分配。制作《移交分配表》，列明网拍服务费、开锁费、评估费、税费、唯一住房安置费、抵押债权等优先扣除的款项。实施团队标注保全案件、其他法院参与分配等特殊情况后，由实施团队移交案款分配岗进行案款分配。

⑧自不动产现场查封移交处置后，财产处置岗应在2个月内完成拍前准备工作，并将不动产移交网拍工作室拍卖，有特殊原因无法办理完成或在处置过程中发现不适宜拍卖的应及时报告指挥中心相关情况。

1.6.2.2　车辆处置

①处置启动条件。应先予查封、责令交出车辆通知书，结合查明的车辆现状、价值、轨迹情况等，由实施团队决定是否启动扣押，扣押可通过公安协查等方式进行。车辆扣押后7日内，实施团队决定处置的，制作相应拍卖裁定经审核、签批后流转至财产处置岗进行处置，如车辆有抵押登记，则财产处置岗制作抵押权人告知书并向抵押权人送达。

②拍卖裁定送达后，3日内发起委托车辆检测并发送自主议价短信。议价不成的，即发起车辆的网络询价。结合车辆的检测报告、询价报告、抵押情况制作起拍价建议书。

③拍卖及交付。网拍管理组制作拍卖公告经审批通过后于挂拍前3日告知本案当事人。拍卖成交后，由网拍工作室交付文书、财产处置岗人员负责现场交付。

④移交分配。制作《移交分配表》，列明网拍服务费、开锁费、停车费、检测费、评估费、抵押债权等优先扣除的款项。实施团队标注保

全案件、其他法院参与分配等特殊情况后，由实施团队移交案款分配岗进行案款分配。

⑤自车辆移交处置后，财产处置岗人员应在1个月内完成拍前准备工作，并将车辆移交网拍工作室拍卖，有特殊原因无法办理完成的应及时报告指挥中心相关情况。

1.6.2.3　设备处置

①处置启动条件。实施团队应采取加贴封条的方式先予查封，不便加贴封条的，应当张贴公告，并制作查封扣押清单及笔录，由在场人签名或盖章交由被执行人一份，决定处置的流转至财产处置岗。设备可以由本院自行保管，也可以指令申请执行人或被执行人负责保管，必要时还可以委托其他单位或个人保管。委托当事人或其他单位、个人保管的，应当制作笔录并将保管财产委托书送达保管人。保管费用由被执行人负担，并在变价款中作为变价费用优先扣除。

②实施团队拟进行财产变现处置的，应流转至财产处置岗对动产现状进行查明，包括查封、抵押、融资租赁、质押、留置等情况，调查方法为现场调查及向市场监管部门调取信息等。

③拍卖的启动。财产处置岗依据查明的设备现状向实施团队进行整体汇报，由实施团队决定是否启动拍卖。财产处置岗需对汇报情况负责，有特殊情形的形成书面材料入电子卷。实施团队决定拍卖的，制作相应拍卖裁定经审核、签批后流转至财产处置岗进行处置。

④拍卖裁定送达后，发送自主议价短信，议价不成的，委托评估机构评估确定参考价，制作起拍价建议书。

⑤制作拍卖公告经审批通过后于挂拍前3日告知本案当事人。拍卖成交后，由网拍工作室交付文书、财产处置岗人员负责现场交付。

⑥移交分配。制作《移交分配表》，列明网拍服务费、搬运费、保管费、评估费、抵押债权等优先扣除的款项。实施团队标注保全案件、其他法院参与分配等特殊情况后，由实施团队移交案款分配岗进行案款

分配。

⑦自机器设备等动产查封移交处置后，财产处置岗人员应在1个月内完成拍前准备工作，并将该财产移交网拍工作室拍卖，有特殊原因无法办理完成的应及时上报相关情况。

1.6.2.4　其他外勤处置

根据执行指挥中心的调度，单独办理或辅助实施团队办理其他需要出外勤处置的财产的冻结、查封、扣押、扣划等。

2. 执行实施团队

由团队长作为新案的系统承办人，由执行员作为老案的日常管理人，实行由团队长主导、与指挥中心协同、按地域分片管辖、新老案统筹兼顾的团队化、并联式办案模式。根据案情需要，实施团队行使以下职责，对本工作指引未明确归属执行指挥中心之职责，由实施团队承担。

2.1　团队长特殊职责

①团队长一般由中层正、副职或员额法官担任，除承办案件外，另应承担部分重点项目，以及行使团队的行政管理和业务管理职权，负责团队案件质效、队伍建设和廉政建设。

②管理团队所属人员，落实“一岗双责”，强化对执行工作廉政风险点的排查和防范。

③制定并执行本团队成员的岗位职责，对团队成员进行业务培训和指导。

④在职权范围内，合议、签发执行决定、裁定等法律文书。

⑤关注团队未结案情况，督促本团队成员承办案件的办理进度。

⑥研判团队成员提交的疑难复杂案件的执行措施，组织和指挥具体的实施工作，确属重大疑难复杂案件的，提交执行指挥中心介入。

⑦组织落实本团队承担的信息宣传、理论调研、典型案例分析等综合工作。

⑧协调解决团队工作中遇到的其他问题。

2.2　实施团队一般职责

①对首次接待岗提供的台账以及执行过程中申请执行人提供的明确、具体的线索、情况进行调查核实，并根据实际情况作出查封、扣押、冻结等执行措施。

②关注网络查控信息，对财产查控岗未及时查控但认为有必要控制的财产，及时采取查封、扣押、冻结等执行措施，对实物的现场查封、扣押可以交由警务管理组实施。

③根据实际需要及时传唤被执行人及相关人员到指定场所接受询问，查明被执行人的财产状况和履行义务的能力，拘传可由警务管理组实施。

④对拒不申报财产、拒不履行义务的被执行人或其他人作出拘留、罚款文书。

⑤对非实物财产经研判需处置的，采取处置措施，若处置财产在辖区之外且仅能线下处置的，可交由警务管理组处置。

⑥对实物财产经研判需处置的，交由警务管理组处置，对处置是否及时、高效进行监督，对处置过程中的疑难复杂问题进行指导。

⑦发起执行款出账发放、延缓发放、提存申请，或填写《移交分配表》移交案款分配岗。

⑧需进行现场调查并张贴相关法律文书，现场调查场所在辖区外的，可以交由警务管理组实施。

⑨对无财产可供执行需终结本次执行的，对申请执行人作出终本约谈，对符合终本实质、程序要件的，移交终本审核岗审核。

⑩对涉拒执行案件，完成前置程序及初步取证后，移交警务管理组梳理完善材料，移送公安机关侦查追究其刑事责任。

⑪对需要查控监管岗定期扣划、续冻的财产，及时报送查控监管岗纳入监管范畴。

⑫开展其他有利于案件执行的调查取证、约谈、和解等工作。

2.3 实施团队终本管理职责

①根据辖区内各乡镇街道案件实际情况，对终本老案采取分片管理模式，在管理过程中，涉及实施、处置行为的参照2.2。

②确定固定接待日，及时至大厅接待终本案件来访当事人、接受所提交的材料。

③接受终本案件当事人提出的继续查控、解除查控、变更、追加当事人、参与财产分配等各类申请，并及时处置或转交。

④对终本案件申请人提出的恢复执行申请，按照法律法规要求，综合考虑案情等其他因素进行审查。

⑤对查控监管岗定期扣划、提存、续冻等事项进行审查；入账后进行发放或流转至案款分配岗。

⑥办理终本案件其他事项。

司法警务辅助人员管理规定

（2023年6月29日）

第一章　总　　则

第一条　为了规范司法警务辅助人员（以下简称辅警）管理，保障辅警依法履行职责，维护辅警合法权益，参照《浙江省公安机关警务辅助人员条例》，结合本院实际，制定本规定。

第二条　本规定所称辅警，是指纳入核定的用人额度管理并面向社会公开招聘，为法院司法活动提供辅助支持的非政法专项编制、事业编制工作人员。司法雇员除招录程序按上级法院、本院有关规定执行外，其他参照本规定进行管理。

第三条　辅警按照职责分为勤务辅警和文职辅警。勤务辅警协助从事执法执勤和其他勤务活动，主要包括：执行辅警、值庭辅警、驾驶员等；文职辅警负责协助从事行政管理、技术支持等工作。

第二章　招聘与录用

第四条　招聘辅警应当遵循公开、平等、竞争、择优的原则，统一招聘标准和程序，严格选拔聘用，并接受社会监督。

第五条　招聘辅警应当经过发布招聘公告、报名、考试（笔试和面试）、体能测评（根据岗位需要视情开展）、体检、政治考核、公示和签订劳务派遣合同等程序。

发布招聘公告，应当载明招聘的岗位、人数、报名条件、需要提交的材料等内容。

第六条　应聘辅警应当具备下列条件：

（一）具有中华人民共和国国籍；

（二）拥护中国共产党领导和社会主义制度；

（三）拥护中华人民共和国宪法，遵守法律、法规；

（四）年满十八周岁并且一般在四十周岁以下；

（五）具有大学专科以上文化程度；

（六）具有履行岗位职责所需的身体条件、心理素质和工作能力；

（七）符合招录岗位需要的其他条件。

第七条　下列人员应聘辅警的，其学历可以放宽至高中（中专），并可以优先录取：

（一）烈士遗属，因公牺牲的军人、人民警察、辅警的遗属，病故军人遗属；

（二）退役军人；

（三）国家综合性消防救援队伍转退的救援人员；

（四）见义勇为人员；

（五）符合规定的其他人员。

第八条　有下列情形之一的，不得招聘为辅警：

（一）受过刑事处罚或者涉嫌犯罪尚未结案的；

（二）因吸毒、赌博、卖淫嫖娼、故意伤害、寻衅滋事等行为受过行政处罚的；

（三）被开除公职的；

（四）被依法列为失信联合惩戒对象的；

（五）符合规定的其他情形。

第九条 辅警录用后与法院指定的第三方劳务派遣公司签订《劳动合同》（期限为两年以上三年以下），实行三个月试用期，试用不合格的不予录用（具体按劳动合同规定）。根据实际工作时间，按月发放固定工资。

第三章 职责和规范

第十条 勤务辅警根据法院的工作安排或统一指挥，可以协助从事下列工作：

（一）巡逻、值守、安全巡查，维护法庭秩序，做好值庭工作；

（二）开庭排期、非结论性文书制作、文书送达、系统录入等；

（三）驾驶与其驾驶资质相符的警用或公务车辆等交通工具，警用装备日常维护，使用约束性警用设备；

（四）符合规定可以协助从事的其他工作。（从事其他符合规定的工作）

勤务辅警在正式干警带领下可以协助从事下列工作：

（一）调查取证、现场勘查；

（二）查询、冻结银行存款；

（三）裁判文书拟稿；

（四）参与强制执行工作；

（五）押解；

（六）符合规定可以协助从事的其他工作。

第十一条　文职辅警可以协助从事下列法院非执法岗位相关工作：

（一）文书打印、档案管理等行政管理工作；

（二）计算机网络维护、软件研发等技术支持工作；

（三）后勤保障工作；

（四）符合规定可以协助从事的其他工作。

第十二条　辅警不得从事下列工作：

（一）办理涉及国家秘密的事项；

（二）签发裁判文书；

（三）作出司法强制措施决定；

（四）保管武器和警械；

（五）法律、法规规定不应从事的其他工作。

第十三条　辅警应当遵守法律法规、忠于职守、服从命令、文明履职，不得有下列行为：

（一）组织或者参加非法集会、游行、示威等活动；

（二）组织或者参加非法组织；

（三）泄露国家秘密、工作秘密、商业秘密或者公民个人信息；

（四）包庇、纵容违法犯罪活动；

（五）利用工作之便为自己或者他人谋取不当利益；

（六）工作态度蛮横、行为粗暴、故意刁难；

（七）从事或者参与同履行职责相关的营利性活动；

（八）其他违法违规或者超越权限的行为。

第四章　权利与保障

第十四条　法院指定的第三方劳务派遣公司应当为辅警依法办理职工基本养老、基本医疗、工伤、失业、生育等社会保险，并按照规定缴存住房公积金。

第十五条　辅警依法享有参加工会和国家、省规定的年休假、探亲假、婚假、产假、护理假等休息休假权利。

法院应当组织辅警参加健康体检。

法院应当为具有岗位危险性的辅警投保人身意外伤害保险。

第五章　管理和规范

第十六条　建立健全辅警行为规范、考勤考核、奖励激励等管理制度，运用数字化等手段加强对辅警的日常管理和监督，优化工作流程，提高辅警履职能力和工作效率，合理使用辅警。应当对辅警的政治素质、业务能力、工作绩效、培训训练等情况进行考核，考核结果作为辅警层级化管理、奖惩、续聘、解聘的主要依据。

第十七条　辅警在履行职责过程中，参照法律法规的规定进行回避。

第十八条　辅警有下列情形之一的，依法解除劳动合同：

（一）在试用期间被证明不符合聘用条件的；

（二）不服从岗位调整或者经过培训、调整岗位仍不能胜任工作的；

（三）严重违反工作纪律的；

（四）严重失职或者徇私舞弊的；

（五）被依法列为失信联合惩戒对象的；

（六）因吸毒、赌博、卖淫嫖娼、故意伤害、寻衅滋事等行为受到行政处罚的；

（七）被依法追究刑事责任的；

（八）法律、行政法规规定以及劳动合同约定的其他情形。

第十九条　辅警提出辞职，应当经部门负责人和分管院领导同意，提前一个月提交辞职报告给政治部。离职当月，工资按实际工作时间折算发放。离职时，应完成工作、财物等交接，提前三天发起离职审批流程，审批完毕，方可离职。不按规定或未在规定期限内履行离职手续的，属违约行为，将按擅自离职处理，并保留其行为可能给单位造成利益损失进行索赔的权利。

第六章 附 则

第二十条 本规定未尽事宜，参照有关政策办理。今后有新规定的，按新规定执行。

第二十一条 本办法由本院政治部负责解释，自公布之日起施行。

司法警务辅助人员等级管理办法（试行）

（2023年6月29日）

第一条 为规范司法警务辅助人员管理工作，不断提升司法警务辅助人员工作能力，建立一支正规、专业、稳定的司法警务辅助人员队伍，结合我院工作实际，制定本办法。

第二条 本办法适用于我院除司法雇员以外的司法警务辅助人员，含勤务辅警（包括执行辅警、值庭辅警、驾驶员等）、文职辅警等。

第三条 等级

司法警务辅助人员实行分级管理，分为三级九等。

根据从低到高的顺序，分为：初级司法警务辅助人员、中级司法警务辅助人员、高级司法警务辅助人员。

初级司法警务辅助人员分为：三等初级司法警务辅助人员、二等初级司法警务辅助人员、一等初级司法警务辅助人员。

中级司法警务辅助人员分为：三等中级司法警务辅助人员、二等中级司法警务辅助人员、一等中级司法警务辅助人员。

高级司法警务辅助人员分为：三等高级司法警务辅助人员、二等高级司法警务辅助人员、一等高级司法警务辅助人员。

第四条 定级

（一）司法警务辅助人员等级根据工作年限、工作表现及业务技能确定，其中高级司法警务辅助人员比例不超过核定数的20%。

（二）面向社会公开招录的司法警务辅助人员试用期3个月，在试用期内为见习司法警务辅助人员，试用期满考核合格的评定等级。

（三）具有大学本科学历的，首次评定等级可以评定为二等初级司法警务辅助人员；具有硕士以上学历的，首次评定等级可以评定为一等初级司法警务辅助人员。

（四）司法警务辅助人员参加法院工作满10年的，首次评定等级可以评定为一等初级司法警务辅助人员。

（五）具备以下其中一项条件的，可直接评定为三等中级司法警务辅助人员：

1. 通过国家统一法律职业资格考试或国家司法考试，并取得A类法律职业资格证书。

2. 具备普通高等学校法学类本科或以上学历并获得相应的学位证书。

第五条 自然晋升

司法警务辅助人员岗位等级经首次评定后，一般逐等晋升。晋升级别的，应进行晋级考核，择优选升。年度考核均为合格以上等次的，每满2年可以晋升一个等次。

第六条 破格晋升

司法警务辅助人员有下列情形之一的，可由党组研究决定，予以破格晋升或跨越等次晋升：

（一）连续三年年度考核均为优秀的；

（二）获得市级以上个人荣誉称号的；

（三）在省、部级技能竞赛中取得前10名，市级技能竞赛中取得前6名；

（四）其他工作表现突出、工作成绩显著的情形。

第七条　司法警务辅助人员年度考核基本合格者，对其进行批评教育、限期改正，予以降一等次处理；连续两年考核基本合格或者当年年度考核不合格的，解除劳动关系。

第八条　司法警务辅助人员等级起算时间：

（一）首次评定司法警务辅助人员等级的，从院党组讨论确定之日起算；

（二）正常晋升司法警务辅助人员等级的，从达到晋升条件之日起算；

（三）破格晋升或跨越等次晋升司法警务辅助人员等级的，从批准之日起算。

第九条　司法警务辅助人员的等级、聘任岗位与司法警务辅助人员的薪酬待遇挂钩。

（一）工资由基础工资、工龄工资、等级工资、岗位补贴、绩效奖金及其他项目组成，按月发放。

（二）各级别和等次的司法警务辅助人员享受相对应的等级工资。

（三）经院党组商量确定的特殊岗位，享受岗位补贴。享受岗位补贴的司法警务辅助人员调整岗位时，次月起不再保留相应的岗位补贴。

（四）基础工资、工龄工资、等级工资、岗位补贴、绩效奖金等工资标准由院党组讨论确定。

第十条　本规定未尽事宜，参照有关政策办理。今后上级部门有新规定的，按上级部门规定执行。

第十一条　本办法由本院政治部负责解释，自公布之日起施行。

第二部分　理 论 成 果

人民法院数字化改革的三个维度*

徐乐盛

以智慧法院建设服务保障经济社会全方位数字化转型，人民法院要因时而变，把握法院数字化改革的时代特征；要随事而制，突出法院数字化改革的问题导向；要以日新为道，坚定法院数字化改革的持久韧性。

习近平总书记关于全面深化改革的重要论述，深刻回答了为什么要全面深化改革、怎样全面深化改革等重大理论和现实问题。面对互联网、大数据、人工智能的快速发展，习近平总书记明确指出："把增进人民福祉作为信息化发展的出发点和落脚点，让人民群众在信息化发展中有更多获得感、幸福感、安全感。"① 这些年，人民法院认真贯彻习近平总书记关于全面深化改革和数字中国建设的重大部署，以智慧法院建设服务保障经济社会全方位数字化转型。基层法院领导干部如何学思践悟习近平总书记关于全面深化改革的重要论述？笔者有如下几点体会。

其一，因时而变，把握法院数字化改革的时代特征。当今世界正经历百年未有之大变局，数字技术催生新模式、新业态，同时也引发新矛盾、新纠纷。习近平总书记指出："全面深化改革必须以促进社会公平正义、增进人民福祉为出发点和落脚点。"② 基层法院推进数字化改革，首先要正确把握改革的方向、动因和技术条件。

---

* 发表于《人民法院报》2021 年 12 月 24 日。

① 《迈出建设网络强国的坚实步伐——习近平总书记关于网络安全和信息化工作重要论述综述》，载《人民日报》2019 年 10 月 19 日，第 1 版。

② 中共中央文献研究室编：《习近平关于协调推进"四个全面"战略布局论述摘编》，中央文献出版社 2015 年版，第 68 页。

践行以人民为中心，提供“数字化、一站式、一件事”的整体智治服务，不断增强人民司法获得感，这既是基层法院深化改革的必然方向，也是衡量法院工作得失的根本标准。在人案矛盾突出、激励手段有限的大背景下，必须发挥数字化改革的牵引作用，以数字化思维引领实践创新，通过流程再造、制度重塑、业务协同，提高工作效率、缓解工作强度，提升干警的获得感。

为解决应用系统碎片化问题，推进智慧法院建设应以全局观念和系统思维谋划，深化系统集成和协同高效。同时我们也必须清醒认识到数字技术的局限性，尤其是人工智能尚处于起步阶段，基层法院的数字化探索必须基于“技术可达、成本可及、风险可控、成效可感”的理性认知。

其二，随事而制，突出法院数字化改革的问题导向。习近平总书记指出：“我们中国共产党人干革命、搞建设、抓改革，从来都是为了解决中国的现实问题。”① 人民法院的数字化改革必须坚持问题导向，着力提高改革的针对性和实效性。

习近平总书记指出：“在深化改革问题上，一些思想观念障碍往往不是来自体制外而是来自体制内。”② 法院业务在线化、智能化的前提是无纸化，破除内部无纸化办案办公的思想障碍、机制梗阻的关键在于领导干部示范引领和重点场景呈现实效。一方面，院领导要既“挂帅”又“出征”，带头以无纸化方式传阅文件、召开会议、部署工作，做到“跟我上”，而不是“给我上”；另一方面，深度运用平台技术，实现考勤请假、出差报销、物品申领、故障报修等各类办公事务指尖操作、极速流转，以无纸化办公的现实红利破解无纸化办案的改革阻力和认识局限。

在推进智慧法院建设的征程中，系统性、整体性、协同性是内在要

① 习近平：《关于〈中共中央关于全面深化改革若干重大问题的决定〉的说明》，载《人民日报》2013 年 11 月 16 日，第 1 版。

② 习近平：《关于〈中共中央关于全面深化改革若干重大问题的决定〉的说明》，载《人民日报》2013 年 11 月 16 日，第 1 版。

求。全面无纸化夯基垒台后，乘势而上推进辅助事务集约办理、审判团队重构改组、全员绩效智能考评、司法雇员等级管理等多项配套改革，变加法为乘法、积量变为质变。在流程重塑上，成立集约处理扫描编目、送达跟踪、精简归档、生效登记、结算退费、督促履行等辅助事务的审判服务中心，再造辅助事务全链条服务流程。在组织构建上，打造“1名法官+1名助理+X名辅助事务专项操作员”的办案团队，事务性辅助工作由审判服务中心集约处理，让法官回归审理者本位，像外科医生做手术一样专注于核心业务环节。

其三，日新为道，坚定法院数字化改革的持久韧性。法院数字化改革不是一个信息化项目，也不只在一家实体法院，而是将全体法院的审判执行、办案、办公等各项工作全面、彻底的数字化，这必然是一项长期而艰巨的重大改革。

让干警从工作落实者变成需求发起者，才是改革的良性态势。我们要秉持“开放也是改革”的理念，走出去和迎进来相结合，积极向互联网公司学习先进理念，与先进兄弟法院交流经验做法。以“整体智治”理念将各项司法改革措施进行协调集成，以核心业务高效协同为基础，改变法院组织形态传统运行方式，努力打造自我变革、创新驱动、灵活弹性、严密高效的变革型组织。

全面深化改革既要取势，更要取实。改革不应该是自吹自唱的盆景展示，而应该是唯实惟先的久久为功。基层法院既要奋勇争先、敢为人先，更要务实朴实、实事求是。习近平总书记指出：“历史从不眷顾因循守旧、满足现状者，机遇属于勇于创新、永不自满者。”① 我们要坚定远大之志、激发进取之心、砥砺担当之勇，准确识变、科学应变、主动求变，打造变革型组织，提高塑造变革能力，全面推动审判体系和审判能力现代化。

---

① 《在庆祝海南建省办经济特区30周年大会上的讲话》，载《人民日报》2018年4月14日，第2版。

数字化改革背景下智慧法院建设的发展进路*

徐乐盛　张晨田

智慧法院建设不仅是一个传统司法领域的问题，还涵盖了众多体制性和技术性问题。具有中立性和亲历性特征的司法活动表面上与数字智能并无交集，但是随着经济社会的快速发展，各类纠纷也不同程度地呈现出数字化特征，迫切要求现行的诉讼管辖、事实认定和法律适用等司法活动建立一整套具有数字化特征的全新行为规则、诉讼规则和裁判标准。这一现象倒逼司法体制改革不得不加快进程。自 2000 年左右我国法院进行信息化建设以来，目前已到了智慧法院 3.0 建设阶段。2021 年，浙江省委部署数字化改革，浙江法院推进全域数字法院建设也是对全省法院当前一段时期信息化建设方向和目标的进一步明确。

一、智慧法院建设的基础理论

数字化改革是统筹运用数字化技术、数字化思维、数字化认知对省域治理的体制机制、组织架构、方式流程、手段工具进行全方位、系统性重塑的过程。智慧法院是依托现代数字化技术，以高度信息化方式融合司法规律、变革型审判机制、智能化管控体系等，实现全业务网上办理、全流程在线办理、全方位智能服务的人民法院组织、建设、运行和管理形态。因此，全域数字法院建设绝不是“零敲碎打”的局部提升或者“表面皮毛”的工具升级，而是全方位、深层次、跨部门的系统性、重塑性变革。

（一）数字化改革的全局意义

从数字技术应用到数字化改革，是一场波及经济社会发展全局、涵

---

* 发表于《浙江审判》2021 年第 6 期。本文为《浙江审判》南湖杯征文评选三等奖。

盖生产力到生产关系的全方位变革。

1. 以数字技术为要素催生改革新动能。数字技术作为一种颠覆性的技术革命，其着眼于整体系统的赋能，推动改革工作的精准化、高效化、系统化。法院司法活动产生的大数据实现了对改革工作全过程的精准掌握，能够针对不同模式进行情境映现和成效评估，驱动管理决策范式呈现出全景式特征。数字化流程从根本上改造法院业务流程，这使法院工作可以更为直接地面向人民的现实需求，并通过业务协同实现服务的创新与适配。数字化平台建设有助于将更多主体纳入协同体系，减少工作过程中的冲突与矛盾，提高整体工作的系统性。

2. 以数字应用为载体架构改革新空间。近年来，随着数字应用的高度普及与发展，“数字世界”不断融入“物理世界”与“人类社会”，数字领域的组织边界日益模糊，需要治理和服务的对象属性逐步多元化，则改革工作面临碎片化的挑战。同时，这对法院提升数字化平台、应用和相关生态的科学构架能力提出了更高要求，也进一步要求推动法院工作和决策方式的改革，允许试错性的和进化式的渐进改革。

3. 以数字变革为模式共创改革新价值。数字化改革的价值内容更关注多元主体带来的外部效益，并以人民为中心进行改革效果评价。改革的价值不再围绕单方面的效果，而是通过数据来监督、协同各供需主体实现整体满意，更侧重社会资源的有效配置、社会治理的系统性，以及整体社会经济运行效率的提升。通过数字化变革审判机制，通过多元主体之间的协同交互提升效率，全方位提升各诉讼主体的改革获得感，更好地应对当下数字化多元利益冲突的挑战，有力推进国家治理体系和治理能力现代化，共同创造社会价值。

（二）智慧法院概念的实践产生与理论阐释

从实践层面来看，智慧法院是一个从国家顶层战略设计中提炼和凝结出的概念。2016 年，最高人民法院院长周强提出：“建设立足于时代发展前沿的‘智慧法院’。”智慧法院概念的提出顺应了技术发展潮流，回应了世界司法改革的主要趋势。《人民法院信息化建设五年发展规划（2019—2023）》将人民法院信息化建设的新需求、人工智能、大数据和区块链等技术的新进展以及智慧法院建设的新应用和新成果融入规划之中，既保证了智慧法院建设整体架构的稳定性，又实现了智慧法院顶层设计的灵活性和前瞻性。

从理论层面来看，智慧法院是“在法院信息化建设的格局下，运用互联网+、云计算、大数据、人工智能等先进技术，支持透明便民的公众服务、公正高效的审判执行、全面科学的司法管理的新型现代化人民法院”①，是现代化人民法院的应然状态。智慧法院是以数字化技术为依托“建立在信息化基础上的人民法院的先进形态”，是需通过当下数字法院建设进而达致的。

从法院体系内部视角来看，当前全域数字法院建设的过程是我省法院体系内部自我变革、自我发展和自我强化的过程；从法院体系的外部视角来看，全域数字法院建设是法院通过信息化、智能化手段积极地与其他政法机关、各类国家机关和社会主体实现充分沟通、谋求协同发展，服务保障社会治理大局的一个过程。

二、智慧法院建设的目标定位

智慧法院建设的主要显性成果是各类智能化系统及其应用，浙江法院智能化应用已基本覆盖了法院业务的全流程。但无论是从现实需求的角度看，还是从发展过程的可控制角度看，技术都不具备引领智慧法院建设的条件。智慧法院建设一定要坚持司法本位，需要以司法价值为导向进行规划。在逐渐引入人工智能处理司法数据的过程中，有必要厘清数字法院建设的目标定位。

（一）以公正司法为导向确定建设方向

智慧法院建设一般会被理解为是技术理性在法院系统实现的过程，

---

① 参见蔡立东：《智慧法院建设：实施原则与制度支撑》，载《中国应用法学》2017年第2期。

但技术的工具理性无法代替法官高超、复杂的审判技艺，审判的奇妙之处在于法官的决策不仅是基于案件事实作出的，还要考虑个案中蕴含的价值和观念，力求通过个案的裁判形成一种价值倡导和行为规范。即使技术有改变或重塑法院或司法行为的可能，其应用过程也必定是围绕司法的基本逻辑和规律展开的。公正是司法最根本的价值，是司法的灵魂和生命，实现公正是司法活动的首要目标。公正司法事关人民切身利益，事关社会公平正义，事关全面推进依法治国。因此，在数字法院建设过程中，必须始终守牢公正司法这一底线，努力让人民群众在每一个司法案件中感受到公平正义。

（二）以提升质效为目标规划建设路径

正义的第二种含义，也许是最普通的含义，就是效率。在数字智能的司法应用中，效率的逻辑显然更为强大，运用数字技术提高司法效率相对更容易。通过技术赋能的方式可以在不损害公平公正、为民便民等价值前提下，解决很多司法过程之中简单、重复、枯燥的事务性工作。数字法院实现司法效率提升的内在逻辑，就是通过运用数字化应用、智能化手段引入新的司法动能、整合集约原有资源以提升司法生产力。但是，如果以法院本位的内向型视角进行数字法院建设，则其覆盖的广度、切入的深度都是不足的。对诉讼参与人行为的关注不足，不符合智慧法院建设服务于诉讼参与人的预设目标。在规划数字法院建设路径中，对内应通过对司法资源配置不均衡、效能发挥不充分等问题进行业务流程再造和组织架构重塑推进诉讼制度变革；对外应通过强化与政法机关、执法机关及基层自治组织之间的数据共享、高效协同，使法院和司法人员，还有各类诉讼参与人员以及与司法有关的服务、监督主体有更多司法交互行为。

（三）以法院整体为本位推进整体建设

智慧法院建设是一个复杂问题，既需要契合法院整体运作的特征和规律，也需要考虑到作为具体使用者的不同类型、背景、能力的司法人员的需求。我国“法院改革的方向，不应是从法院整体本位转向法官个体本位，而应是从以院庭长为主导的法院整体本位转向以法官为主导的法院整体本位”。[①] 当前司法综合配套改革即以法院整体化运作为视角，将之前各式各样的司法改革措施进行协调、集成和综合配套，智慧法院建设理应与司法改革保持一致，其首要视角应该是法院整体本位。但是法院整体本位并不是忽视个体司法人员的经验和智慧，而是要通过对法院整体化选择和验证过的司法智慧的提炼和共享，探索数字法院整体化运作，司法人员个体化融入，多元主体行为统一的实践路径。

（四）以科技手段为依托赋能司法业务

提升司法能力的目的是满足诉讼参与人对法院诉讼服务和司法产品的各种预期，科技手段对司法能力的提升主要体现在促进司法现代化和专业化的提升。周强院长指出，“没有信息化就没有人民法院工作的现代化，通过信息化实现审判体系和审判能力现代化”。[②] 智慧法院建设就是要以信息化的手段实现审判权力运行体系的现代化，提升司法为民、公正司法水平。科技促进司法的专业化，主要体现在用技术的方式确定和呈现法律知识，用技术的手段固定和规范审判流程，进而从实体和程序两个方面促进审判专业化程度的提升。

三、推进全域数字法院建设的应对之策

（一）准确把握数字化改革、智慧法院建设、司法改革的关系

首先，数字化改革是智慧法院建设的手段。数字化本质上是技术、是手段，通过数字技术驱动传统治理理念和体制机制的现代性变革与系统性重构，建立系统性、整体性、协同性改革格局。其次，司法改革和智慧法院建设是目标和实践的关系。技术赋能提升了司法改革的实现速

① 顾培东：《法官个体本位抑或法院整体本位——我国法院建构与运行的基本模式选择》，载《法学研究》2019 年第 1 期。

② 《加快智慧法院建设　推进审判体系和审判能力现代化》，载中国法院网，https：//www. chinacourt. org/article/detail/2017/05/id/2854775. shtml。

度和效果显现，司法改革顶层设计决定了智慧法院建设的目标和内容，智慧法院建设将司法改革的成果以信息化的方式进行固定，呈现理性的、技术化的表达。最后，智慧法院建设的目标追求是实现法院现代化。智慧法院是治理体系与治理能力现代化的实现路径和显著标志之一。司法改革到了一个重要的临界点，通过法院内部的调整已经很难再产生改革效益了，需要引入外部力量。推进智慧法院建设既是各方面最容易接受的改革措施，也是最容易推动的变革方式，是法院现代化建设的重要抓手，以数字化改革推动建设全域数字法院是浙江法院在新时代走向现代化的必由之路。

（二）正确认识司法人工智能

以历史的角度观察，每一次的技术突破都会在人类社会中引发不同程度的恐慌。人工智能的广泛应用也导致人们之间的社会关系变得复杂，加剧了人们对人工智能的担忧。实际上应用于司法领域的人工智能还处于起步阶段，这种弱人工智能的界定，去除了简单的拟人式想象，只将其看作一种基于算法设计通过数据自主学习以优化数据处理的计算机制。因此，对于人工智能应用于司法审判领域的现象，我们要给予其准确的定位，对人工智能的功能与价值有一个准确的认识，即使未来人工智能的程度有所加强其也只是法官审判案件的智能助手，不可能代替法官裁判者的位置，因为经验法则、自由心证等是人工智能无法具备的。当前，不同的办案人员对人工智能的接受度尚存差异甚至一些办案人员会出现某些抵触，这也是人之常情，毕竟数字智能深刻钳制了以往的办案思维和模式，导致工作方式上的暂时不适应。从长远来看，人工智能在不断完善，办案的辅助作用会逐步扩大，且其对诉讼各阶段工作所具有的强大指引、校验和判断能力，必将使其成为高效工作的助手。

（三）协同配合整体推进建设

传统的法院运作模式中包含了许多人事、经费等体制性因素，而智慧法院这种新的运作模式则要求对许多原有的体制性因素进行及时的协同调整和适配，将法院数字化项目“盆景”集成融合成“风景”的建设蓝图。一是顶层设计和基层探索的协同。顶层设计是实现整体智治系统性、整体性、协同性的主要路径，也是改革进入“深水区”后在广度和深度持续推进的必然要求。强调顶层设计绝不意味着放弃“摸着石头过河”的基层实践，应实现顶层设计与基层探索双向互动、双向赋能。二是数字赋能和制度重塑的协同。数字化改革要充分利用数字创新技术，发挥数字赋能效用，但是必须谨防陷入“数字崇拜”怪圈。数字化改革是全域数字法院建设的方式和手段，核心在于从技术理性跨越到制度理性，目的是实现制度重塑。同时，机制创新、制度重塑必须与理论体系和制度规范体系一体推进、协同发展。三是数据安全和开放共享的协同。重视司法数据流转全周期的安全保护，加强对算法技术的监管，谨防出现技术漏洞。同时深刻理解“开放也是改革”，秉持开放的态度，用司法数据的开放引导与外部数据的对接互享、改革经验的交流激发其他法院数字化建设改革动能，促进共同提高。

（四）提供科技人文关怀

全域数字法院建设不应给法院司法人员增加科技负担，而是通过信息化应用为司法人员提供科技关怀。其中最简单的办法是减少日常办公办案中需要操作的应用数量，降低系统复杂度，不能再走以往系统各自开发、重复开发，最后碎片化的老路。为了减少应用体系的内部消耗，发挥综合效用最大化，应将应用运行成效监控与评估作为应用保留与否的评判标准，对于长期无数据产生、无人使用或者评价普遍较低的应用进行淘汰，将有现实需求的功能吸纳整合进系统之中；找准服务于不同诉讼阶段、不同业务场景的各个应用的对接节点，通过数据平台或者数据服务实现应用之间的无缝对接；将小体量的智能化辅助需求从应用化建设转为模块化研发，用模块化的方式机动地服务于更多应用和业务场景。做到只操作一个系统处理多个业务场景；只录入或采集一次案件数据自动同步多个应用，降低数字法院建设中应用运维的压力和成本。

四、结语

信息技术的快速发展及广泛应用，无疑为智慧法院的发展之路提供了无限可能，也为司法质效的提升带来了新的增长点。只要遵循法治精神，树立正确的认知，顺应司法规律，促进数字化改革与数字法院建设有机深度结合，构筑起安全的网络环境、完善的法治保障和技术保障，我国智慧法院的建设定能实现“让人民群众在高效、便捷、智能的司法服务中感受到每一个案件中的公平正义”的目标。

审判辅助事务“三化改革”中的问题挑战和方法创新*

——以黄岩法院实务为例证

徐乐盛　华芳思　金洪列

一、审判辅助事务的内涵及剥离的可能性

审判辅助事务是指协助审判权行使的辅助性事务，服务于案件实体的司法工作，其与审判核心事务的重要区别是无须依据高度的法律专业水平、一般也无须参考实体法，可以通过遵循流程化、重复性的程序规则，参考程序法来完成，具有专业度低、重复度高、程序性强等特点。按照流程的推进划分，辅助事务可以分为审前环节、审理环节和判后环节，如审前环节主要包括扫描编目、分案排期、文书送达、送达回填等，判后环节则主要为纸质材料装订、生效信息录入、诉讼费用退还、履行届满督促等。通过以上事务的罗列，可以明显看出从事该类事务的人员无须通过司法职业资格考试，甚至未经过法学专业熏陶的人员也可以完成大部分事务，这也使审判辅助事务具备了剥离、集约并通过非法律专业人员来操作办理的可能性。

---

* 发表于《浙江审判》2021 年第 3 期。

二、审判辅助事务管理的现状及存在问题

（一）混合模式（作坊式＋大包大揽）

就省内法院而言，大多采取了“混合模式”，或者是绝大部分辅助事务“混合”、少量剥离的模式，一般为扫描、送达、装订。案件办理由员额法官全程负总责，辅助事务由员额法官、法官助理、书记员3人共同分担。“混合模式”在法院发展期起到相当重要的作用，但随着司法改革的不断深入，智慧法院建设不断取得新突破，社会各界对司法公正及效率的要求也日益提高。在这种情况下，出现了以下三方面情况：一是员额法官管全面难以专注核心事务。员额法官的责任越来越重，除了案件的审判责任，还需兼顾审批辅助事务、合理配置团队、参与综合事务等。二是辅助人员懂全科难以向专业化转变。该种模式下，书记员技能培养基本都是靠传统“老带新”的方式，缺乏系统的职业、专业培训，造成书记员队伍素质不均衡、业务不专精。三是职权交叉难以明确分工。由于审判核心事务和审判辅助事务界限不明导致员额法官和辅助人员之间权责不明，法官助理和书记员在事务的承担上常存在交叉错位，越权行使权力或怠于行使职责的情况也偶有发生。

（二）改良版（流水线＋串联推进）

在司法实践中，一些法院为应对不断加剧的人案矛盾，以集约化、社会化的模式，对辅助事务进行改革，其中广东省中山市第一人民法院的司法辅助事务集约外包模式获得了中央政法委、最高人民法院的认可，并在全国多地推广。该院面对案人比不断攀升，改变了原来的传统模式，通过社会化和集约化实现了审判辅助事务的外包集约，有效缓解了案件增量与人力短缺的严峻矛盾，并通过推行绩效奖惩制度，实现了对外包人员的精细化管理。然而，因该院电子卷宗随案生成工作尚未全面开启，事务在审判团队和集约团队中流转必须以纸质卷宗流转交接为基础，是一种“流水线＋串联推进”的集约化模式。同时，因缺少信息化手段支撑，能集约出来的事务相对较少，主要集中在送达、排期、庭审记录、结案后的扫描归档等。

三、黄岩法院“无纸化+并联协同”式审判辅助事务模式的实践探索及成效

黄岩法院在前期无纸化办案、内部“最多跑一次”等智慧法院建设成果基础上，围绕“实现司法公正、提高诉讼效率”的目标，对传统诉讼服务大厅改造升级，深度释放全面应用无纸化办案的红利，有序推进审判辅助事务组织架构和业务流程的机制重塑，在不增员的情况下实现了审判辅助事务从“线下纸质交接向在线无纸化协同转变”“个人包干操作向专人专岗专事转变”“分头督促检查向集约管理指导转变”“承办法官承担全责向瑕疵差错精准问责转变”的新模式。

（一）以“留核心、剥辅助”为理念，推进审判辅助事务集约化运作

1. 梳理审判辅助事务。综合考虑诉讼程序、案件性质、操作难易等多方面的因素，进行非审判核心事务的剥离和分解，梳理了立案、编扫、送达、庭前准备、案件办理、后审、卷宗等七个环节三十余项可剥离的辅助事务。

2. 逐步剥离陆续推进。“成熟一个剥离一个”，陆续将运作成熟且无须复杂交接，能主动推进审理进程的辅助事务纳入审判服务中心统一管理。最先将较为独立的送达事务剥离并成立了“送达组”（2019年8月）；尔后依托无纸化办案成果成立了“卷宗数智组”（2020年年初）；2020年11月，将送达组、卷宗数智组进行整合，正式成立“审判服务中心”（以下简称审服中心），将开庭排期、调查取证等庭前预备工作和庭审誊录、文书上网、结算退费等审后事务工作逐一从审判团队剥离，纳入审服中心集约办理。

3. 科学配置司法资源。组建以“1个员额法官+1个法官助理+0.5个书记员+N个集约化辅助人员”的审判模式。按照“人岗相适、统分结合”的原则在业务庭保留极少数书记员从事暂时无法集约办理的事务，其余纳入审服中心，在审服中心分设预备组、送达组、卷宗组、

后审组等，并明确各类人员工作职责。在此基础上，逐步剥离剩余辅助事务，努力向“1 个员额法官 +1 个法官助理 + N 个集约化辅助人员”的模式转变。

（二）以“无纸化、信息化”为依托，实现辅助事务智能化管理

1. 并联推进，压缩办理时长。在探索审判辅助事务集约化过程中，深度释放全面应用无纸化办案的红利，不同团队、节点的人员可实时共享“同一本”电子卷宗，并联式、集约化处理各项辅助事务，大幅压缩办理时长。

2. 移动协同，事务交办在线。把书面交办制度进行数字化处理，让信息化赋予流程强制执行力，实现事务交接可视化管理，通过钉钉工作台，自建了“审判服务”模块，设置 10 余条工作流，事务交接在线留痕，事务督办、办理反馈等一“DING”到人，为法官实时掌握案件进程、开展督办指导提供便利。

（三）以“促质效、提效率”为目的，解放司法核心生产力

1. 变个人包干为专人专岗。点多事杂的辅助事务以“相同合并”或“相近集中”的原则分成各个组别，辅助人员书记员需要关注和掌握的操作技能大幅减少，确保辅助人员从对各类业务操作的“粗放式掌握”向单项业务操作“专家式精通”的转变，各环节操作效率大幅提升、差错率大幅降低。

2. 变法官管全程为专注审判。审判辅助事务的彻底剥离，可实现法官从“干全程”“管全面”“学全科”向专注审判核心事务的转变，让法官回归审理者、裁判者本位。对发改案件，不一味追责法官，而是由院评查办对发改案件进行评定，根据实体问题、程序瑕疵、主观过错、情节轻重、造成后果等不同情形，依照“谁审理、谁负责”或“谁操作、谁负责”的追责机制进行追责。

四、当前面临的问题与困境

从工作整体运作情况看，黄岩法院“无纸化 + 并联协同”式审判

辅助事务模式虽然取得了员额法官减负专注核心、辅助人员专业化提升、辅助事务办理效率提高等成效，但仍面临以下需要研究解决的问题与困境。

（一）谁操作由谁负责的理念未得到明确制度支持

浙江省高级人民法院出台了《关于进一步加强案件监督管理工作的意见（试行）》，其中规定了：案件存在质量问题的，应根据主观过错、情节轻重、造成后果等不同情形，追究相关人员责任。但是在实践中，对于案件中某环节程序上的瑕疵，最后“挨板子”的还是员额法官自己，并不是造成质量问题的“相关人员”。

（二）数字化向智能化的变革未有足够资源保障

1. 数据资源。目前黄岩法院的做法是将案件非核心信息（仅为案号和姓名）通过人工录入的方式在钉钉工作台上建立审批流进行流转，虽然实现了在线留痕、可视管理，但因缺乏内网数据支撑，这与直接使用内网数据相比，效率上提升不明显，也难以实现智能化转型。

2. 人力资源。缺乏专业的信息化人才，黄岩法院在钉钉工作台搭建简单的审批流、日志流实现数字化尚可，但难有能力通过软件或微应用的开发实现智能化。

（三）平均普惠向绩效奖惩的转变未能真正实现

1. 内部人员薪酬低难以发挥奖惩激励作用。根据当地的收入情况，内部司法雇员的工资不到3000元/月，普通聘用人员则更低，工资低、人员流动变化大，导致法院一般不会因工作而在下次对其扣罚工资奖金，因此难以以奖惩机制撬动其工作积极性。

2. 尚未大量引入社会化力量实现精细管理。因本地缺少成熟的第三方服务公司，难以通过引进成熟的外部第三方，让辅助人员的收入和绩效计量挂钩，实现精细化管理。目前仅在送达、扫描等环节引入了社会化力量。

五、进一步优化的建议与设想

（一）加强顶层设计，避免辅助事务瑕疵归责法官

鉴于目前尚未有明文保障“谁操作、谁负责”的追责机制，上级部门对案件的定性上还是会直接归责到承办法官。政策研究部门应出台明确规定，严格划定责任层级，对哪些行为法官应当负责、哪些行为法官不应当负责进行二元划分，为司法责任划定“底线”。既要把法官审判工作中的审判责任纳入责任追究范围之内，又要把不归责于法官的辅助事务排除在责任追究范围之外。

（二）强化数字赋能，实现辅助事务流转高效联动

目前不论是全省统一的办案办公平台，还是黄岩法院自建的钉钉审批流，都无法完全实现“通过司法辅助事务团队对事项的规范办理使案件高效的往前推进”。应当牢牢把握“一体化、全方位、制度重塑、数字赋能、现代化”5 个关键词，加强科技支撑、优化诉讼流程，助推司法辅助事务管理模式司法改革。一是要开放流程节点办理，允许被赋权的司法辅助人员操作案件某一节点推动案件流程，确保案件信息、卷宗信息不肆意流转，也可以达成辅助事务团队推动案件进程的目的；二是深化移动端办案能力，以浙政钉或智慧法院为载体，部分需法官发起的辅助事务，允许法官通过移动端在线发起，让办案人员获得全新的标准化、协同化、移动化、智能化和自主化的司法辅助事务服务。

（三）整体统筹谋划，确保辅助事务办理标准规范

建立分层分级的司法辅助事务管理模式，并鼓励各地市先行先试勇于探索，逐步实现全省辅助事务办理的规范化。综合考虑诉讼程序、案件性质、操作难易等多方面的因素，进行共性、个性司法辅助事务的区分，对运作成熟、可线上办理、共性化的司法辅助事务集约至省级辅助中心统一办理，如编目、送达、地址界定、12368 接听、生效录入等；对虽运作不成熟，但亟须统一办理、共性化强的辅助事务，鼓励各地中

院集约化办理，如立案材料审核、结案信息填写、裁判文书上网、诉讼费退还等；对个性化较强、暂时难以往上级集约的事务，由各院自行集约办理，如分案、排期、鉴定、调查取证等。

六、结语

基于“追求诉讼正义、提升诉讼效率”的司法改革目标，提高案件审理速度、优化审判资源已经成为法院亟待解决的问题。司法辅助事务集约化、社会化、智能化改革，契合数字化改革理念，符合经济学集约化资源配置理论，也是在司法资源稀缺，投入不可追加的情况下，缓解法官压力和紧跟群众司法需求的有效手段，应强化数字赋能、推动流程重塑，建立起科学有效、切实可行的司法辅助事务管理模式，寻求“司法公正”与“诉讼效率”的双赢。

基层法院执行指挥中心的数字化架构*

——以黄岩法院执行指挥中心建设为视角

林　森　潘凌禹

自2016年4月最高人民法院出台《关于落实“用两到三年时间基本解决执行难问题”的工作纲要》至今，四级法院和各级机关党委、企事业单位都为解决执行难费力劳心，执行工作已取得显著成效。但必须承认“执行难”的现象依旧存在，执行工作离人民群众的满意度还存在一定的距离。在居高不下的“终本率”下，除了承认部分案件确实存在执行不能的缺陷，我们也应当正视执行工作本身还存在进步的空间。

为解决执行工作内部存在的问题，最高人民法院逐步建立四级联动

---

* 发表于最高人民法院执行局编：《执行工作指导》（总第80辑），人民法院出版社2023年版。

的执行指挥系统，并匹配案件管理、司法查控、案款管理、信用惩戒等通道，为实现执行指挥中心对执行案件“统一管理、统一指挥、统一协调”的运行目标提供了资源基础。最高人民法院于 2019 年出台《关于深化执行改革健全解决执行难长效机制的意见——人民法院执行工作纲要（2019—2023)》，文件指出要求加快推进执行指挥中心实体化运行，充分发挥指挥中心在执行工作中的实际效用，要求充分发挥执行指挥中心在团队化办案中的支持保障作用，事项协作的调度作用和工作管理考核的中枢作用。在此背景下，本文提出充分发挥基层法院执行指挥中心的作用，助力解决执行难的长效工作机制落地。

一、审视探寻：指挥缺失下的基层法院执行弊端

实际调查发现，部分基层法院的指挥中心仅被作为传递上下级法院文件信息的交换平台或视频连线平台，不能充分发挥执行指挥系统的真正价值，执行指挥作用处于空置状态，直接导致执行工作出现以下弊端。

一是执行局内外协作机制不健全，执行效率难以提升。执行案件的本质是社会矛盾的终极反映，其解决应当是依赖于法院执行局和其他社会力量。但是当下，执行案件办理由经办人单人负责，受限于孤岛思维和技术限制，经办人和经办人之间、经办人和其他社会力量之间缺乏有效的沟通协作，导致执行工作碎片化、重复化，消耗办案力量，阻碍执行质效快速提升。同时，执行局在法院内部的尴尬地位，更是导致执行一线人员流动加快，放大了协作机制不健全导致的负面影响。

二是执行权运行过程中监督机制缺位，执行规范化有待加强。具有内部性和及时性的权力制约是保障权力有效运行的关键之一。[①] 当下，对于执行工作的监督力量来源于四个方面：执行裁判权监督、上级法院监督、检察院监督和社会力量监督。上述力量在内部性和及时性上的欠缺为执行人员权力寻租提供了可操作空间，致使消极执行、选择性执

① 参见孙延春：《民事执行裁决权研究》，华东政法大学 2018 年硕士学位论文。

行、干预执行、错误执行等权利失序现象频发。

三是执行过程过度依赖人力资源，执行难化解成效恐难以为继。调查发现部分法院采用人海战术破解执行难，该方案确能取得实效。[①] 但值得注意的是，该方案的司法成本过高。且一旦当下非常规的运动式执行活动结束，执行局在法院体系内的重要性将发生变化，人员配比的下调成为可能。在此背景下，如不能积极探索一条行之有效的提高人均办案质效的管理方案，法院执行权能的充分发挥将受到阻碍，执行难的局面将再度出现。

二、实践透视：多重模式下的基层法院指挥路径探索

基于基层法院执行指挥中心有名无实的现状，上级法院不断发文积极引导基层法院加强执行指挥实体化运作。2019 年《健全长效机制工作纲要》第 26 条特别提到要求制定指挥中心制度建设相关规范，但由于基层法院存在地方性差异，案件数量及人员配比均迥然不同，在探索执行指挥实体化运作中尚未形成统一的经验，因此，执行指挥中心建设上并未形成相对统一的规范性文件。指挥中心在基层法院的探索之路已逐步打开，部分省市的基层法院也开始形成具有地方性特色的执行指挥模式：如江苏省形成的“854 模式”，新疆的“191 模式”。这些探索丰富了执行指挥在基层法院的实质运用，也找出了执行指挥作用于基层法院办案的工作内涵，因此，有必要对前期的探索经验作出提炼。

（一）实践介绍

1. 江苏“854 模式”

江苏省高级人民法院于 2018 年在全省基层法院展开“854 模式”执行指挥中心实体化运作模式。该模式下，执行指挥中心负责集约 8 项执行辅助性事务：核对立案信息和初次接待、制作发送格式化文书、网络查控、收发委托执行请求、录入失信被执行人信息、网络拍卖辅助工

① 参见刘海玉、段彬：《大数据时代执行指挥中心实体化运作路径》，载《人民法院报》2018 年 5 月 23 日，第 8 版。

作、接待来访、接处举报电话，统管5类技术服务：决策分析、视频会商、4G单兵连通与执法记录仪使用、执行公开、舆情监测，负担4项管理职责：繁简分流、流程节点、执行案款和终本案件管理。该模式下实现了对执行实施主团队的减负增效、案件办理的统一协调指挥、执行力量的全面整合。①

2. 新疆“191模式”

新疆维吾尔自治区哈密市伊州区人民法院于2020年展开执行指挥中心“191”实体化运行模式。该模式以1个执行指挥中心为中枢，内设9个执行实施团队和1个内勤团队。指挥中心研判案情，发挥指挥棒作用，对案件实施繁简分流，促进简案快执、难案攻坚。内勤团队为案件办理提供必要的事务保障、通报宣传，实现执行工作组合优化。②

（二）经验提炼

综观江苏“854模式”和新疆“191模式”，二者具有共性的特点，就是将执行事务集约化、执行监管实体化，同时将执行实施人员按照案件性质或繁简组成若干个专业化的执行团队，执行指挥中心对执行团队既有服务办案功能，又有监管办案效应，具体可以归纳为以下三种路径。

1. 执行事务集约化的指挥路径

执行工作涉及对接不同部门、处置不同财产、保证各方权益，传统一人一案到底的办案模式耗时长、管理成本高、易疏漏，不符合当下人民群众对司法工作的诉求。“集约化”的管理模式是一种与“粗放型”的管理模式相对应的统筹管理模式。“集”指对人、财、物等资源要素

---

① 参见程洁、朱嵘：《江苏法院：整合与优化 执行指挥中心的“854模式”》，载全国法院切实解决执行难信息网，http：//jszx. court. gov. cn/main/ExecuteNews/186871. jhtml，2021年6月16日访问。

② 参见阿不列孜·哈斯木：《构建执行集约化工作新模式》，载全国法院切实解决执行难信息网，http：//jszx. court. gov. cn/main/ExecuteNews/275241. jhtml #：～：text =% E2% 80%9C191% E2% 80% 9D% E6% A8% A1% E5% BC% 8F% E4% BB% A5，% E8% A1% 8C% E5% B7% A5% E4% BD% 9C% E6% 9C% 80% E4% BC% 98% E7% BB% 84% E5% 90% 88% E3% 80% 82，2021年6月16日访问。

进行统一管理与集中配置；“约”指在统一或集中的配置模式下，节约成本，提高效率，实现组织效益最大化。[①] 执行实施事务集约机制的本质是对执行实施权配置的再发展，是分权制衡理论与分工增益理论在执行实施过程中的具体呈现。

2. 执行监管实质化的指挥路径

法律意义上的监督是“对法律实施活动的查看、督促和控制，其目的是预防和纠正立法、执法、司法、守法活动中可能发生或已经发生的各种偏差和错误，督促各级国家机关及其工作人员依法办事，规制公权力的运行，维护法律的统一和尊严”。[②] 执行指挥中心对案件和经办人的监管既能反映其法律监督的基本属性，又能彰显其作为一种内部监督管理制度所具有的特点，形成监督主体和监督对象属于同一组织部门下的自我约束体系。[③] 该体系不但能实现对执行实施行为的及时性监管，更保证在法院依法独立行使执行权的原则之上，对执行实施行为进行正当性评价，及时督促采取强制措施、及时制止不法执行实施行为，保证案件办理合法、合规、合理。

3. 执行实施团队化运作的对应路径

传统的一人一案的执行工作模式逐渐被团队化的作战模式取代，究其原因是执行业务复杂化，传统单兵作战的模式无法适应执行需求。现下，随着经济和技术的发展，被执行人隐蔽、转移财产的能力也随之上升，对被执行人财产的追查难度加大。此外，执行案件的类型有所变化，股东知情权纠纷、探视权纠纷、返还原物纠纷等行为执行案件逐渐进入执行阶段，执行工作内容呈现多元化。与此同时，执行局工作人员构成复杂，涵盖员额法官、法官助理、法警、司法辅助人员等，不同身

---

① 参见彭何利：《司法体制综合配套改革视域下法院司法行政事务集约化管理研究》，载《湖南大学学报（社会科学版）》2019 年第 6 期。

② 参见舒国滢：《法理学导论》，北京大学出版社 2006 年版，第 207 页。

③ 参见汤唯、孙季萍：《法律监督论纲》，北京大学出版社 2001 年版，第 12 页。

份人员拥有各自领域的专业优势。在此情形下，团队合作的工作模式更能够发挥个人优势、补足短板，实现 1 + 1 > 2 的局面，为执行难的破解提供更优的思路。

综观各家基层法院执行指挥路径的探索，团队化是执行实施人员组成的基本架构，而事务集约化、监管实体化已经成为执行指挥的必然。然而，笔者认为，集约化与实体化均不能离开数字化的支撑，指挥中心一旦离开了数字化的运用，就会难以发挥其应有的促进效应，特别在执行人员人数本身紧张的前提下，没有数字化的融合，通过抽调人员成立的执行指挥中心将会陷入劳而无功之境地。H 法院在浙江省高级人民法院全面推进数字化法院的应景之下，于 2021 年年初打造数字化的执行指挥集智中心，将数字化切入集约化、实体化，以“三化融合”促进执行工作提质增效，也为指挥中心运作提出了新的思维。

三、三化融合：以数字化为核心的执行指挥运行思维的提出

执行指挥中心的实体化运行依赖顶层设计者对于执行权运行规律的把控和更有针对性的尝试，必须突破传统工作理念，积极谋划，构建一种与当下指挥中心平台相匹配的工作机制和工作模式。浙江省某市 H 区人民法院以上述既有路径为基础，探索出符合本地区业务实际的执行指挥中心运行模式。

H 法院的执行指挥构架简称“456”模式。指挥中心下设 4 个监管团队负责案件繁简分流、节点把控、案款发放、终本质量，5 个辅助事务集约团队负责财产查控、节点管理、执行外勤、司法网拍、案款分配，6 个专业办案团队负责初执实施、财产处置、终本恢复、拒执打击。指挥中心所有工作以专业办案团队为核心，一切以服务、引导专业办案团队为宗旨，完善“人员分类、事务集约、权责清晰、配合顺畅”的执行权运行模式，致力于减轻专业办案团队事务负担，并为其提供资源、技术和智力支持。

H 法院为保证“456”执行指挥模式有效运行，重新构建执行流

程，重组组织架构，从实施团队抽调人员组成执行指挥中心。但是运行的初期，还是出现了执行力量分散、执行实际效能得不到发挥的现象，为此H法院审视了数字化不足给执行指挥带来的缺陷，并以此推出了三化融合下执行指挥中心新模式。

（一）检视数字化不足下的执行指挥缺陷

1. 指挥中心对案件的管控程度低

执行指挥中心发展初期，执行指挥中心对于案件的管控主要从两处着手：一是借助最高人民法院节点监管系统对案件督促督办；二是在终本裁定审批阶段对案件严格把控。此间存在的问题亦有两个方面，第一，节点系统对案件基本信息缺乏基本抓取能力，不能反映案件真实情况；系统呈现数据量繁杂，不能反映案件关键信息，执行中心基于节点系统的督促督办作用并没有展示出其作为内置监督机构在有效监督方面的特点。第二，终本裁定审批阶段监督的有效性直接受监督主体和被监督对象的影响较大，监督主体责任心不强、对案件把控不严，被监督对象故意隐瞒案件信息等行为将导致指挥中心的监督权能无法发挥。应当认为，数字化在案件信息呈现、案件问题统计方面的缺失直接导致了指挥中心监督职能被架空。

2. 指挥中心对工作人员监管有所疏漏

发展初期的执行指挥中心对于执行局工作人员的监管是从其案件办理的结果出发的，对其案件办理的数量、案件合格比例综合考量生成绩效结果。这种监督管理方式确实能对同一岗位的工作人员的工作能力作出规范化的评价，但是这种方案只能起到评价作用，对于提升工作效果最终还是需要工作人员的责任心，不符合现代化管理工作的追求。理想的执行指挥中心应当对具体工作流程制作最佳规范化模板，以评价行为规范为契机，引导工作人员工作。在数字化缺失的背景下，理想的执行指挥中心人员监管方式无法落地的原因并不是行为标准的制定存在困难，而是指挥中心无法直接获取工作人员的实际工作流程，致使无法实现对执行工作的精细化管理。

3. 指挥中心对当事人满意度难以提升

当事人的满意度是衡量执行工作的晴雨表。值得注意的是，当事人对执行满意度的评价本身并不是从工作合法性的角度出发，[①] 而是利己主义下的自由心证。初期，执行指挥中心不能抓取当事人诉求，无法做到因人制宜、因事制宜、因案制宜监督、推进案件进程，对案件办理存在机械性指挥，在一定程度上反而抑制了执行工作对当事人满意度的追求。江苏法院和上海法院都曾对执行接待阶段进行分段集约办理，汇总当事人诉求。但在实际工作借鉴过程中，出现当事人诉求来源不稳定、内部信息传达易失真、消息反馈不及时等问题，直接影响了执行指挥中心对当事人诉求的统一督办，致使统一受理不能实现其理想目的。

（二）内外联动，无纸化催生执行指挥数字化运用

2020 年年初，疫情过后，执行线下查控工作受到极大阻碍。为保证执行工作顺畅推进，H 法院深度开发“浙政钉”及政务 OA 系统，联动建立执行协作线上解决机制，实现查封、扣划、强制退保等 20 项高频事项的线上办理。查控事项的线上办理同时催生了案件信息的无纸化流转，通过对归档入卷节点的严格把控，基本实现了电子卷宗的随案动态同步生成，案件信息一人把控的局面逐渐被突破。至此，执行指挥中心对案件管理、人员调配有了可实现的基础。

（三）三化融合，数字化契合了执行指挥功能

集约化、实体化在执行指挥中本身是相辅相成的，集约化是实体化的基础，实体化是集约化之上的实质性运作。但只有数字化的融入，才能发挥最大的执行指挥功能。

1. 汇集解析，数字化下的调度合一

H 法院执行指挥中心对案、对人的指挥调度功能涵盖对受理案件的

---

① 参见温馨：《我国司法评估体系中司法公正感受指数研究》，东北师范大学 2020 年硕士学位论文。

繁简分流、案件办理的全周期管控、实施团队的灵活调度等。数字化在执行工作中的深入发展帮助执行指挥中心直面案件，案件和经办人的困境和需求被可视化呈现。执行指挥中心减少中间环节的指令传达，实现对各方案的业务协同能力的强化，提高人员调度效率，实现可视化、扁平化指挥。

2. 同步显现，数字化下的集约并联

执行案件的分段集约办理在数字化缺失的背景下将会出现案件信息流转困难、流转流程难以把控的情况。H法院在电子卷宗动态同步生成的基础上，深入推动数字化全域法院在执行领域的建设，依托钉钉工作台，架构集15个功能于一体的“网上指挥中心”模块，集约事务团队之间、执行实施团队与指挥中心之间实现全流程线上派单，点对点实时反馈，“并联式”推进集约事项处理，将形成“数人同时办一案”的工作模式，提高执行效率。

3. 实时监管，数字化下的监管并进

数字化监管是人多案少的执行背景下对执行规范化要求的回应，其将扭转原先粗放式的案件管理模式为精细化管理，实现内部监管及时性的诉求。加快打通最高人民法院节点监管系统和电子卷宗的信息沟通渠道，提升监管系统在节点监管上的实际管理水平，推动建立疑难案件线上探讨平台，实现跨越空间的指挥中心人员“一人办多案”的实时案件监管和推进模式。

三化融合赋予了执行指挥新的运行思维，丰富了执行指挥的内涵，开启了现代化执行指挥新的架构。作为基层法院，实施团队始终在执行前沿，承担着大量的办案“作战”任务，只有将指挥中心的功能充分发挥，与执行实施团队搭建全新的执行战斗模式，才能实现执行最终效果，因此，笔者认为，具有三化融合的执行指挥新架构，完全通过可以构建“大中台＋小前台”的执行作战新模式来实现执行指挥的现代化。

四、前景展望：构建“大中台＋小前台”作战模式的现代化执行指挥

“大中台＋小前台”的工作模式起源于美军在“二战”以后海上作战的战略方式，以航母舰群组成大中台对实时战况进行分析并作出对策，特种部队作为小前台接受中台指挥直接应战。这种模式后来通过阿里巴巴引入公司管理中，主要是为了化解后台数据庞大、前台机构冗杂，不能及时响应市场需求的问题。[①]

在执行实务中，执行员根据大量的信息判断如何对案件采取下一步措施。信息反馈途径和呈现方式具有多样性。传统的案件办理过程中，各类信息由执行员直接接收，并做出反馈。这与阿里传统的前台接受市场信息，牵引后台做出反馈的运行模式具有相同之处。该模式要求前台具有极强的数据分析能力，但这必导致前台机构冗杂，应变能力下降。执行案件的随机性和突发性有胜于市场的变化，如果不采取小团队作战模式，提高敏捷性，则执行程序空转成为可能。同时，要保证一线执行团队不在繁多的案件下溃败，必须有强大的中台为其提供支持。基层法院执行条线业务管理参考阿里“中台战略”的原因即在于二者在需求和目的上都具有相似性，充分发挥执行指挥中心“大中台”的作用，可提高一线执行团队在个案上的战斗力。[②]

（一）财产情报分析：“大中台”为“小前台”提供完备的信息支持

目前，关于执行案件的有效信息基本来自总对总、点对点的线上反馈、申请执行人的反映以及线下信息的调取等，执行员直接负责调取和分析数据。这可能导致个案中存在对财产信息调取不全的问题，也可能导致执行员花费大量时间处理数据，而无暇顾及实施主业，执行团队作

---

① 参见曹仰锋：《生态型组织：物联网时代的管理新范式》，载《清华管理评论》2019年第3期。

② 参见周蓉蓉：《数据治理：审判体系与审判能力现代转型跃迁之道——以技术类知识产权数据的一体化司法应用为中心视角》，载《中国应用法学》2021年第1期。

战能力下降。

为此，执行指挥中心能够深入探索数字化在执行工作中的运用模式。一是主动发挥执行指挥中心在执行业务上的核心领导力，主动对接掌握被执行人财产信息的协助单位，扩大数据来源，为科学决策案件提供有力保障。二是深入运用大数据和人工智能，建立与区域执行案件特点相匹配的执行数据静默分析系统，如有些法院将被执行人财产信息汇集后，建立被执行人履行能力分析系统，直接导出被执行人的履行能力；减轻执行团队工作运算负荷，保证执行团队执行效能。三是后移执行数据处理端口，建立统一信息接口，数字化、模块化、标准化呈现案件信息，帮助执行团队形成格式化作战模式。执行指挥中心从数据采集、数据运算、数据呈现三个角度着手，为“小前台”提供被执行人财产情报分析奠定坚实基础。

（二）远程实时监管：“大中台”为“小前台”严格流程规范

在“大中台＋小前台”的执行指挥模式下，执行实施团队在处置案件中将具有更高的灵活性。但是明确的是，这种灵活性是不能突破执行的规范性存在的，也就是“小前台”要始终沿着规范化的流程节点之上；执行指挥中心需要为前线执行团队做好全流程的规范化的监督和指引工作，且这种监督和指引应当是契合案件个性化的特点的。

在下一步执行指挥中心监管权能的提升过程中，一是要尝试实现执行指挥中心对于执行数据结构化的获取，拔除执行系统信息烟囱的现象，增强采集数据的极速融合，保证执行指挥中心实时且一次性发现问题，提高监督权行使的准确性和效率。二是要尝试建立去中心化的执行工作监督管理体制，以集约化、团队化的运行模式实现权力制约，充分发挥非指挥中心工作人员对于同质行为的监督和管理作用，以内生力量推进案件规范化运作，减轻执行指挥中心管理负荷，为执行指挥中心推进执行行为合理化提供更大的空间和力量。

（三）拒执定点清除：“大中台”为“小前台”提供精准打击

“依法突出执行工作的强制性”是最高人民法院提出破解执行难的长效解决机制之一。传统的由经办人全流程负责拒执打击的运行模式，因耗时长、费力多、见效慢，致使经办人办理拒执案件兴致不高，无法形成全范围高强度的拒执打击态势。对此，执行指挥中心要主动出击，攻坚克难，为执行团队打击拒执行为创造良好条件。

基于执行指挥中心的大数据和监管力量，其可以从两个方面着手打击拒执行为。一是建立拒执行为要素式筛查机制，精准挖掘拒执行为。复盘本地区典型拒执案例，提取关键要素，定期对存案开展以拒执要素为核心的排查工作，地毯式探寻拒执苗头，提高拒执打击效率。二是建立专业拒执打击团队，精准打击拒执行为。鼓励经办人主动提供拒执线索，深入跟踪挖掘相关信息，重点推进个案办理。主动筛查、深入挖掘，执行指挥中心可以此为引擎，重拳出击拒执行为，增强执行工作强制性。H 法院就是在执行指挥中心设立拒执打击组，通过前端财产信息化的分析共享，针对常见性的财产后续跟踪，对拒不交出车辆、拒不腾房情形的涉拒执犯罪，直接启动拒执线索的核查、固定并与公安机关对接侦查移送，既减轻了“小前台”的拒执移送压力，也使拒执打击不受制于承办人的个人因素，拒执移送数大幅提升（同比上升 3 倍）。

（四）外勤调度配合：“大中台”为“小前台”提供必备的后勤保障

随着案件复杂性的加深，执行外勤工作的高频性和突发性特点日益明显，后勤建设越来越成为影响执行工作的重要因素。要建设一流的现代化执行队伍，后勤保障必须跟上，必须实现跨越式发展。

就内部调配而言，数字化下的执行指挥中心可以统管外勤力量，从时间、空间等多维度交叉关联管理外勤人员的工作信息和执行人员的需求，统一信息归口、统一任务下发，避免重复指令、多级指令和无效指令，保证外勤力量可实现动态化、信息化指挥，适应案件线索快速处置的要求。就外部联动而言，执行指挥中心可以实现跨区域执行力量的扁平化协作，就案件紧急情况实施全方位调度。基于“小前台”——实施团队的小规模化在执行处置中可能存在的力量不足的问题，H法院在执行指挥中心设立了外勤组，满足了“小前台”常规性的被执行人传唤与车辆扣押，有序保障集中性的执行活动。

五、总结

以集约化、实体化以及数字化为一体的“三化融合”思维之下，“大中台＋小前台”的执行指挥中心模式将给基层法院执行工作提供全景式的现代化指挥架构，也契合了执行工作“一性两化”的工作目标，应该具有时代意义。当然，全国基层法院地区性差异较大、案件数量以及执行人员配置也存在不一致现象，这里“大中台”在规模的构建上可大可小，案件量小的法院，完全可以通过指挥中心“一人兼多职”的方式来完成指挥功能的发挥；而“小前台”在数量配置上也可多可少，只要满足案件量的分配即可。总之，“十四五”规划时期，作为司法前沿的基层法院现代化建设，离不开现代化的执行指挥中心构建，而“大中台＋小前台”的执行指挥中心模式将会是有益的探索方向。

打造审判辅助事务协同集约管理新模式*

——以黄岩法院审判服务中心运行模式为例

徐乐盛　李　波　张晨田

全面建设现代化诉讼服务体系，实现“机构扁平化、管理集约化、服务一体化”诉讼服务模式，是新时代法院现代化建设的关键一环。台州市黄岩区人民法院深度释放全流程无纸化办案红利，创新打造实体化审判辅助事务集约服务中心，将分散在各个审判流程中的辅助事务整合

---

* 发表于《中国审判》2022年第13期。

协同，构建“中台”式集约管理新模式，实现对外诉讼服务和对内审判服务的系统集成，被浙江省高级人民法院确定为“司法事务集成集约”的改革样板。

一、既往审判辅助事务集约化探索的困境

各地法院对书记员承担的一般性审判辅助事务集约管理进行了有益探索，主要有以下两种模式：社会化外包模式和部分集约管理模式。笔者认为，上述两种模式存在以下三个弊端：一是社会化外包模式受财力、工作机制完善度、外包人员业务熟悉度等因素限制，各地社会化项目数量和预期存在较大差异，起不到系统整合优化资源配置的应有效应。二是审判团队仍然需要留用书记员承担其余辅助事务，这不仅增加了沟通成本，审判质效整体也得不到有效提升。三是无法建立统一的当事人沟通渠道，当事人需多头寻找诉讼服务的供给，容易滋生不满情绪；法官因回应当事人的司法需求、关注诉讼程序的瑕疵，导致精力分散。

二、审判辅助事务“中台”式集约的价值意义

在传统的“审+助+书”模式下，审判团队内辅助事务完成质量会受到书记员流动性大的不良影响，还将面临效率、精度存在差异、当事人体验不统一等难题，这不利于全院人力资源配置和审判管理。因此，探索建立符合司法运行规律的审判辅助事务“中台”式集约管理体系，将审判团队内的辅助事务和辅助人员全部剥离，并建立产出审判团队所需的辅助事务“中间件”的中台——集约中心，既是新时代法院现代化建设的内在要求，更是实现人民司法终极目标的现实需求。

“中台”式集约管理体系可以优化司法资源配置，规范辅助事务办理标准，让每一个当事人在各个诉讼环节均能获得统一的高质量体验，从程序上更好地保障公正司法。以集约管理体系为牵引，健全法院现代化内部协同机制；以“大中台、小前台”理念重塑审判流程和办案团队，破除跨团队办案的信息壁垒；以“让专业人做专业事”为导向，高

效协同提升团队审判质量和效率，回应人民群众对司法效率的新期待。

三、黄岩法院“中台”式集约中心的探索实践

黄岩法院将全部一般性审判辅助事务和书记员从各审判团队剥离，人和事都整合至“审判服务中心”（以下简称审服中心）集中运作，“专人专岗”负责“专事专项”。

（一）“集约化操作＋并联式协同”的管理模式

审服中心（大中台）将所有卷宗电子化处理后导入办案系统，自发推进后继办理流程，完成审前和审后程序流转，统一调度各种能力资源，服务当事人诉讼需求和审判团队办案需求。

各审判团队（小前台）不设处理程序性事务的书记员，可随时指令中心提供高质高效的能力支撑，直接接收从中心输出的由N个辅助人员“多线程、并联式”完成的辅助事务办理成果。这既规避了原团队内书记员一人“单线程”疲于应付多案不同事务节点导致的拖延痼疾，又节约了法官精力无须辐射审前程序和审后管理。形成“当事人—集约中心—法官”运行体系，双向解决当事人找法官难和法官沟通当事人累的难题。

交互运行模式更加注重“专人专岗专事”。由中心承担非核心辅助事务，法官则专注于审判核心事务；审判团队和审服中心团队共享电子卷宗，互不干扰，异步操作，实现高效互动、协同推动案件进程。实践表明，在双线运行时，法官无须过问原属于书记员的其他操作事项。审前，审判团队仅需在特殊排期和开具律师调查函时向中心发送指令；审中，除了新收证据交由中心扫描和保存外，审判团队专心于案件审理；审后，中心自行发起裁判文书送达、退费、上网等一系列结案流程，审判团队上传结案文书发起归档后即可投入下一个案件审理。

（二）“黄岩模式”的构建路径

1. 剥离、定位、整合辅助事务。精准定位每一项工作属性，将编扫、送达、后审、卷宗等4个环节内无须复杂交接的二十多项非审判核

心事务剥离，并细化每一项辅助事务衔接方法。

2. 审服中心统一办理辅助事务。将工作任务精细化、标准化分解至专人专岗，加强对辅助人员“全周期”职业成长管理。全面推行电子卷宗流转，使不同团队、节点的人员可实时共享“同一本”电子卷宗，并利用内网办案办公平台和移动端工作台完成事务衔接事项。

3. 严格划定岗位职责和责任层级。按照员额法官、法官助理、辅助事务团队三个层级，制作各类人员的岗位职责清单。结合实体问题、程序瑕疵、主观过错、情节轻重、造成后果等不同情形，依照“谁操作、谁负责”的追责机制进行追责，各类人员仅对自己职责清单范围内的工作承担责任。

（三）“黄岩模式”的运行成效

审服中心根据工作紧密程度内设 4 个组（每组设小组长负责审核）18 个专岗共 26 人进行管理。

1. 卷宗组，主要设立材料接收、档案查询、扫描编目、档案管理等专岗。确立“前端截留、中间存放、后端精简”模式，所有立案材料统一由卷宗组中转库保管，后续全部无纸化流转。2021 年度扫描编目当事人提供的补充材料共 191084 页，平均用时从 5 天缩短为即时；共精简整理装订卷宗 9034 件，平均归档天数从原来的 41 天缩短至 5 天。

2. 送达组，主要设立话务界定、线下送达、送达跟踪、送达回填、调查取证等专岗。在立案的 24 小时内即完成所有民商事案件的电话界定以实现电子送达。2021 年度电子送达率为 85.01%；邮寄资费支出同比下降 60.00%；穷尽送达方式再适用公告送达，公告率从 2018 年的 13.46% 下降至 3.82%。

3. 预备组，主要设立随机分案、开庭排期、线上跟踪、发布开庭公告、陪审员事务等专岗。在立案当天即随机分案，实行统一的排期规则，最大化利用审判法庭，同时和送达组相互配合送达跟踪，确保规范有效送达。每周五发布下周开庭公告并同步至法官手机日历，法官无须操心琐碎事务，收到提醒的案件即为有效送达可如期开庭。首次排期开庭天数（立案到第一次开庭的时间）从平均 23.36 天缩短至 12.25 天，案均审理天数 29.35 天，较全省平均减少 1/3。

4. 后审组，主要设立生效录入、诉讼费结退、笔录誊录、移送督促等专岗，实现对案件结案程序的全流程服务。利用云文档在线编辑结案信息流转表，将有效送达文书的案件及时录入生效节点，同时在案件生效后即时发起诉讼费结退，2021 年度常态化结退诉讼费 2230 万元，平均结退时间缩短至 1.5 天。

四、审判辅助事务“中台”式集约化推进方向

一是完善追责机制顶层设计。推进审判辅助事务集约管理必然要求精准认定瑕疵、精确追责操作人，完善“谁经手、谁负责”的追责机制，制定精确追责指导规范，严格划定责任层级，对哪些行为应当法官负责、哪些行为应当辅助人员负责进行二元划分，为司法责任划定“底线”。

二是提升协同集约管理智能化水平。强化案件全生命周期各个环节的智能化应用，进一步拓展辅助系统应用空间；提升移动端办案辅助能力，法官可通过移动端获得智能化、人性化的辅助事务服务；完善各项指标采集、整理、传输数据的自动生成和及时更新等功能，对各工作环节进行数据分析和挖掘呈现，为法院决策提供数据支撑。

三是建立科学合理的考评机制。建立动态监督管理机制，实现事前防范、事中动态监督、事后检查，使立案、分案、排期、送达、保全、执行、归档等各个阶段、各个环节全部纳入审判流程监督体系。结合专事专岗的职责清单，制定精准可量化的考核评价体系，促进奖优罚劣，优化资源配置。

四是探索多层级跨域协同集约机制。可以在省级层面加强辅助事务协同集约管理的顶层设计，探索将扫描编目、地址界定、12368 接听等辅助事务集约至省级中心。市级层面可以对具体事务模型的工作饱和度

进行测算，对适宜市级统一办理、共性化强的辅助事务如立案材料审核、邮寄送达、诉讼费退还等由市级中心集约办理，为辅助事务标准化跨地域协同运行奠定基础。

附件三　文书模板

一、审判阶段文书模板

（一）开庭传票

台州市黄岩区人民法院传票

案号	（　　）浙 1003 民初　　号
案由	纠纷
被传唤人	
住所	
传唤事由	开庭审理
应到时间	年　　月　　日　　时
应到处所	台州市黄岩区人民法院第　法庭

注意事项：

1. 被传唤人必须携带证据原件准时到达应到处所；
2. 本传票由被传唤人携带来院报到；
3. 被传唤人在收到传票后，应在送达回证上签名或盖章；
4. 为查明本案事实，当事人本人必须出庭参加诉讼，就案件相关事实接受询问，如无正当理由拒不出庭，承担相应的法律责任；
5. 法官联系方式：8428××××；法官助理联系方式：8428××××。

审判员：×××
法官助理：×××
书记员：×××

年　月　日
（电子签章）

本联送达被传唤人

（二）告知合议庭组成人员通知书

台州市黄岩区人民法院
告知合议庭组成人员通知书

（　　）浙 1003 民初　号

×××、×××：

本院受理原告×××与被告×××为×××纠纷一案，决定由审判员×××担任审判长，与人民陪审员×××、×××组成合议庭进行审理。

特此通知。

年　月　日
（电子签章）

附：候选人民陪审员名单：×××、×××、×××、×××。
如遇首选人民陪审员因事不能出庭，由候选人民陪审员参加庭审。

（三）第三人参加诉讼通知书

台州市黄岩区人民法院

参加诉讼通知书

（　　）浙 1003 民初　号

×××：

本院受理原告×××与被告×××为×××纠纷一案，现×××方申请要求追加你为第三人。经审查，×××的申请符合《中华人民共和国民事诉讼法》有关规定，现通知你作为本案的第三人参加诉讼。

特此通知。

年　月　日

（电子签章）

台州市黄岩区人民法院
参加诉讼通知书

（　　）浙1003民初　号

×××：

本院受理原告×××与被告×××为×××纠纷一案，因你/你单位与本案有法律上的利害关系。依照《中华人民共和国民事诉讼法》第一百三十五条的规定，现通知你/你单位作为本案的第三人（或共同被告）参加诉讼。

特此通知。

年　月　日

（电子签章）

（四）证人出庭通知书

台州市黄岩区人民法院

通知书

（　　）浙 1003 民初　号

×××：

你因与×××为×××一案，于××××年××月××日向本院申请证人×××出庭就案件相关事项陈述证言。

经审查，你的申请符合《中华人民共和国民事诉讼法》和《最高人民法院关于适用〈中华人民共和国民事诉讼法〉的解释》的相关规定，本院予以准许。

年　月　日

（电子签章）

（五）相关告知短信

【电子送达开庭传票等相关文书后】

黄岩区人民法院提示：×××诉您为×××纠纷一案，案号（××××）浙1003民初×××号，本院定于××××年××月××日××时××分在本院第××法庭开庭，请合理安排工作，准时出庭。现将相关材料电子送达您的手机号×××××××××××，若短信链接无法打开/无法下载，可至24小时自助诉讼服务窗口领取纸质材料，亦可提供邮寄地址予以邮寄。联系电话：0576－84××××××。

【不能适用电子送达或要求邮寄送达失败后】

黄岩区人民法院提示：原告×××诉您为×××纠纷一案，本案中相关文书材料已于××××年××月××日以12368短信送达您手机，您可点击短信链接查看；其中有张内容为（××××××）的光盘，根据您的要求邮寄至您指定的地址后一直未能签收，现快递以未能送达为由退回，该光盘内容在已送达的短信链接中已有图片和文字形式，该光盘在邮寄退回之日即视为送达。

【适用有证据证明联系电话系当事人本人所持有但未能经过电子确认的开庭传票应诉材料的送达时】

黄岩区人民法院提示：×××你好，原告×××诉您为×××一案，已多次拨打×××××××××××，均显示无人接听，现已将本案开庭传票等相关文书发送至您手机，请及时下载短信链接查看。若您非×××本人，请于××××年××月××日16时30分前联系台州市黄岩区人民法院电话：0576－84××××××，否则视为送达。

【适用电子送达发起裁判文书送达后】

您好！（××××）浙1003民初×××号案件的裁判文书已于××

月××日通过12368短信（移动微法院）发送至您手机，为保障您的诉讼权利，请及时点击12368短信链接下载或进入浙江移动微法院下载查看裁判文书。如没有收到短信或是无法打开短信链接，请及时与送达中心工作人员联系。联系电话：0576－84××××××。

【适用同意电子送达，但发起裁判文书后又无法联系上的】

黄岩区人民法院提示：×××诉您为×××纠纷一案（××××）浙1003民初×××号已审理终结。该案裁判文书已于××××年××月××日以12368短信或移动微法院送达×××××××××××，若未收到短信或链接无法打开/无法下载，请及时联系0576－84××××××。【逾期未联系的，以短信发送成功日期为送达日期】

【适用有证据证明联系电话系当事人本人所持有但未能经过电子确认的裁判文书送达时】

黄岩区人民法院提示：×××，原告×××诉您为×××纠纷一案，案号（××××）浙1003民初×××号，已审理终结。现多次拨打×××××××××××，均显示××××。若您非×××本人，请于××××年××月××日16时30分前联系台州市黄岩区人民法院，电话：0576－84××××××。

【适用推定送达报告】

黄岩区人民法院提示：案号（××××）浙1003民初×××号，受送达人×××，户籍地址××××××××××××××××××××号。本案于××××年××月××日电联确认××××××××××××系×××本人所持有，同意接受线上送达。现分别于××月××日、××日多次错时拨打该号码，电话接通后均直接予以挂断或无人接听，于××月××日发送告知短信，并将相关补充证据材料电子送达至其确认的电话号码，显示已读。故根据送达规定，视为躲避规避推定送达，短信发送成功之日为送达之日。

【适用公告送达报告】

（××××）浙1003民初×××号：受送达人×××，户籍地址浙江省台州市黄岩区××××。经智能送达系统查询到的号码（号码1）（号码2）（号码3）均显示空号，（号码4）显示无人接听，（号码5）（号码6）均显示关机，同时将相关文书电子送达（号码4）；于××××年××月××日发起线下邮寄至其户籍地址，以上述地址系其前妻居住，当事人不居住此地，联系不到未送达为由于××××年××月××日退回；于××××年××月××日发起线下邮寄至涉案证据中的地址××××××××××，以上述地址未找到该当事人，未送达为由于××××年××月××日退回，关联案件（××××）浙1003民初×××号于××××年××月××日将相关材料发起线下邮寄至××××（可以是民事活跃地址或当事人提供地址），以该厂保安称当事人已经离职为由退回。于××××年××月××日分别电话联系村干部、共享法庭庭务主任，称已经很长时间在村里没有见过当事人，夫妻已经离婚。通过智能送达系统、信用画像及关联案件搜索均未能找到有效送达方式，已穷尽各种送达方式，无法联系，适用公告送达。

（六）闭环移送执行表

闭环移送执行表

<table>
<tr><td colspan="2">受移送部门</td><td colspan="2">执行局</td><td colspan="2">移送部门</td><td colspan="2">审后督促团队</td></tr>
<tr><td rowspan="4">执行依据</td><td>案由</td><td colspan="6">纠纷</td></tr>
<tr><td>案号</td><td colspan="6">（　　）浙 1003 民初　　　号</td></tr>
<tr><td>生效日期</td><td colspan="6">年　月　日</td></tr>
<tr><td colspan="2">履行义务期限</td><td colspan="5">年　月　日</td></tr>
<tr><td rowspan="4">申请人</td><td>姓名</td><td></td><td>性别</td><td></td><td colspan="2">出生年月</td><td></td></tr>
<tr><td>民族</td><td></td><td colspan="2">身份证号码</td><td colspan="3"></td></tr>
<tr><td>联系方式</td><td colspan="6"></td></tr>
<tr><td colspan="2">工作单位或住址</td><td colspan="5"></td></tr>
<tr><td rowspan="4">被执行人</td><td>姓名</td><td></td><td>性别</td><td></td><td colspan="2">出生年月</td><td></td></tr>
<tr><td>民族</td><td></td><td colspan="2">身份证号码</td><td colspan="3"></td></tr>
<tr><td>联系方式</td><td colspan="6"></td></tr>
<tr><td colspan="2">工作单位或住址</td><td colspan="5"></td></tr>
<tr><td colspan="2">执行内容</td><td colspan="6">赔偿款　　　元</td></tr>
<tr><td colspan="2">诉讼费收取情况</td><td colspan="6">诉讼费　　元，由被告　　　负担（未履行）</td></tr>
<tr><td colspan="2">督促情况</td><td colspan="6">（督促过程中相关情况详细说明）</td></tr>
<tr><td colspan="2">财产线索和保全情况</td><td colspan="6"></td></tr>
<tr><td colspan="2">原告是否同意申请执行</td><td colspan="6">经　　年　月　日　时　分电话联系原告，原告确认被告对于生效文书确定赔偿义务尚未全额履行（或部分未履行），同意法院移送执行立案，送达回证已回填。
督促员（签名）</td></tr>
<tr><td colspan="2">督促团队意见</td><td colspan="6">按照闭环管理实施办法第 2.3 条规定，提请移送执行。
督促团队负责人（签名）</td></tr>
<tr><td colspan="2">立案庭意见</td><td colspan="6">同意移送执行。
立案庭负责人（签名）</td></tr>
<tr><td colspan="2">备注事项</td><td colspan="6"></td></tr>
</table>

二、执行阶段文书模板

（一）立案后文书模板

1. 送达地址及电子签名确认书

送达地址及电子签名确认书

<table>
<tr><td>告知事项</td><td colspan="4">1. 为便于当事人及时收到人民法院法律文书，保证法律程序顺利进行，当事人应当如实提供确切的送达地址或电子送达方式。代理人签署本确认书，视为所代理的当事人进行确认。
2. 为提高送达效率，在当事人同意的情况下，人民法院将优先采用电子方式送达，判决书、裁定书、调解书等可以同时线下送达。无论是否接受电子送达，均应提供联系手机号码。
3. 确认的送达地址或电子送达方式适用于一审、二审、审判监督、执行程序。如有变更，应当及时书面告知人民法院变更后的送达地址或电子送达方式，如不及时告知变更后的地址或电子送达方式，使法律文书无法送达或未及时送达，当事人将自行承担由此可能产生的法律后果。
4. 人民法院通过 12368 短信送达平台向当事人确认的电子送达、电子签名的手机号码发送电子文书，当事人可点击电子文书的链接查看并进行签字确认，点击确认即视为签名，电子签名与手写签名具有同等的法律效力。</td></tr>
<tr><td rowspan="5">文书送达或电子签名事项</td><td>收件人</td><td></td><td>与当事人关系</td><td>□本人　□代理人　□其他代收人</td></tr>
<tr><td>联系号码</td><td></td><td>身份证号码</td><td></td></tr>
<tr><td>电子送达及电子签名方式</td><td colspan="3">是否接受并同意电子送达及电子签名：□是　□否
□手机号码（确认电子送达、电子签名）：
□移动微法院（请扫码认证）
□电子邮箱：
□诉讼服务平台/电子送达平台</td></tr>
<tr><td>文书送达（可多选）</td><td colspan="3">□电子送达　□线下送达</td></tr>
<tr><td>邮寄地址</td><td colspan="2"></td><td>邮编　</td></tr>
<tr><td>当事人确认</td><td colspan="4">我已阅读（明白）本确认书的告知事项，提供了确认电子送达及电子签名的手机号码，确认电子送达及电子签名的效力，并保证所提供的各项内容是正确的、有效的。如在执行过程中接受电子送达及电子签名的手机号码发生变化，将及时通知法院。
受送达人（签名或者盖章）：

年　月　日</td></tr>
</table>

2. 财产报告表（个人）

被执行人财产报告表（个人）

台州市黄岩区人民法院：

根据报告财产令，被执行人现向你院报告财产如下：

<table>
<tr><td rowspan="10">被执行人基本情况</td><td>身份证号码</td><td colspan="2"></td></tr>
<tr><td>住址（常住地址）</td><td colspan="2"></td></tr>
<tr><td>联系电话（手机）</td><td colspan="2"></td></tr>
<tr><td>婚姻情况</td><td colspan="2">□未婚 □已婚 □离婚 □丧偶</td></tr>
<tr><td>特殊身份</td><td colspan="2">□人大代表 □政协委员
□中共党员 □公务员 □事业单位</td></tr>
<tr><td>护照、港澳台通行证</td><td colspan="2">□有护照 □无护照
□有通行证 □无通行证</td></tr>
<tr><td rowspan="2">电商、网店及收款账户（阿里巴巴批发网、淘宝、天猫、京东、拼多多等平台）</td><td>平台名称</td><td></td></tr>
<tr><td>收款账户</td><td></td></tr>
<tr style="display:none"></tr>
<tr style="display:none"></tr>
<tr><td rowspan="8">一年内收入情况</td><td rowspan="4">固定收入的：应填写所在单位、工作岗位（有无担任企业高管，如法定代表人、董事长、董事、总经理、财产总监等）、月收入（含津贴、补贴）及年终奖励、公积金金额</td><td>工作单位</td><td></td></tr>
<tr><td>工作岗位</td><td></td></tr>
<tr><td>月收入等</td><td></td></tr>
<tr><td>年终奖金</td><td></td></tr>
<tr><td rowspan="2">无固定收入的：应填写收入来源、年约收入</td><td>收入来源</td><td></td></tr>
<tr><td>年约收入</td><td></td></tr>
<tr><td rowspan="2">退休金或养老保险金的：填写每月发放金额和银行账户</td><td>每月收入</td><td></td></tr>
<tr><td>银行账户</td><td></td></tr>
<tr><td rowspan="2">当前财产情况</td><td rowspan="2">现金：应填写个人所有的全部现金数额及存放位置</td><td>现金数额</td><td></td></tr>
<tr><td>存放位置</td><td></td></tr>
</table>

续表

	银行存款、理财产品、支付宝、财付通：应填写开户银行、账号、存款数额，有无以他人名义开设账户供自己使用（包括借用他人银行卡号捆绑使用的支付宝、财付通账号）	银行	
		账号	
		存款数额	
		借用情况	
全部财产情况	不动产类：应填写产权登记、坐落位置、建筑面积、估值，购买或继承取得时间以及有无抵押、共有等情况，例如，商品房、立地楼房、商铺、酒店式公寓、厂房土地、经济适用房、车库车位等	坐落位置	
		建筑面积	
		估值	
		抵押情况	
		共有情况	
	动产类：应填写名称、种类、数量、价值、购买年限及存放地点等情况，例如，车辆、机器设备、产品、库存原材料以及较大价值的电器、豪华手表等	种类名称	
		数量	
		估值	
		存放地点	
	财产性权益，应填写名称、数量、价值，例如，股权、股票（股票名称、数量）、债券、投资权益、基金份额、投资型分红保险、知识产权、对外债权、租金收入、农村股改分红、拆迁安置补偿或权益等	股权股票	
		基金份额	
		分红保险	
		债权情况	
		股改分红	
		拆迁安置补偿、权益	
		租金收入	
		其他	
	其他财产情况（具有一定价值、非生活必需、能够转化为金钱的财产），例如，古董古玩、手机靓号、QQ靓号、比特币等网络财产、高尔夫会员卡、储值会员卡等	手机、QQ靓号	
		古董古玩	
		储值会员卡	
		其他	

续表

一年内财产变动情况	自执行通知书发出之日起一年前，房产、车辆等高价值财产出售、抵押、赠与、出租、变更登记情况；放弃债权或延长债权清偿期的情况以及对外负债（包括家庭或配偶负债）情况	一年内财产变动情况	
		对外负债	笔数：　笔（总计　万元）
		子女就读学校（学费支出）	

被执行人：保证报告的财产信息已经尽已所知并对得起良心，是正确、全面的，如有虚假、遗漏报告自愿承担相应的法律责任。

填报人（签名并捺印）：

报告日期：　　　年　月　日

3. 财产报告表（企业）

被执行人财产报告表（企业）

台州市黄岩区人民法院：

根据报告财产令，被执行人现向你院申报财产如下：

<table>
<tr><td rowspan="16">被执行人基本情况</td><td colspan="2">统一社会信用代码</td><td colspan="2"></td></tr>
<tr><td colspan="2">注册地址</td><td colspan="2"></td></tr>
<tr><td colspan="2">实际经营地址</td><td colspan="2">□同注册地址
□(实际地址/实际经营地址)</td></tr>
<tr><td colspan="2" rowspan="2">法定代表人（实际经营者）及联系电话</td><td>法定代表人</td><td></td></tr>
<tr><td>实际经营人</td><td></td></tr>
<tr><td colspan="2">股东名字及股权结构</td><td colspan="2"></td></tr>
<tr><td colspan="2" rowspan="2">企业基本账户（或常用账户）</td><td>开户行</td><td></td></tr>
<tr><td>账号</td><td></td></tr>
<tr><td colspan="2" rowspan="2">电商、网店及收款账户(阿里巴巴批发网、淘宝、天猫、京东、拼多多等平台)</td><td>平台名称</td><td></td></tr>
<tr><td>收款账户</td><td></td></tr>
<tr><td colspan="2" rowspan="5">企业经营状况</td><td>主营或产品</td><td></td></tr>
<tr><td>年产值（元）</td><td></td></tr>
<tr><td>年利润（元）</td><td></td></tr>
<tr><td>年利税（元）</td><td></td></tr>
<tr><td>纳税人</td><td>□一般纳税人
□小规模纳税人</td></tr>
<tr><td>企业分类</td><td>□高新企业
□创新企业
□其他</td><td>项目投资状况、内容</td><td></td></tr>
</table>

续表

流动资产	货币资金	现金	
		银行存款	
	应收票据	金额、单位等	
	应收账款	金额、单位等	
	库存物品：应填写名称、数量、价值	成品	
		半成品	
		原材料	
		低值易耗品或包装物等	
	其他财产性权益：应填写名称、数量、价值	股权股票	
		基金份额	
		债权情况	
		拆迁安置补偿、权益	
		租金收入	
		出口退税	
		财政补贴收入	
		其他收入等	
固定资产	不动产类：应填写产权登记、坐落位置、建筑面积、估值，购买取得时间以及有无抵押、共有等情况，例如：厂房土地、在建工程、商品房、立地楼房、商铺、酒店式公寓等	坐落位置	
		规划用途	□住宅　□工业 □商业　□其他
		土地使用权	□国有出让　□国有划拨　□集体
		建筑面积	
		估值	
		抵押情况	
		租赁、占有	

续表

	动产类：应填写名称、种类、数量、价值、购买年限及存放地点等情况，例如，车辆、机器设备、生产工具等	种类名称	
		数量	
		估值	
		存放地点	
一年内财产变动情况	自执行通知书发出之日起一年前，房产、车辆等财产出售、抵押、赠与、出租、变更登记情况；放弃债权或延长债权清偿期的情况以及对外负债等情况	一年内财产变动情况	
		对外负债	笔数：　笔 （总计　万元）

被执行人：保证报告的财产信息已经尽己所知并对得起良心，是正确、全面的，如有虚假、遗漏报告自愿承担相应的法律责任。

填报人（签名并盖章）：

报告日期：　　　年　月　日

4. 初次接待申请执行人谈话笔录

黄岩区人民法院初次接待申请执行人谈话笔录

<table>
<tr><td colspan="4">一、基本信息</td></tr>
<tr><td>执行案号</td><td></td><td>执行依据</td><td></td></tr>
<tr><td>谈话时间</td><td></td><td>谈话地点</td><td>法院执行事务大厅</td></tr>
<tr><td>谈话人</td><td></td><td>记录人</td><td></td></tr>
<tr><td>被谈话人</td><td colspan="3"></td></tr>
<tr><td>代理权限</td><td colspan="3">特别授权/一般代理</td></tr>
<tr><td>电话（手机）</td><td colspan="3"></td></tr>
<tr><td colspan="4">二、交代谈话人身份和谈话目的</td></tr>
<tr><td colspan="4">执：我是台州市黄岩区人民法院执行局工作人员。现与你进行执行立案后的立案信息核对和初次接待谈话。请你积极配合人民法院工作，并须如实陈述相关情况。
申：</td></tr>
<tr><td colspan="4">三、确认申请执行人送达地址及电子签名</td></tr>
<tr><td colspan="4">执：为便于当事人及时收到人民法院法律文书，当事人应当如实提供确切的送达地址或电子送达方式。为提高送达效率，在当事人同意的情况下，人民法院将优先采用电子方式送达，判决书、裁定书、调解书等可以同时线下送达。无论是否接受电子送达，均应提供联系手机号码。确认的送达地址或电子送达方式适用于执行程序。如有变更，应当及时书面告知人民法院变更后的送达地址或电子送达方式，如不及时告知变更后的地址或电子送达方式，使法律文书无法送达或未及时送达，当事人将自行承担由此可能产生的法律后果。人民法院通过12368短信送达平台向当事人确认的电子送达、电子签名的手机号码发送电子文书，当事人可点击电子文书的链接查看并进行签字确认，点击确认即视为签名，电子签名与手写签名具有同等的法律效力。
申：</td></tr>
<tr><td colspan="4">执：你是否同意通过传真、电子邮件、短信或微信小程序浙江移动微法院等方式电子送达法律文书？
申：</td></tr>
<tr><td colspan="4">执：请你准确填写《送达地址及电子签名确认书》，确认受送达人、送达地址、送达方式与电子送达及签名的手机号码。
申：</td></tr>
</table>

续表

四、核对执行立案信息
执：请你核对本院执行立案信息表中关于执行依据、被执行人、申请执行标的金额等信息是否完整、准确。如有不完整或不准确之处，请提出修正。（与申请执行人逐项核对立案信息表） 申：
五、了解被执行人及其财产情况
1. 被执行人状况
执：根据《最高人民法院关于民事执行中财产调查若干问题的规定》第1条的规定，申请执行人应当向人民法院提供其所了解的被执行人的财产状况或线索。你（单位）是否知道被执行人的实际住址、工作地点或实际经营地？ 申：
执：你（单位）是否知道被执行人的联系电话（手机）？ 申：
执：本案在审判阶段被执行人是否到庭参加诉讼或者是否对被执行人公告送达相关法律文书？ 申：
执：你（单位）有无其他关于被执行人状况的线索向法院提供？ 申：
执：经在执行案件管理系统中关联查询，被执行人在浙江省法院共涉及执行案件×件，其中为申请执行人的×件，为被执行人的×件。现将被执行人涉及案件向你展示。 申：
2. 被执行人财产状况
执：本案被执行人有无财产向你（单位）设立抵押或质押？如有，请提交抵押或质押清单及相关详细情况。 申：
执：本案有无采取过诉前保全、诉讼保全或执行前保全措施？如有，请提交财产保全清单及相关详细情况。 申：
执：你（单位）有无其他关于被执行人财产情况（如不动产、动产、存款、收入、到期债权、投资等）的线索向法院提供？ 申：

续表

执：本院将在本案立案后对被执行人财产情况发起网络查询，查询结果反馈后将及时向你（单位）告知，你（单位）也可通过执行立案时告知的用户名和密码自行到指定网站查询。 申：
3. 告知权利
执：在案件执行完毕前，你（单位）若发现被执行人下落或被执行人其他可供执行的财产，可拨打黄岩法院执行举报电话（0576－××××××××）进行举报。 申：
执：根据《中华人民共和国律师法》第35条、《最高人民法院关于民事执行中财产调查若干问题的规定》第1条等相关法律和司法解释的规定，【以下根据情况选择】 系申请人：你（单位）有权聘请律师向本院申请调查令，调查被执行人的财产线索； 系律师代理人：你可以直接向本院申请调查令，调查被执行人的财产线索。你知晓了吗？ 申：
执：根据《最高人民法院关于民事执行中财产调查若干问题的规定》第21条的规定，被执行人不履行生效法律文书确定的义务，申请执行人可以向人民法院书面申请发布悬赏公告查找可供执行的财产。你（单位）也可以与保险公司签订悬赏保险合同并支付保险费用，如果举报线索经法院确认并符合条件，依照悬赏公告应由申请人承担悬赏金由保险公司支付举报人。 申：
4. 征询关于网络司法拍卖的意见
执：本院对查封、扣押的被执行人不动产、动产及其他财产，将依法进行网络司法拍卖。请你（单位）对司法拍卖的网络服务提供者（淘宝网、京东网、人民法院诉讼资产、公拍网、中国拍卖行业协会网、工商银行融E购、北京产权交易所）进行选择，未选择或者多个申请执行人的选择不一致的，将由人民法院指定。 申：
执：对网络司法拍卖的财产，你（单位）是否愿意与被执行人以协商议价的方式确定参考价？如议价不能或者不成，本院将依法通过定向询价、网络询价、委托评估的方式确定司法处置参考价，你（单位）是否同意？ 申：

续表

5. 确认收款账户
执：现在向你告知提交收款账户的相关注意事项：（1）申请执行人申请立案时应当向法院提供接收执行案款的汇款账号和联系方式；（2）如因账号挂失等客观原因需要更换接收案款账号，应及时与法院联系，并携带身份证原件及复印件、本人银行卡复印件（注明户名、开户账号、卡号）到法院办理变更登记账号手续或直接来本院领款；（3）因收款账号变更未及时书面告知人民法院，本院将案款汇入账户确认书确认的账户的，视为案款已经发放。 申：
六、其他
1. 告知执行风险
执：你（单位）通过诉讼、仲裁等法定程序取得生效法律文书，只是为你（单位）提供执行依据。生效法律文书所确定的权利最终能否实现，取决于被执行人有无履行能力。强制执行作为一种公力救济手段，只能为实现权利提供一种可能性。如被执行人确无履行能力，你（单位）将承担胜诉权益不能实现的风险。 申：
2. 告知申请破产的权利（被执行人为企业法人）
执：本案执行过程中，如被执行人（企业法人）不能清偿到期债务，且资产不足以清偿全部债务或者明显缺乏清偿能力，符合《中华人民共和国企业破产法》第2条规定的情形，你（单位）可以根据《最高人民法院关于适用〈中华人民共和国民事诉讼法〉的解释》第511条之规定，申请本案移送破产程序处理。 如申请执行人、被执行人均不同意移送破产审查且无人申请破产的，本院将会根据《最高人民法院关于适用〈中华人民共和国民事诉讼法〉的解释》第514条之规定处理，对被执行人财产处置变价后所得的款项，在扣除执行费用及清偿优先受偿债权后，对于普通债权，将按照财产保全和执行中查封、扣押、冻结财产的先后顺序清偿。 申：
3. 征询关于终结本次执行程序的意见
执：如果你（单位）不能提供有效的关于被执行人具有履行能力的证据或线索，本院已穷尽财产调查措施并根据法律规定采取了其他执行措施，未发现被执行人有可供执行的财产或者发现的财产不能处置，根据《最高人民法院关于适用〈中华人民共和国民事诉讼法〉的解释》第517条第1款的规定，本院有权终结本次执行程序。终结本次执行程序后的5年内，本院将每6个月通过网络执行查控系统查询一次被执行人的财产，符合恢复执行条件的，本院将及时恢复执行。申请执行人享有要求被执行人继续履行债务及依法向人民法院申请恢复执行的权利，被执行人负有继续向申请执行人履行债务的义务。 如出现上述情况，你（单位）是否同意本院终结本次执行程序？ 申：

续表

执：你（单位）还有无其他情况需要补充说明的？ 申：
执：今天的谈话就到此结束。请阅笔录，如无误，请在每一页页码处捺印确认，并在最后一页签名、捺印。 申：

申请执行人签名捺印：

日期：

5. 执转破权利义务与风险释明书

台州市黄岩区人民法院
执行案件转破产程序权利义务与风险
释明书

为加强对企业法人的债务处置，促进执行程序与破产程序的有序衔接，依法公平保护全体债权人利益，保障相关当事人的诉讼权利，特将有关事项告知如下：

一、作为法人企业的债务人（以下简称债务人）不能清偿到期债务、明显缺乏清偿能力或者资不抵债的，申请执行人或其他债权人既可通过诉讼等程序并依据生效法律文书申请对债务人进行强制执行，也可向人民法院申请对债务人进行破产清算、破产重整。

债务人不能清偿到期债务的，无论是否进入执行程序，债务人均可依据《企业破产法》第 2 条的规定，向人民法院申请破产清算或破产重整。

二、申请执行人申请强制执行的，应当向人民法院提供所了解的被执行企业财产状况或线索。

三、在执行程序开始后，被执行人的其他已经取得执行依据的债权人发现被执行企业的财产不能清偿所有债权的，可以向人民法院申请参与分配。

四、如果申请执行人或其他债权人不同意移送破产，执行程序中财产处置所得价款，在扣除执行费用及清偿优先债权后，对于普通债权，按照财产保全和执行中查封、扣押、冻结财产的先后顺序清偿。

因此，在执行程序中，申请查封、扣押、冻结财产在后的或者没有申请上述强制执行措施的申请执行人，以及其他尚未取得执行依据的债权人有无法参与分配或分配比例少于先分配债权人的风险。

五、如果执行程序转入破产程序，财产分配将按照破产程序规定的债务清偿顺序进行。与执行程序中财产分配“先到先得”规则不同的是，破产程序将依照法律规定遵循“公平清偿”原则。

破产程序的债务清偿规则是，除了法律规定可优先分配的债权外，其余普通债权按比例公平分配。即使是最先在诉讼或执行程序中提出查封、扣押、冻结的普通债权人，在破产程序中也将与其他普通债权人按债务清偿比例公平受偿。

六、申请执行人或其他债权人同意执行案件移送破产程序处理的，申请执行人或债权人不需要支付任何费用。破产清算所需费用全部由债务人财产及相关破产援助资金负担。

七、与执行程序不同的是，破产程序将由专业的管理人对债务人财产进行全面清算，包括对财务的核查，全面清查债务人资产的去向，尽可能防止债务人逃废债。

管理人可行使破产撤销权，对在破产申请受理1年内或6个月对个别债权人进行单独清偿债务的行为可予以撤销，并追回相应款项统一用于清偿全体债权人的债务。

管理人也可行使追回权，追回被其他人占有的属于债务人的财产。

八、通过破产程序，可以最大限度地清查债务人财产，如果债务人财产与其股东财产高度混同，或债务人财产去向不明、财务资料不全导致无法清算，债务人的股东依法将对债务人企业的债务承担连带债务。

九、申请执行人应慎重评估执行程序与破产程序在实现自身债权方面的不同效果，从维护自身合法权益出发，决定是否同意或申请将执行案件移送破产程序处理。

（二）申请书、和解协议

1. 执行悬赏申请书

执行悬赏申请书

申请执行人×××与被执行人×××为×××一案，执行案号为××××。因被执行人×××下落不明/或无可供执行财产，特向台州市黄岩区人民法院申请发布执行悬赏公告。

悬赏请求：查找被执行人可供执行的财产线索；查找被执行人的下落线索；查找被执行人虚假报告财产情况/违反法院限制高消费及有关消费规定/有履行能力拒不履行生效法律文书确定义务的线索。

悬赏金额：××元或按举报的被执行人财产实际执行到位金额的××%。

悬赏公告发布方式及范围：全国法院执行悬赏公告平台/法院微信公众号/被执行人居所地、经常居住地张贴/广播电视（费用自理）/户外广告平台（费用自理）。

申请人承诺，举报人按悬赏请求提供人民法院尚未掌握的线索并执行到位的，自愿支付悬赏金。

此致

台州市黄岩区人民法院

申请人（签名或盖章）：

时间：

2. 执行和解协议（分期履行）

执行和解协议

申请执行人：

被执行人：

原告×××与被告×××为×××一案，台州市黄岩区人民法院作出（发出）的民事××已生效并进入执行程序，执行案号为××××。在执行过程中，申请执行人×××与被执行人×××协商一致，自愿达成执行和解协议，并提交台州市黄岩区人民法院审查附卷备案，协议具体内容如下：

一、申请执行人×××同意变更本案生效法律文书确定的履行标的、期限为：被执行人×××偿还申请执行人×××执行款本金人民币××元，支付利息及迟延履行期间的利息，并承担×××、申请执行费××元。被执行人×××应于20××年××月××日前偿付申请执行人执行款本金（本息）人民币××元；余款由被执行人×××从20××年××月起，每月底前偿付申请执行人人民币本金××元，直到付清本案债务本息为止（于20××年××月××日一次性付清本案债务本息）。

二、被执行人×××按本和解协议的约定付清第××期执行款后，申请执行人×××即申请台州市黄岩区人民法院解除对被执行人×××所有的银行存款账户/××房地产/××汽车的冻结、扣押、查封手续。

在本和解协议第×期执行款如数履行后，申请执行人×××再申请台州市黄岩区人民法院对被执行人×××在失信被执行人名单中屏蔽及解除限制消费措施。

本执行和解协议生效后，本条意见即视作提交了上述的书面申请。

三、被执行人×××按本和解协议的约定付清第××期执行款后，申请台州市黄岩区人民法院撤回本案的执行申请/撤回本案对被执行人

×××的执行申请。

四、申请执行人×××同意本案以和解长期履行为由作终结执行方式先予结案；同意对被执行人×××按第一条款规定的期限按时全部履行完毕的，本案作执行和解后履行完毕的结案处理。

五、本和解协议签订后，本案以和解长期履行为由终结执行结案或撤回执行申请终结执行结案后，申请执行人仍有权依据生效法律文书对被执行人另案执行到位的执行款申请参与分配受偿，且分配受偿所得执行款将用以扣减应付执行款总额，不先抵减本和解协议约定的分期履行的执行款。

六、被执行人如未按第一条款按期如数履行，本和解协议自动终止，申请执行人有权申请恢复执行原生效法律文书。

以上协议，申请执行人（特别授权人）与被执行人签字或盖章后即生效。

本和解协议一式三份，双方当事人各执一份，一份提交台州市黄岩区人民法院审查后附卷备案。

申请执行人（特别授权人）（签名捺印）：

被执行人（签名捺印）：

时间：

3. 执行和解协议（自愿代为履行）

执行和解协议

申请执行人：

案外人（代为履行义务人）：

原告×××与被告×××为×××一案，台州市黄岩区人民法院作出（发出）的民事××已生效并进入执行程序，执行案号为××××。执行中，申请执行人×××与案外人××协商一致，由案外人××承诺自愿代被执行人×××履行上述生效法律文书确定的债务。双方就此达成执行和解协议，提交台州市黄岩区人民法院审查附卷备案，协议具体内容如下：

一、案外人××自愿承诺代被执行人偿还申请执行人执行款本金人民币××元，支付利息及迟延履行期间的利息，并承担、申请执行费××元。案外人×××应于20××年××月××日前偿付申请执行人执行款本金（本息）人民币××元；余款由案外人×××从20××年××月起，每月底前偿付申请执行人人民币本金（本息）××元，直到付清本案债务本息为止（于20××年××月××日一次性付清本案债务本息）。

二、若代为履行义务人×××按本执行和解协议的约定付清第××期执行款后，申请执行人申请台州市黄岩区人民法院解除对被执行人所有的银行存款账户/××房地产/××汽车的冻结、扣押、查封手续。

在本和解协议约定的第×期执行款如数履行后，申请执行人再申请台州市黄岩区人民法院对被执行人×××在失信被执行人名单中屏蔽及解除限制消费措施。

本执行和解协议生效后，本条意见即视作提交了上述的书面申请。

三、若代为履行义务人×××按本执行和解协议的约定付清第×期执行款后，申请执行人申请台州市黄岩区人民法院撤回本案的执行申请/撤回本案对被执行人×××的执行申请。

四、申请执行人×××同意本案以和解长期履行为由作终结执行方式先予结案。同意代为履行义务人×××按照第一条款规定的期限按时全部履行完毕的，本案作执行和解后履行完毕的结案处理。

五、本和解协议签订后，本案以和解长期履行为由终结执行结案或撤回执行申请终结执行结案后，申请执行人仍有权依据生效法律文书对被执行人另案执行到位的执行款申请参与分配受偿，且分配受偿所得执行款将用以扣减应付执行款总额，不先抵减本和解协议约定的分期履行的执行款。

六、代为履行义务人×××如未按第一条款按期如数履行，本和解协议自动终止，申请执行人有权申请恢复执行原生效法律文书。且申请执行人有权向人民法院申请变更、追加代为履行义务人×××为被执行人，在其承诺范围内对生效法律文书确定的未清偿债务承担清偿责任。

以上协议，申请执行人（特别授权人）与代为履行义务人×××签字或盖章后即生效。

本和解协议一式三份，双方当事人各执一份，一份提交台州市黄岩区人民法院审查后附卷备案。

申请执行人（特别授权人）（签名捺印）：

案外人（代为履行义务人）（签名捺印）：

时间：

4. 代为履行承诺书

代为履行承诺书

台州市黄岩区人民法院：

你院执行申请执行人×××与被执行人×××为×××一案中，执行案号为××××。执行中，案外人××与申请执行人×××已达成执行和解协议，现案外人向你院书面承诺自愿代被执行人×××履行生效法律文书确定的债务，如代为履行义务人×××未按执行和解协议按期如数履行，执行中或恢复执行中，代为履行义务人×××自愿承担被你院依照《最高人民法院关于民事执行中变更、追加当事人若干问题的规定》第24条规定被追加为被执行人及被强制执行偿还债务的法律责任。

特此承诺！

承诺人（代为履行义务人）：

日期：

（三）调查笔录

农村房产调查笔录

台州市黄岩区人民法院

调查笔录

调查时间：________年____月____日____时____分至____时____分

调查地点：____________________。

调查人员：____________________。

被谈话人：____________，男□/女□，________年____月____日出生，其他身份信息情况：____________________________。

问：我们是台州市黄岩区人民法院执行人员，现向你了解被执行人×××相关情况，希望你如实回答。

答：好的，我会如实回答。

问：被执行人现居住何处，你是否清楚？

答：____________________。

问：被执行人现在从事什么工作，工作地址在哪里，你是否清楚？

答：____________________。

问：被执行人的财产情况，你是否清楚？

答：不动产状况：不清楚□/清楚□____________________________；动产（如车辆、设备等）：不清楚□/清楚□____________________________；

收入：不清楚□/清楚□____________________________；债权：不清楚□/清楚□____________________________；股权：不清楚□/清楚□____________________________；其他：不清楚□/清楚□____________________________。

问：被执行人所有的位于____________________________的

不动产是否属于其一人所有？共同报批的共有人有谁？

答：____________________。

问：上述×处不动产是否有人居住？是谁居住？按照当地的出租环境等方面的情况，是否符合租赁条件，能否出租？

答：上述不动产为农村宅基地房屋____层楼____间，房屋建筑材质________，适合管理及出租□/不适合管理及出租□，是□/否□危房，________________________________；

问：上述×处不动产是否符合处置条件？

答：____________________。

问：还有什么要补充的吗？

答：没有补充□/有补充□________。

感谢你对法院执行工作的配合！以上笔录内容核对无误后请签字确认。

被谈话人（签字）：　　　　　　　　　　　　调查人员：

（四）强制执行措施

1. 强制报废执行裁定书

台州市黄岩区人民法院
执行裁定书

申请执行人：

被执行人：

本院在执行申请执行人×××与被执行人×××为×××一案中，于××××年××月××日向被执行人×××发出执行通知书，责令被执行人×××履行生效法律文书确定的法律义务，但被执行人×××未履行生效法律文书确定的义务。在执行过程中，本院于××××年××月××日依法查封了被执行人×××所有的车牌号为×××××××机动车一辆，并于20××年××月××日扣押该车辆至本院。经查，上述车辆的出厂日期为××××年××月××日，初始登记日期为××××年××月××日，车辆检验有效期至××××年××月××日。因该车辆购置年限较长，长期停放未使用，并在车辆检验有效期届满后连续3个机动车检验周期内未取得机动车检验合格标志，属应当强制报废的情形，现亦无法评估处置，故对其作强制报废处理。依照《中华人民共和国民事诉讼法》第一百五十七条第一款第（十一）项的规定，裁定如下：

对被执行人×××所有的车牌号为×××××××机动车予以强制报废处理。

本裁定立即执行。

审　判　长
审　判　员
审　判　员
年　月　日
书　记　员

2. 强制退保协助执行通知书

台州市黄岩区人民法院
协助执行通知书

（保险公司名称）：

本院在执行申请执行人×××与被执行人×××为×××一案中，查明被执行人×××在你公司拥有人身保险产品，被执行人系投保人。现请你公司协助执行以下事项：

办理被执行人保单（保单号：×××）退保手续，核算被执行人可获得的保单的现金价值或可退的保险财产权益（包括但不限于可退的保险费、退保金、生存金及利息、红利及利息、保险年金等），并在人民币××元范围内将款项划入法院案款专户。

缴款账户名称：

账号：

年　月　日

附：执行裁定书一份（略）

3. 查询保单（保险）协助执行通知书

台州市黄岩区人民法院

协助查询通知书

（保险公司或分公司名称）：

本院在执行申请执行人×××与被执行人×××为×××一案中，因执行需要，请你公司协助执行以下事项：

查询被执行人×××（居民身份证号：×××××××××××××××××××）在你公司是否有作为投保人、被保险人或受益人的各类人身保险产品（包括但不限于传统型、分红型、投资连接型、万能型人身保险产品），并提供相应的保单号、保险期限、保险金额等信息。

年　月　日

4. 退保执行告知书

台州市黄岩区人民法院
执行告知书

被执行人×××：

本院在执行申请执行人×××与被执行人×××为×××一案中，依法向被执行人×××发出执行通知书，责令被执行人×××履行生效法律文书确定的法律义务，但被执行人×××至今未履行完毕生效法律文书确定的义务。经查，被执行人×××投保、拥有相关的人身保险产品，其人身保险产品或依保单约定获得的生存保险金、保单分红及退保后保单现金价值均属被执行人的责任财产，依法可作为强制执行标的。现本院责令被执行人立即履行法律义务，未履行债务时不得提取上述保险产品财产利益，并在3日内向本院提交被执行人签署的退保申请书，其退保后保单现金价值可用以偿付案件债务。若拒绝签署退保申请书，人民法院将依法强制执行。

特此告知！

年　月　日

5. 涉嫌拒执犯罪预告书

台州市黄岩区人民法院
涉嫌拒执犯罪预告书

被执行人×××：

本院在执行申请执行人×××与被执行人×××为×××民事判决/民事裁定书一案中，于20××年××月××日依法查封了被执行人所有的车牌号码为×××××××机动车一辆，并于20××年××月××日依法向你送达了限期交出车辆通知书，但你逾期未交出车辆；本院对你拒不交出车辆的行为，于20××年××月××日依法作出罚款××元的处罚，并于同日将罚款决定书向你送达。

依照《最高人民法院关于审理拒不执行判决、裁定刑事案件适用法律若干问题的解释》的规定，你的拒不交车行为已涉嫌构成拒不执行判决、裁定罪。现告知你立即向本院交出车辆或立即履行生效法律文书确定的义务，仍未履行的，将依照《中华人民共和国刑法》第三百一十三条、《中华人民共和国民事诉讼法》第一百一十四条第一款第（六）项和《最高人民法院关于人民法院执行工作若干问题的规定（试行）》第五十八条之规定，将你涉嫌拒不执行判决、裁定罪的事实移送公安机关侦查。

特此通知！

年　月　日

6. 协助执行通知书（生活费保障—已冻结）

台州市黄岩区人民法院

协助执行通知书

××银行：

本院在执行申请执行人×××与被执行人×××为×××一案中，依法冻结了被执行人×××在你行的存款账户（账号：×××），为保障被执行人×××的基本生活费用，请协助将该冻结账户纳入“被执行人生活保障金智提”管理。具体协助内容如下：

从本协助执行通知书送达之日起次月1日至冻结到期日期间，被执行人×××提供有效身份证及冻结账户银行卡或存折（账号：×××），可至你行每月支取基本生活费用×××元。

年　月　日

附：执行裁定书一份（略）

7. 协助执行通知书（生活费保障—待冻结）

台州市黄岩区人民法院

协助执行通知书

××银行：

本院在执行申请执行人×××与被执行人×××为×××一案中，于×××依法作出的×××执行裁定已发生法律效力。依照《中华人民共和国民事诉讼法》第二百五十三条第二款之规定，请协助执行下列事项：

一、冻结被执行人×××在你行账号为×××的银行存款×××元；冻结期限为1年（自本法律文书送达之日起算1年）。

二、请协助将该冻结账户纳入“被执行人生活保障金智提”管理。从本协助执行通知书送达之日起次月1日至冻结到期日期间，被执行人×××提供有效身份证及冻结账户银行卡或存折（账号：×××），可至你行每月支取基本生活费用×××元。

年　月　日

附：执行裁定书一份（略）

8. 发拆迁指挥部协助执行通知书（拆迁查询）

台州市黄岩区人民法院

协助执行通知书

××指挥部：

本院在执行申请执行人×××与被执行人×××为×××一案中，据悉，×××村已纳入规划拆迁范围。经查，作为被执行人×××户所有的坐落在×××房屋（产权证号：×××）已被本院依法查封。为查明被执行人的财产信息并及时控制被执行人的财产，根据《最高人民法院关于民事执行中财产调查若干问题的规定》第十二条、《最高人民法院关于适用〈中华人民共和国民事诉讼法〉的解释》第四百八十三条的规定，特发协助执行通知书给你单位，以便我院根据不同情况采取执行措施，协助执行事项如下：

一、对被执行人×××户已签订拆迁协议，已经安置的，请将安置房的具体房号通知我院，我院将依法予以查封（尚未安置的，请在安置之后及时通知我院）；你单位不得向被执行人移交产权凭证。

二、对被执行人×××户已签订拆迁协议，并采取市场化货币回购安置的，告知我院具体货币补偿金额，我院将依法予以冻结；你单位不得向被执行人发放。

三、对被执行人×××户尚未签订安置协议的，请及时通知我院告知安置进程和安置结果。

请予协助。

年　月　日

9. 异地拘留换押通知书

台州市黄岩区人民法院
异地拘留换押通知书

××拘留所：

本院在执行申请执行人×××与被执行人×××为×××一案中，因被执行人×××拒不申报财产/拒不履行法律文书确定的义务，本院作出拘留决定书对被执行人×××（身份证号码：××××××××××××××××××）拘留15日，并于20××年××月××日委托××人民法院将被执行人×××异地拘留关押在你所。为便于执行，现我院决定将被拘留人×××带回本院辖区拘留所关押，特通知你所对被拘留人×××办理换押手续。换押时间自××××年××月××日执行，并由我院执行干警×××、×××负责带回。

特此通知。

年　月　日

（此通知书送达异地关押拘留所）

10. 查扣车辆执行裁定书（登记他人）

台州市黄岩区人民法院
执行裁定书

申请执行人：

被执行人：

车辆登记人×××：

本院在执行申请执行人×××与被执行人×××为×××一案中，于×××向被执行人×××发出执行通知书，责令被执行人×××履行生效法律文书确定的法律义务，但被执行人×××未履行生效法律文书确定的义务。经查，被执行人长期固定驾驶登记在他人（×××，身份证号码××××××××××××××××××）名下车牌号为×××××××的小型汽车一辆。本院认为，车辆系动产，可按实际占有人确定所有权人；被执行人长期固定驾驶即实际占有该车辆，对该车辆依法可先予扣押。依照《中华人民共和国民事诉讼法》第二百五十三条、《最高人民法院关于适用〈中华人民共和国民事诉讼法〉的解释》第四百八十五条的规定，裁定如下：

查封、扣押被执行人×××所占有的登记在×××（身份证号码××××××××××××××××××）名下车牌号为×××××××的小型汽车一辆，期限为2年。

查封、扣押期限届满时需要续行查封或扣押的，应当在查封或扣押期限届满前15日内提出书面申请。

本裁定立即执行。

审　判　员

年　月　日

书　记　员

11. 预处罚通知书

台州市黄岩区人民法院
预处罚通知书

预被处罚人×××：

本院在执行申请执行人×××与被执行人×××为×××一案中，被执行人×××未履行生效法律文书确定的义务，亦未按本院传票规定时间到达指定场所，且拒绝报告财产。其拒不履行人民法院已经发生法律效力的判决、裁定的行为，应当依法惩处。依照《中华人民共和国民事诉讼法》第一百一十四条第一款第（六）项，第一百一十八条第二款，第一百一十九条第一款、第三款及《最高人民法院关于公布失信被执行人名单信息的若干规定》第一条之规定，决定如下：

一、拟对被执行人罚款人民币×××元；

二、拟对被执行人拘留××日；

三、拟将被执行人纳入失信被执行人名单。

责令被执行人×××在收到本通知书之日起3日内全面履行生效法律文书确定的义务，逾期未履行义务的，本院将依法作出处罚决定书。

特此通知。

年　月　日

12. 限期交出车辆通知书

台州市黄岩区人民法院

限期交出车辆通知书

×××：

本院在执行申请执行人×××与被执行人×××为×××一案中，依法查封了被执行人×××所有的车牌号为×××××××小型汽车一辆。现本院责令被执行人×××，限于本通知发出之日起3日内将上述车辆交至本院依法进行扣押。确有正当理由无法交出的，应在期限届满前书面向本院报告上述车辆的占用或存放情况，并提交相应的书面证据。如逾期不交出，又不书面报告或虚假报告无法交出理由，本院将依照《中华人民共和国民事诉讼法》第一百一十四条第一款第（三）项之规定，以你（或单位）隐匿已查封的财产而拒不履行为由，根据情节轻重予以罚款、拘留；情况严重构成犯罪的，依法追究刑事责任。

特此通知！

年　月　日

13. 拒不交车罚款决定书

台州市黄岩区人民法院
罚款决定书

被罚款人×××：

本院在执行申请执行人×××与被执行人×××为×××一案中，被执行人×××未履行法律文书确定的义务。查明，本院依法查封被执行人×××所有的车牌号为×××××××汽车一辆，于20××年××月××日向被执行人发出限期交出车辆通知书，责令其限期向本院交付车辆，但被执行人逾期未交付也未报告无法交付车辆的理由。被执行人其拒不交付被查封车辆的行为应依法惩处。依照《中华人民共和国民事诉讼法》第一百一十四条第一款第（三）项，第一百一十九条第一款、第三款之规定，决定如下：

对被执行人×××罚款人民币××元，限在3日内缴纳。

如不服本决定，可以在收到决定书之日起3日内，向台州市中级人民法院申请复议一次。复议期间，不停止本决定的执行。

年　月　日

（五）拍卖变卖处置

1. 唯一住房执行告知书（被执行人）

拍卖被执行人唯一住房
执行告知书

被执行人×××及所扶养家属：

本院在执行申请执行人×××与被执行人×××为×××一案中，依法查封了被执行人×××所有的（与××共有的）位于××的房地产，并发出限期履行通知书，但被执行人×××至今未履行生效法律文书确定的义务。经查，该查封房产已超过被执行人×××及所扶养家属的生活所必需。现经本案申请执行人申请，要求拍卖上述查封房产。

在拍卖上述唯一住房之前，现将相关事项告知如下：

一、在房屋确定拍卖后，搬移出屋期间，本院已告知申请执行人为被执行人×××及所扶养家属提供过渡房屋，房屋面积按《城镇最低收入家庭廉租住房管理办法》所规定的当地廉租住房保障面积标准确定。

二、为解决被执行人×××及所扶养家属在房屋拍卖期间过渡居住问题，如果被执行人×××等愿自行租房但资金短缺的，申请执行人愿提供不低于一年的租金；如果你们要求提供过渡房的，申请执行人愿提供不低于一年租期的临时住房以供被执行人及所扶养家属过渡居住。

三、在房屋拍卖后，在拍卖款中优先提留被执行人安置费用，且在拍卖成交后优先偿付，费用参照当地房屋租赁市场平均租金标准按5~8年租金执行，并在安置费用中收回申请执行人垫付的过渡房的租金等。

四、属于被执行人安置的费用，人民法院不再作执行。

被执行人收到本执行告知书之日起3日内向本院说明选择过渡居住问题的解决方案；逾期不向本院作出说明的，本院将视为你选择过渡房安置；若在本院公告迁移房屋后逾期不履行，将依法强制将你室内什物搬移至申请执行人提供的过渡房内。

特此告知！

年　月　日

2. 返还拍卖唯一住房安置费申请

要求保留处置唯一住房
基本居住保障费的申请

××人民法院：

你院在执行申请执行人×××与被执行人×××为×××一案中，依法作出裁定拍卖被执行人所有的（共有的）位于台州市黄岩区××的房地产，因该房地产系被执行人及其所扶养家属的唯一住房，为避免拍卖该唯一住房后我们无处居住，特书面申请你院在该房地产拍卖成交款中依法优先保留返还被执行人及其所扶养家属的基本生活居住保障费用，我和被执行人及其他共同居住人将积极配合你院拍卖处分该房产。

特此申请！

被执行人及其他居住人：

年　月　日

3. 析产执行告知书（发申请人）

台州市黄岩区人民法院

执行告知书

×××：

本院在执行申请执行人×××与被执行人×××为×××纠纷的××民事判决书/民事调解书/支付令/民事裁定书一案中，依法查封了被执行人×××与案外人×××共同共有的位于××的房产。鉴于被执行人×××与案外人×××系涉案查封房产共有人，为保障被执行人与共有人的合法权益，本院于20××年××月××日发出执行告知书，依法告知被执行人×××与案外人×××有权协议分割该共有财产或提出析产诉讼，但其均逾期未提起。依照《最高人民法院关于人民法院民事执行中查封、扣押、冻结财产的规定》第十二条之规定，特告知申请执行人×××在收到本告知书起10日内，可代位提起析产诉讼，依法确定被执行人所有的责任财产份额，以便依法执行处置。

特此告知！

年　月　日

4. 议价通知书

台州市黄岩区人民法院

议价通知书

×××：

本院在执行申请执行人×××与被执行人×××为×××一案中，依法作出裁定拍卖被执行人×××所有的××，现依照《最高人民法院关于人民法院确定财产处置参考价若干问题的规定》第四条之规定，通知你们对被执行人×××所有的××（需要议价的财产）的处置参考价自行予以协商，请于本通知书发出之日起3日内向我院提交书面议价意见，或3日内联系本院，由当事人自行协商议价确定财产处置参考价，逾期未提交的，本院将依法以其他方式确定财产处置参考价。

年　月　日

5. 拍卖唯一住房申请书（申请执行人）

强制拍卖被执行人唯一住房
申请书

××人民法院：

兹有本人（或单位）×××与被执行人×××为×××一案，本人（或单位）于20××年××月××日申请你院立案执行。在本案执行中，你院依法查封了被执行人×××所有/与×××共有的坐落在×××的房地产。因该房地产系被执行人及其所扶养家属的唯一住房，但已超过被执行人必需居住的居住保障。为有效实现本人的合法权益，现申请你院拍卖上述房地产，本人自愿将按你院通知要求提供该房地产在拍卖期间的过渡租房或垫付过渡住房租金，以及承诺如拍卖流拍的自愿垫付过渡房租金及拍卖费用；拍卖成交后则从拍卖款中收回垫付的过渡房租金和拍卖费用，且同意参照当地房屋租赁市场平均租金标准从该房地产的拍卖变价款中优先扣除返还被执行人及所扶养家属5~8年基本生活居住保障租金。

特此申请！

申请执行人：

年　月　日

6. 分割共同财产份额裁定书

台州市黄岩区人民法院
执行裁定书

申请执行人：

被执行人：

本院在执行申请执行人×××与被执行人×××为×××一案中，于20××年××月××日向被执行人×××发出执行通知书，责令被执行人×××履行生效法律文书确定的法律义务，但被执行人×××未履行生效法律文书确定的义务。本院于20××年××月××日以×××执行裁定查封了被执行人×××与×××共有的位于××的房地产，并发出限期履行通知书，但被执行人×××至今未履行生效法律文书确定的义务。本院于20××年××月××日发出执行告知书，告知被执行人×××与案外人×××在收到告知书之日起5日内，提交对上述查封财产的共有财产分割协议书或提起析产诉讼。但被执行人×××与案外人×××逾期未提起。

本院认为，本案查封的位于台州市黄岩区×××房地产的不动产登记为被执行人×××与案外人×××共同共有，其中相应的财产份额为被执行人×××的责任财产。本案执行中，本院已依法告知被执行人×××与案外人×××有权协议分割该共有财产或提出析产诉讼，但其均逾期未提起。依照相关法律规定，对共有财产的份额没有约定或约定不明的，按照出资额确定，不能确定出资额的，视为等额享有。综上所述，本案涉案房地产应视为共有人等额享有，以均等分割为宜。依照《中华人民共和国民法典》第三百零八条、第三百零九条和《中华人民共和国民事诉讼法》第一百五十七条之规定，裁定如下：

被执行人×××与案外人×××等额享有台州市黄岩区×××房地

产（产权证号：×××）的财产份额，其中被执行人×××占×分之×的财产份额。

本裁定送达后即发生法律效力。

审　判　长
审　判　员
审　判　员
年　月　日
书　记　员

7. 拍卖执行裁定书（与案外人共有）

台州市黄岩区人民法院
执行裁定书

申请执行人：

被执行人：

本院在执行申请执行人×××与被执行人×××为×××的民事×××一案中，于20××年××月××日向被执行人×××发出执行通知书，责令被执行人×××履行生效法律文书确定的法律义务，但被执行人×××未履行生效法律文书确定的义务。本院于20××年××月××日以执行裁定查封了被执行人×××与×××共有的位于××房地产，并发出限期履行通知书，但被执行人×××至今未履行生效法律文书确定的义务。本院于××××年××月××日以执行裁定查封了被执行人×××与案外人×××共有的位于×××室的房地产，并发出限期履行通知书，但被执行人×××至今未履行生效法律文书确定的义务。本院于××××年××月××日作出×××执行裁定，确定被执行人×××与案外人×××等额享有××房地产（产权证号：××）的财产份额，其中被执行人×××占×分之×的财产份额。现本院将依法执行被执行人×××的财产份额。因该共有房地产无法进行实物分割处置，本院将直接执行处分该共有房地产，但应为案外人×××保留该房地产变价款中×分之×的份额（其中被执行人与案外人按税法等规定共同承担出让方应缴税费等），案外人×××在该房地产拍卖变卖时亦享有优先购买权。依照《中华人民共和国民事诉讼法》第二百五十五条、第二百五十八条规定，裁定如下：

拍卖被执行人×××与案外人×××共有的位于×××室的房地产（产权证号：×××）。

本裁定送达后即发生法律效力。

审 判 员

年 月 日

书 记 员

8. 定向询价结果通知书

台州市黄岩区人民法院
定向询价结果通知书

×××：

本院在执行申请执行人×××与被执行人×××为×××一案中，本院依法作出裁定拍卖被执行人所有的/共有的坐落在××的房地产（产权证号：××）。

因无法采取议价方式确定上述房地产的司法处置参考价，本院依法采取定向询价方式确定该房地产的处置参考价，经向国家税务总局××区税务局询价，上述房产的计税基准价为人民币××元，根据《最高人民法院关于人民法院确定财产处置参考价若干问题的规定》的相关规定，以该价值作为本宗拍卖标的物（上述房地产）的司法处置参考价。

特此通知！

年 月 日

9. 分类财产要件调查表（住宅）

分类财产要件调查表（住宅）

拍品名称：

移交网拍工作室时间：　　　　　　　案号：

步骤	阶段	具体事项		完成情况（勾选）	备注
1	拍品调查	权属情况	不动产登记查询信息	有□　　无□	√（各栏勾选）
2			涉国有划拨土地的是否为拆迁安置用房或集资房	是□　　否□	
3			房屋产权证	扣押□　无□	
4			土地产权证	扣押□　无□	
5		抵押情况	抵押权人（注明联系方式）	有□　无□	
6			抵押金额	有□　无□	
7			是否发抵押权人告知书	是□　否□	
8		租赁情况	承租人	有□　无□	
9			承租合同、租金凭据等	有□　无□	
10			是否带租拍卖	是□　否□	
11		房产现状	是否已腾房出屋	是□　否□	
12			有无地下车位或自行车库	有□　无□	
13			室内物品是否统一处置	是□　否□	
14			有无欠缴物业费、水电费	有□　无□	
15			不动产部门保全、查封	有□　无□	
16			首封或轮候查封	首封□　轮候□	
17			首封法院有无移交处分权	有□　无□	

续表

步骤	阶段	具体事项		完成情况（勾选）	备注
18		拍卖裁定、出屋公告等	查封、限期履行现场张贴	有□　无□	
19			拍卖裁定送达或公告	有□　无□	
20			出屋公告送达或公告	有□　无□	
21			房屋有无换锁	有□　无□	
22		唯一住房处置情况	申请人拍卖申请及承诺书	有□　无□	
23			被执行人权益告知书	有□　无□	
24			过渡房安置初步方案	有□　无□	
25			过渡房或租金有无到位	有□　无□	
网拍工作室审查意见：					
注：本表为分类财产（住宅）处置调查要件，包括但不限于住宅处置调查的相关要件，用于执行员在处置财产调查中备忘，有未尽调查事宜执行员可自行补充。					

10. 分类财产要件调查表（工业土地厂房）

分类财产要件调查表（工业土地厂房）

拍品名称：

移交网拍工作室时间：　　　　　　　　　　案号：

<table>
<tr><th>步骤</th><th>阶段</th><th colspan="3">具体事项</th><th>完成情况（勾选）</th><th>备注</th></tr>
<tr><td>1</td><td rowspan="13">拍品调查</td><td rowspan="4">权属情况</td><td rowspan="2">不动产信息</td><td>房管部门</td><td>有□　　无□</td><td></td></tr>
<tr><td>2</td><td>国土部门</td><td>有□　　无□</td><td></td></tr>
<tr><td>3</td><td colspan="2">房屋产权证</td><td>扣押□　　无□</td><td></td></tr>
<tr><td>4</td><td colspan="2">土地产权证</td><td>扣押□　　无□</td><td></td></tr>
<tr><td>5</td><td rowspan="3">抵押情况</td><td colspan="2">抵押权人（注明联系方式）</td><td>有□　　无□</td><td></td></tr>
<tr><td>6</td><td colspan="2">抵押金额</td><td>有□　　无□</td><td></td></tr>
<tr><td>7</td><td colspan="2">是否发抵押权人告知书</td><td>是□　　否□</td><td></td></tr>
<tr><td>8</td><td rowspan="3">租赁情况</td><td colspan="2">承租人</td><td>有□　　无□</td><td></td></tr>
<tr><td>9</td><td colspan="2">承租合同、租金凭据等</td><td>有□　　无□</td><td></td></tr>
<tr><td>10</td><td colspan="2">是否带租拍卖</td><td>是□　　否□</td><td></td></tr>
<tr><td>11</td><td rowspan="3">房产现状</td><td colspan="2">有无违章建筑</td><td>有□　　无□</td><td></td></tr>
<tr><td>12</td><td colspan="2">有无腾房出屋</td><td>有□　　无□</td><td></td></tr>
<tr><td>13</td><td colspan="2">机器设备、变压器、库存产品物资等是否统一处置</td><td>是□　　否□</td><td></td></tr>
</table>

续表

步骤	阶段	具体事项		完成情况（勾选）	备注
14	拍卖准备	查封情况	房管部门保全、查封	有□　无□	
15			国土部门保全、查封	有□　无□	
16			首封或轮候查封	首封□　轮候□	
17			首封法院有无移交处分权	有□　无□	
18		拍卖裁定、出屋公告等	限期履行告知送达或公告	有□　无□	
19			拍卖裁定送达或公告	有□　无□	
20			出屋公告送达或公告	有□　无□	
21			厂房有无换锁看管	有□　无□	
22			有无落实看管人员（注明联系方式）	有□　无□	
23		相关部门征询	管委会征询入园要求等	有□　无□	
24			国土部门征询出让条件等	有□　无□	
25			地税部门征询欠税费	有□　无□	
26			水、电部门征询欠费	有□　无□	
网拍工作室审查意见：					
注：本表为分类财产（工业土地厂房）处置调查要件，包括但不限于工业土地厂房处置调查的相关要件，用于执行员在处置财产调查中备忘，有未尽调查事宜执行员可自行补充。					

11. 分类财产要件调查表（资产设备）

分类财产要件调查表（资产设备）

拍品名称：

移送网拍工作室时间：　　　　　　　　　　案号：

<table>
<tr><th>步骤</th><th>阶段</th><th colspan="2">具体事项</th><th>完成情况（勾选）</th><th>备注</th></tr>
<tr><td>1</td><td rowspan="10">拍品调查</td><td rowspan="2">权属信息</td><td>权属确认（法律文书或笔录等证据）</td><td>有□　无□</td><td></td></tr>
<tr><td>2</td><td>有无专用或普通发票</td><td>有□　无□</td><td></td></tr>
<tr><td>3</td><td rowspan="3">浮动抵押情况</td><td>抵押权人（注明联系方式）</td><td>有□　无□</td><td></td></tr>
<tr><td>4</td><td>抵押金额</td><td>有□　无□</td><td></td></tr>
<tr><td>5</td><td>是否发抵押权人告知书</td><td>是□　否□</td><td></td></tr>
<tr><td>6</td><td rowspan="3">融资租赁情况</td><td>出租人（注明联系方式）</td><td>有□　无□</td><td></td></tr>
<tr><td>7</td><td>有无融资租赁合同、分期付款凭据等</td><td>有□　无□</td><td></td></tr>
<tr><td>8</td><td>若涉融资租赁的出租人是否书面同意进行拍卖</td><td>是□　否□</td><td></td></tr>
<tr><td>9</td><td rowspan="2">物品现状</td><td>实物有无瑕疵</td><td>有□　无□</td><td></td></tr>
<tr><td>10</td><td>零部件、电缆等有无缺失</td><td>有□　无□</td><td></td></tr>
<tr><td>11</td><td rowspan="7">拍卖准备</td><td rowspan="5">查封、扣押情况</td><td>是否诉讼保全查封</td><td>是□　否□</td><td></td></tr>
<tr><td>12</td><td>首封或轮候查封</td><td>首封□　轮候□</td><td></td></tr>
<tr><td>13</td><td>首封法院有无移交处分权</td><td>有□　无□</td><td></td></tr>
<tr><td>14</td><td>有无现场查封、扣押及张贴封条</td><td>有□　无□</td><td></td></tr>
<tr><td>15</td><td>有无现场保管人（注联系方式）</td><td>有□　无□</td><td></td></tr>
<tr><td>16</td><td rowspan="2">拍卖裁定、公告等</td><td>限期履行告知送达或公告</td><td>有□　无□</td><td></td></tr>
<tr><td>17</td><td>拍卖裁定有无送达或公告</td><td>有□　无□</td><td></td></tr>
</table>

续表

网拍工作室审查意见：
注：本表为分类财产（资产设备）处置调查要件，包括但不限于资产设备处置调查的相关要件，用于执行员在处置财产调查中备忘，有未尽调查事宜执行员可自行补充。

12. 分类财产要件调查表（车辆）

分类财产要件调查表（车辆）

拍品名称：

移交网拍工作室时间：　　　　　　　　案号：

步骤	阶段	具体事项		完成情况（勾选）	备注
1	拍品调查	权属情况	车管所查询信息	有□　无□	移交处置前近两个月内的查询信息
2			车辆登记证书或复印件	有□　无□	
3		抵押情况	抵押权人（注明联系方式）	有□　无□	
4			有无发抵押权人告知书	有□　无□	
5		车辆现状	有无车辆钥匙	有□　无□	
6			有无车牌	有□　无□	
7			有无车辆行驶证	有□　无□	
8			有无车辆备胎	有□　无□	
9	拍卖准备	查封情况	车管所保全或查封	有□　无□	
10			首封或轮候查封	首封□　轮候□	
11			首封法院有无移交处分权	有□　无□	
12		扣押、拍卖裁定等	扣押裁定、封条是否张贴车辆	是□　否□	
13			拍卖裁定是否送达或公告	是□　否□	
网拍工作室审查意见：					
注：本表为分类财产（车辆）处置调查要件，包括但不限于车辆处置调查的相关要件，用于执行员在处置财产调查中备忘，有未尽调查事宜执行员可自行补充。					

（六）协执、通知书、移送函

1. 执行告知书（财产申报结果告知申请执行人）

台州市黄岩区人民法院
执行告知书

×××：

本院在执行申请执行人×××与被执行人×××为×××一案中，被执行人向我院申报了财产（附财产报告表一份）。为维护你（或你单位）的合法权益，本院将被执行人财产申报结果向你（或你单位）送达，并作如下告知：

1. 请核实被执行人财产申报结果的真实性；如有异议或要求质证听证的，可在7日内向我院提出书面申请。

2. 在被执行人未履行完毕本案债务之前，可随时提供被执行人的财产线索，并对被执行人有无违反限制消费令行为进行监督。

特此告知。

年　月　日

附：

1. 被执行人财产报告表复印件一份。

2. 被执行人的财产调查反馈总表复印件一份。

2. 发拆迁指挥部协助执行通知书（完毕后解除相关手续）

台州市黄岩区人民法院

协助执行通知书

×××：

本院在执行申请执行人×××与被执行人×××为×××一案中，本院于20××年××月××日向你部发出协助执行通知书，要求你部协助我院查明被执行人的财产信息。现被执行人×××已履行完毕在本院的案件债务，根据《最高人民法院关于适用〈中华人民共和国民事诉讼法〉的解释》第四百八十三条的规定，本院通知如下：

对×××的拆迁安置按你单位的正常流程进行，本院依法对其不采取强制执行措施。

特此通知。

年　月　日

（七）结案相关文书

分配移交表

<table>
<tr><td>案号</td><td colspan="4"></td></tr>
<tr><td>被执行人（选）</td><td colspan="4"></td></tr>
<tr><td>款项金额</td><td colspan="4"></td></tr>
<tr><td>款项性质</td><td colspan="4">□拍卖款 □工资 □扣划 □其他</td></tr>
<tr><td>优先支付的费用（选填）</td><td colspan="4">涉抵押权案诉讼费及执行费：________；保全费：________；
网拍费：________；评估费：________；开锁费：________；
过户环节税费：________；土地出让金：________；欠税：________；
停车费：________、拖车费：________；
安置人口：________人、建议安置年限________年；
基本生活费（□标准 □年老体弱 □疾病 □有抚养家属）；
抵押债权（优先受偿）：____________（核实是否存在二次抵押）；
其他________
□均无上述优先支付费用</td></tr>
<tr><td>已到位款项金额及性质</td><td>金额</td><td>元</td><td>款项性质</td><td>□拍卖款 □工资
□扣划等 □其他</td></tr>
<tr><td colspan="5">款项在：□新案款系统 □老案款系统</td></tr>
<tr><td>有无其他法院案件参与分配</td><td colspan="4">□有；案号：____________________□无</td></tr>
<tr><td>是否债权上浮（首保全）</td><td colspan="4">□有；案号：____________________□无</td></tr>
<tr><td>移送材料（选填）</td><td colspan="4">□税务核税回复 □出让金征询回复 □地址确认书
□其他</td></tr>
<tr><td>经办人意见</td><td colspan="4">移交分配 承办人：</td></tr>
<tr><td>接收人意见</td><td colspan="4"></td></tr>
</table>